HERMANN CHRISTOPH KÜHN

Die Motivationslösung

Schriften zum Öffentlichen Recht

Band 750

Die Motivationslösung

Neue Wege im Recht der Organtransplantation

Von

Hermann Christoph Kühn

Duncker & Humblot · Berlin

Die Deutsche Bibliothek – CIP-Einheitsaufnahme

Kühn, Hermann Christoph:
Die Motivationslösung : neue Wege im Recht der Organtransplantation / von Hermann Christoph Kühn. – Berlin : Duncker und Humblot, 1998
(Schriften zum öffentlichen Recht ; Bd. 750)
Zugl.: Augsburg, Univ., Diss., 1997
ISBN 3-428-09341-0

Fotoprint: Werner Hildebrand, Berlin
Printed in Germany

ISSN 0582-0200
ISBN 3-428-09341-0

Gedruckt auf alterungsbeständigem (säurefreiem) Papier
entsprechend ISO 9706 ♾

Jedem das Seine geben:
das wäre die Gerechtigkeit wollen
und das Chaos erreichen.

Friedrich Nietzsche
Unschuld des Werdens, 2, 613

Meinen lieben Eltern

Vorwort

Vorliegende Arbeit wurde im Sommersemester 1997 von der Juristischen Fakultät der Universität Augsburg als Dissertation angenommen.

Meinen großen Dank möchte ich zuvorderst meinem Doktorvater, Herrn Prof. Dr. Wilfried Bottke, aussprechen. Seiner bespiellosen Offenheit ist es vor allem zu verdanken, daß ich dieses fachübergreifende Thema im Rahmen eines Promotionsverfahrens bearbeiten durfte. Seine eigenen Werke zu Fragen der Grenzbereiche des Strafrechts haben mir unschätzbare Anregungen für dieses Buch gegeben. Meinem Zweitgutachter, Herrn Prof. Dr. Wolfgang Jakob, möchte ich gleichfalls an dieser Stelle für seine Mühewaltung herzlich Dank sagen. Ein besonderer Dank gilt Herrn Prof. Dr. Dr. h.c. Adolf Laufs, der mir in der Konzeptionsphase dieser Arbeit wertvolle Hinweise zu geben bereit war.

Mein besonderer Dank gilt darüber hinaus den vielen Medizinern, die mir während der Erstellung der Arbeit in unzähligen Gesprächen das nötige medizinische Verständnis vermittelten. Das Gespräch zwischen Medizinern und Juristen ist oft nicht leicht, um so dankbarer bin ich, daß ich selbst gewinnbringende Grenzgängererfahrungen sammeln konnte. Darüber hinaus gilt mein Dank dem Arbeitskreis Organspende und der Stiftung Eurotransplant für die Bereitschaft, mich mit Informationen und Datenmaterial zu versorgen.

All die anderen Menschen in meinem Umfeld, die mir während der Ausarbeitung durch Ermunterung oder Aufheiterung die notwendige Kraft gaben, dieses Projekt zu verwirklichen, sollen nicht unerwähnt bleiben. Gerade diese Beiträge sind mir sehr wertvoll. Vergebung und Verständnis für gelegentliche Ungebühr meinerseits sei an dieser Stelle nachgefragt.

Mittlerweile gibt es in Deutschland ein Transplantationsgesetz. Das allein ist ein Erfolg. Die bedeutsamen Fragen nach der gerechten Verteilung der Transplantate werden darin jedoch nur unzureichend beantwortet. Die Suche muß daher weitergehen und so versteht sich diese Arbeit als Anregung, das mühsam Geschaffene noch weiter zu verbessern.

Augsburg, im Januar 1998

Hermann Christoph Kühn

Inhaltsverzeichnis

Kapitel 7

Die Verfassungsmäßigkeit des vorgeschlagenen Transplantationsgesetzes (TG)

Kapitel 1

Einleitung

In einer sich ständig verrechtlichenden Welt scheint kein Platz mehr zu sein für Lebensbereiche, die der juristischen Betrachtung entzogen wären. Gerade das Verhältnis von Medizin und Rechtswissenschaft gibt hierfür ein anschauliches Beispiel ab. Je größer die Möglichkeiten der medizinischen Diagnostik und Therapie werden, je mehr der Arzt mit seiner Kunst das menschliche Leben zu erhalten und zu verlängern vermag, desto mehr sinkt die Bereitschaft der Menschen, das eigene Schicksal zu akzeptieren, und desto mehr steigt das Bedürfnis, die Medizin in verstärktem Maße der rechtlichen Kontrolle zu unterwerfen. Der Konfliktfelder sind hier Legion. Ärztlicher Heileingriff als tatbestandliche Körperverletzung, künstliche Befruchtung und Genmanipulationen seien hier nur stellvertretend für viele entstehende Probleme schlagwortartig genannt. Charakteristisch sind dabei stetes Mißtrauen auf der einen und das Gefühl der Bevormundung durch Sachunkundige auf der anderen Seite. Häufig wird dabei nicht erkannt, daß der gemeinsame, interdisziplinäre Versuch, einen Fragenkreis einer für alle befriedigenden Lösung zuzuführen, für alle Beteiligten gewinnbringend sein kann.

Auch die Fragen, die sich im Zusammenhang mit der Organtransplantation stellen, lassen sich nicht ausschließlich unter dem Blickwinkel eines Faches befriedigend lösen. Transplantation ist eine gesellschaftliche Herausforderung und muß daher auch unter Einbeziehung aller Standpunkte gesehen und gewürdigt werden. Die Medizin als die Wissenschaft, die diese Therapie seit langem und in großem Umfang anwendet, muß ihre Erfahrungen und Hoffnungen einbringen. Aber auch andere Fakultäten werden sich berufen fühlen, ihren Standpunkt vorzutragen. Tatsächlich berührt die Transplantation mit der Übertragung von Organen von einem Menschen auf einen anderen ein Tabuthema. Es werden dabei grundlegende ethische und theologische Fragen aufgeworfen, die eingehend bedacht werden müssen. Aber auch das Recht ist gefordert. Ihm kommt die Aufgabe zu, die unterschiedlichen Ansichten zusammenzuführen und dann verbindlich festzulegen, unter welchen Bedingungen die Transplantationsmedizin zu agieren hat. Daß dieser rechtliche Rahmen im Einklang mit der Verfassung stehen muß, versteht sich von selbst. Darüber hinaus muß bedacht werden, daß eine verfassungsmäßige Ausgestaltung allein noch nicht den Erfolg der Regelung bedingt. Auch die rechtspolitische Frage, welches der verfassungsmäßigen Modelle letztendlich auch die größten Chancen auf Akzeptanz in der Bevölkerung hat, bedarf der Beantwortung.

Die vorliegende Arbeit hat sich zum Ziel gesetzt, die vielfältigen Lösungsmöglichkeiten und die jeweils dagegen geäußerten Bedenken kritisch zu sichten und rechtlich wie rechtspolitisch zu werten. Dabei beschränkt sie sich auf die Transplantation von Organen Verstorbener. Fragen der Lebendspende werden nur dann gestreift, wenn dies zum Verständnis notwendig ist. Als Ergebnis dieser Auseinandersetzung mit dem Problemkomplex wird ein eigener Entwurf eines deutschen Transplantationsgesetzes vorgelegt und gegen Ende der Arbeit seine Vereinbarkeit mit dem Grundgesetz geprüft.

Am Beginn der Darstellung steht ein Kapitel zu Definition und Bedeutung der Organtransplantation aus medizinischer Sicht. In diesem wird auch der Rahmen abgesteckt, innerhalb dessen die anschließende rechtliche Diskussion vorgenommen werden soll.

Im Anschluß daran, noch bevor auf die derzeitige Rechtslage in Deutschland eingegangen wird, folgt ein Kapitel zum Recht der Organtransplantation in ausgewählten ausländischen Rechtsordnungen. Dem liegt der Gedanke zugrunde, ob nicht aus einem solchen Rechtsvergleich Denkanstöße für die noch ausstehende rechtliche Lösung des Problemkomplexes in unserem Land gewonnen werden könnten, zumal die bisherige Diskussion in Deutschland immer um die gleichen Fragen kreiste, ohne zu einer für alle Seiten befriedigenden Lösung gekommen zu sein. Der Blick über die Grenzen zeigt häufig ein völlig anderes Problemverständnis und demzufolge auch abweichende Lösungsmöglichkeiten. Dieses Vorgehen soll die Bedingungen für die notwendige Offenheit und Unvoreingenommenheit beim Herangehen an die Problematik schaffen.

Kapitel 4 ist mit „Rechtliche Grundlagen der Organtransplantation in Deutschland" überschrieben. Ziel dieses Abschnittes ist es, zunächst aufzuzeigen, welche Gesetzesvorschläge in der Vergangenheit in Deutschland gemacht wurden. Da keiner dieser Entwürfe jemals Gesetzeskraft erlangt hat[1], wird anschließend das Recht der Organtransplantation, so wie es sich heute anhand der allgemeinen Regeln darstellt und praktiziert wird, vorgestellt. Am Schluß des Kapitels wird auf den derzeitig aktuellen Gesetzentwurf eingegangen und der letzte verfügbare Stand analysiert.

---

[1] Abgesehen von der Transplantationsverordnung der DDR aus dem Jahre 1975, siehe dazu unten Kapitel 4 II., S. 60 ff.

Nachdem die Analyse der lege lata hinsichtlich der Transplantation menschlicher Organe unbefriedigend ist, soll in Kapitel 5 versucht werden, alle theoretischen Möglichkeiten zur Transplantationsregelung aufzuzeigen. Besonderes Augenmerk wird dabei auf die verfassungsrechtliche Umsetzbarkeit gelegt. Dabei ergibt sich, daß nach der in dieser Arbeit vertretenen Ansicht nur solche Modelle als verfassungsmäßig haltbar erscheinen, denen die Zustimmung des Organspenders als Entnahmevoraussetzung zugrunde liegt.

Eine solche Prämisse stimmt jedoch bedenklich im Hinblick auf die Möglichkeit, Menschen in einem größeren Umfang als bisher durch die Übertragung menschlicher Organe zu helfen. Denn: Fordert man eine zu Lebzeiten erteilte Zustimmung zur Organspende als unumgängliche Entnahmevoraussetzung, würde dies bei der derzeitigen Einstellung großer Kreise der Bevölkerung zum Ende der Transplantationsmedizin in Deutschland führen, da bisher nur ein verschwindend geringer Teil der Bevölkerung zu Lebzeiten eine Spendeerklärung abgegeben hat. Vor die Wahl gestellt, die grundrechtlich verbürgten Freiheiten des Einzelnen dem Pragmatismus der Transplantationsmedizin zu opfern oder nach Mitteln und Wegen zu suchen, eine möglichst große Zahl von Mitbürgern zur Organspende zu bewegen, schlägt die Arbeit einen neuen Weg ein: Ausgehend von dem alten Prinzip „do ut des" wird in Kapitel 6 das Modell einer Motivationslösung skizziert. Dieser liegt der Gedanke zugrunde, daß zum einen jeder Mensch eher bereit ist, ein Opfer zu bringen, wenn er eine Gegenleistung dafür erhält. Zum anderen soll hier das Prinzip zum Tragen kommen, daß derjenige, der zu einer Organspende nach seinem Tod bereit ist, auch in den Genuß prioritärer Versorgung mit Spenderorganen kommen soll. Nachdem untersucht wurde, auf welche Weise eine rechtliche Umsetzung der Motivationslösung erfolgen könnte, entscheidet sich die Arbeit für eine gesetzliche Regelung in einem Transplantationsgesetz, welches in den entscheidenden Paragraphen im Entwurf vorgestellt wird.

Im abschließenden 7. Kapitel dieser Arbeit wird das Transplantationsgesetz in der vorgeschlagenen Fassung auf seine Verfassungsmäßigkeit hin untersucht. Es ergibt sich, daß eine rechtliche Regelung der Transplantationsmedizin auf der Basis der Motivationslösung sowohl rechtlich möglich als auch rechtspolitisch sinnvoll wäre.

Kapitel 2

Begriff, Entwicklung, Stand und Bedeutung der Organtransplantation

I. Vorbemerkung

Bevor unter rechtlichen Gesichtspunkten der Fragenkreis der Organtransplantation durchleuchtet werden kann, soll im folgenden dieses Feld aus medizinischer Sicht umrissen und die wesentlichen Grundlagen dargestellt werden. Zum Erfassen der Tragweite all der Probleme, die dieses Behandlungsverfahren aufwirft, ist es notwendig, die fachlich-sachliche Diskussionsgrundlage aufzuzeigen und dabei den Nichtmediziner mit den grundlegenden medizinischen Problemen und Begriffen vertraut zu machen.

II. Begriffsbestimmung

Unter Transplantation versteht man die Übertragung von Organen, Geweben oder Zellen innerhalb eines Individuums oder zwischen verschiedenen Individuen zum Ersatz verlorengegangener Organ-, Gewebs- oder Zellfunktionen. Das Wechselspiel zwischen Spender- und Empfängerorganismus ist dabei entscheidend für den Erfolg der Überpflanzung. Immer dann, wenn in unseren Körper fremde Gewebe, seien es Krankheitserreger oder transplantierte Zellen, Gewebe oder Organe eines fremden Spenders, verbracht werden, treten in unserem Immunsystem Abwehrreaktionen ein. Im Regelfall geschieht dies auch, wenn im Rahmen einer Organtransplantation Gewebe oder Organe eines Spenders in den Körper des Empfängers eingesetzt werden. Derartige Abstoßungsreaktionen können einen chronischen oder einen akuten Verlauf nehmen und bis zum funktionellen Ausfall und späteren Absterben des verpflanzten Organs führen. Die Intensität der Abstoßungsreaktion hängt entscheidend von der genetischen Nähe zwischen Spender und Empfänger ab. Je größer die Übereinstimmung ihrer genetisch fixierten Merkmale ist, insbesondere bei Blutgruppen und Gewebsmerkmalen, desto schwächer ist die Intensität der Abstoßungsreaktion.

III. Transplantationsarten

Man unterscheidet daher bei der Organtransplantation zwischen autologen, isogenen oder syngenen, allogenen und xenogenen Transplantationen.

1. Autogene Organtransplantation

Autogene oder autologe Gewebsübertragungen sind solche innerhalb eines Individuums. Dabei werden Haut-, Knochen- oder Venenteile von einem Teil des Körpers des Patienten in einen anderen verpflanzt. Medizinisch indiziert sind derartige Eingriffe z.B. bei Hautverlust durch schwere Verbrennungen, zur Wiederherstellung nach Ausräumung von krankhaften Knochenherden oder bei Bypassoperationen mit z.B. dem Einpflanzen von Beinvenen in die Herzkranzschlagadern. Autogene Gewebsübertragungen lösen im allgemeinen keine Abstoßungsreaktionen aus.[1]

2. Isogene oder syngene Organtransplantation

Isogene oder syngene Organverpflanzungen sind solche, die zwischen genetisch identischen Individuen der gleichen Art erfolgen. Relevant ist dies vor allem bei Nieren- und Knochenmarkstransplantation zwischen eineiigen Zwillingen. Für gewöhnlich treten dabei nach der Verpflanzung ebenfalls keine immunologischen Reaktionen auf.[2]

3. Allogene Organtransplantation

Die häufigste Form der Organverpflanzung ist die sogenannte allogene Organtransplantation. Dabei werden Organe zwischen genetisch unterschiedlichen Individuen der gleichen Spezies, z.B. bei der Transplantation von Leichenorganen, übertragen. Voraussetzung für eine erfolgreiche Allotransplantation ist eine möglichst hohe Übereinstimmung in den Blutgruppen und -untergruppen sowie vor allem in den Gewebsmerkmalen, besonders den HLA-(Human-Leucocyte-Antigens)Gruppen und -untergruppen. Eine möglichst hohe Übereinstimmung dieser Merkmale, d.h. eine hohe sogenannte

---

[1] *Wonigeit*, Transplantationsimmunologie, in: Pichlmayr, Hrsg., Transplantationschirurgie, Berlin, Heidelberg, 1981, S. 29 ff., 33.

[2] *Wonigeit*, Transplantationsimmunologie, in: Pichlmayr, Hrsg., Transplantationschirurgie, Berlin, Heidelberg, 1981, S. 29 ff., 33.

Histokompatibilität, ist nach wie vor die entscheidende Voraussetzung für eine geringe Abstoßungsreaktion und damit für einen guten Erfolg hinsichtlich der Funktionsleistung des transplantierten Organs[3].

Dennoch bleiben auch bei optimaler Kompatibilität Abstoßungsreaktionen nicht gänzlich aus. Diese können durch mittlerweile immer wirksamere Medikamente zur künstlichen Immunsuppression behandelt werden. Um die gefürchteten Abstoßungsreaktionen gar nicht erst entstehen zu lassen, werden die Patienten nach einer Transplantation meist lebenslang mit einschlägigen Pharmazeutika behandelt, die das Immunsystem des Empfängers hemmen („Immunsuppressiva"). Der durch die hochwirksamen Medikamente erkaufte Erfolg bei der Immunsuppression wird dabei freilich bezahlt mit einer Schwächung der natürlichen Abwehr des Patienten, dessen Organismus durch die Therapie anfälliger für Infektionskrankheiten und Tumore wird.[4]

4. Xenogene Organtransplantation

Unter xenogener Transplantationen versteht man die Übertragung von Organen und Geweben von einer Spezies auf eine andere. Die xenogene Tranplantation befindet sich derzeit noch im Versuchsstadium. Die bisherigen Versuche, z.B. Pavianlebern auf Menschen zu verpflanzen, schlugen durchwegs fehl. Der Grund liegt in der gesteigerten immunologischen Reaktion des Empfängerkörpers auf das Spenderorgan. Ob jemals z.B. durch genmanipulierte Tierorgane die Immunreaktion unter Kontrolle gebracht werden kann, ist derzeit noch nicht abschätzbar.[5]

IV. Medizingeschichtliche Entwicklung

1. Frühgeschichte

Die Geschichte der Transplantation reicht weit zurück. Seit jeher war es ein uralter Traum der Menschheit, Organe zu verpflanzen, um gefährdetes Leben des Empfängers zu retten. So berichtet bereits eine chinesische Sage,

---

[3] *Löw-Friedrich/Schoeppe*, Transplantation: Grundlagen, Klinik, Ethik, Darmstadt, 1996, S. 3 ff.

[4] *Alexandre/Wonigeit/Bunzendahl*, Immunsuppression, in: Pichlmayr, Hrsg., Transplantationschirurgie, Berlin, Heidelberg, 1981, S. 205 ff., 238 ff.

[5] *Hammer*, Xenotransplantation, in: Deutsches Ärzteblatt Band 92, 1995, S. B-99 ff.; *Brendel/Hammer/Chaussy*, Grundlagen und Ergebnisse xenogener Organtransplantation, in: Pichlmayr, Hrsg., Transplantationschriurgie, Berlin, Heidelberg, 1981, S. 329 ff.

daß im 6. Jahrhundert vor Christus der Arzt Pien Xiao die Herzen zweier Menschen ausgetauscht habe[6]. Auch im europäischen Kulturkreis wird von einer „sagenhaften" Transplantation berichtet und später auch bildlich wiederholt dargestellt: Zur Zeit des Kaisers Diokletian, etwa 300 nach Christus, sollen die Ärzte St. Cosmas und St. Damian in Kleinasien einem schwer verwundeten Ritter das Bein eines soeben verstorbenen äthiopischen Mohren übertragen haben[7].

2. Entwicklung der modernen Transplantationsmedizin

Obwohl die ersten Versuche der modernen Transplantationsmedizin bereits Anfang unseres Jahrhunderts gemacht wurden, sollten noch über 50 Jahre bis zur ersten erfolgreichen Nierentransplantation vergehen. In der Folgezeit wurden systematisch die Grundlagen der Transplantation erarbeitet und immer weiter entwickelt. Dies geschah zum einen durch eine Perfektionierung der chirurgischen Technik. Ein Meilenstein war dabei die Entwicklung der Blutgefäßanastomosen, d.h. der Gefäßanschlüsse zwischen Spenderorgan und Empfänger durch den französischen Chirurgen Alex Carrel und den amerikanischen Arzt David Gutherie. Der andere wichtige Entwicklungsbereich war die Immunologie, d.h. die Lehre von der Struktur und den Funktionen des Immunsystems, dabei speziell der wissenschaftlichen Grundlagen der Abstoßung fremden Gewebes und der Entwicklung einer Prophylaxe dagegen, z.B. durch eine gezielte Immunsuppression[8].

Erst nachdem hier die entscheidenden Fortschritte getan waren, konnte man sich erklären, warum in der Vergangenheit so häufig chirurgisch exakt angeschlossene Organe nach kurzem Angehen ihre Funktion wieder einstellten und „abgestoßen" wurden. Erste Erkenntnisse über die Ursachen einer Abstoßung und die Voraussetzung einer erfolgreichen Transplantation lieferte Konrad Landsteiner, der die unterschiedlichen Blutgruppen des A-B-

---

[6] *Nagel/Schmidt,* Transplantation, Berlin, Heidelberg, 1996, S. 1.

[7] *Nagel*, Möglichkeiten und Grenzen der Organtransplantation, in: Oberender, Peter, Transplantationsmedizin, Baden-Baden, 1995, S. 199 ff., 200. Die Szene wurde u.a. von Pisellino-Francesco di Stefano (1422 bis 1457) als Bild dargestellt, vgl. *Losse* Organtransplantation, Einführung, in: Toellner, Hrsg., Organtransplantation - Beiträge zu ethischen und juristischen Fragen, Stuttgart, New York, 1991, S. 3 ff.

[8] *Wagner*, Geschichtlicher Abriß der Organtransplantation, in: Pichlmayr, Hrsg., Transplantationschirurgie, Berlin, Heidelberg, 1981, S. 11 ff.; *Nagel/Schmidt*, Transplantation, Berlin, Heidelberg, 1996, S. 85 ff., *Land*, Transplantationschirurgie, in: Breitner, Hrsg., Chirurgische Operationslehre, Band XII, München, Wien, Baltimore, 1996, 1996, S. 3 ff.

O-Systems, später auch die M-N-Blutgruppen und zuletzt zusammen mit A.S. Wiener das RH-System entdeckte[9].

Seit Landsteiner weiß man, daß Blutgruppengleichheit oder zumindest hohe Übereinstimmung aller Blutgruppen sowie der anderen später entdeckten körperspezifischen Gewebsmerkmale notwendige Voraussetzung für eine erfolgreiche Bluttransfusion, was einer Transplantation von flüssigen Körperbestandteilen des Menschen entspricht, ist.

Aufbauend auf diesen grundlegenden Erkenntnissen von Landsteiner schufen Peter Medarwar in Oxford und Jean Dousset in Paris die wissenschaftlichen Grundlagen für eine erfolgreiche Organtransplantation u.a. durch Aufklärung der Ursachen einer Abstoßung fremden Gewebes, z.B. durch Entdeckung der für die Abstoßungsreaktion verantwortlichen Gewebemerkmale, insbesondere auch des HLA-Merkmales (Human Leucocyte Antigens) durch Dousset[10].

Welche Bedeutung die Organtransplantation für das gesamte Fach der Medizin erlangt hat, zeigt sich auch darin , daß bereits fünfmal der Nobelpreis für Medizin und Physiologie für Entwicklungen im Zusammenhang mit der Organtransplantation vergeben wurde[11].

Zum Pionierland der klinischen Organtransplantation wurden die USA. Hier gelang 1954 die erste wirklich erfolgreiche Organtransplantation durch Übertragung einer Niere von einem eineiigen Zwilling auf den anderen, durchgeführt von Moore, Murray, Meorill und Harrison in Boston, mit dem Ergebnis, daß diese Niere anschließend 8 Jahre voll funktionsfähig blieb, bis der Empfänger an einer anderen Krankheit verstarb. Damit war klar bewiesen, daß eine erfolgreiche Organtransplantation möglich ist, wenn es gelingt, die bis dahin alle Erfolge vereitelnde immunologisch bedingte Abstoßung auszuschalten. In der Folgezeit vermochten Arbeitskreise um Küss u. Hamburger in Paris und um David Hume in Boston die immunologischen Grundlagen der Transplantation aufzuklären. Es gelang, pharmakologisch immer wirksamere Substanzen zu entwickeln, die die Immunabwehr bei der Transplantation von genetisch differenten Spendern mit freilich sehr hoher Übereinstimmung in Blutgruppen und den entscheidenden Gewebefaktoren zu unterdrücken vermögen, angefangen vom Mercaptopurin und Cortison bis hin zum heute angewandten Cyclosporin A und anderen hochwirksamen

---

[9] *Nagel/Schmidt*, Transplantation, Berlin, Heidelberg, 1996, S. 80 f.

[10] *Nagel/Schmidt*, Transplantation, Berlin, Heidelberg, 1996, S. 81.

[11] Den Preis erhielten A. Carell 1912, K. Landsteiner 1930, P.B. Medarwar 1960 und J.B.G. Dausset 1980 sowie J.E. Murray 1990, vgl. Brockhaus Enzyklopädie, Band 15, 19. Aufl., Mannheim, 1991, S. 642 f.

diesbezüglichen Substanzen, daneben durch poly- und monoklonale Antikörper gegen Lymphozytenstrukturen[12].

Auch bei der Transplantation anderer Organen stellten sich in der Folge rasch Erfolge ein. Knapp 15 Jahre nach der ersten erfolgreichen Nierentransplantation verpflanzte Christiaan Barnard in Kapstadt erstmals ein menschliches Herz. Auch wenn der Empfänger 18 Tage nach dem Eingriff verstarb, war damit dennoch der erste Schritt hin zu einer routinemäßigen Herztransplantation getan. Bald folgten weitere erfolgreiche Herztransplantationen: Im Jahre 1968 bereits über 100, durchgeführt von 64 Transplantationsteams in 22 Ländern der Erde. Der anfänglichen Euphorie folgte freilich bald eine große Ernüchterung. Die meisten Patienten starben in den ersten 4 Monaten nach dem ersten operativen Eingriff. Grund hierfür war, daß zu diesem Zeitpunkt die Immunsuppressionstechniken noch nicht ausgereift waren. Entweder wurden die Organe abgestoßen oder die Suppression war so stark, daß sie zu einer allgemeinen Abwehrschwäche mit nachfolgenden tödlichen Infektionen führte. So wurden 1970 nur noch 15 Herzen weltweit transplantiert. Mittlerweile ist die Rate wieder stark angestiegen. Allein in Deutschland wurden im Jahre 1995 498 Herzen transplantiert.[13] Dabei wurden die Überlebenszeiten nach dieser Operation immer besser. Tatsächlich leben heute 80% der Herztransplantierten schon länger als 5 Jahre.

In den 60er Jahren gelang die erste erfolgreiche Lebertransplantation: Ein 18 Monate altes Mädchen, dem Thomas Starzel in Denver eine Leber transplantierte, überlebte 13 Monate. Dann starb es jedoch am Funktionsverlust dieses Organs. Kurze Zeit danach wurde auch in Deutschland von Rudolf Pichlmayr in Hannover erstmals eine Lebertransplantation erfolgreich durchgeführt.

1982 gelang an der Stanford University in Chicago die Übertragung eines Herz-Lungen-Transplantates. 1967 war W. D. Kelly in Minneapolis/USA die erfolgreiche Transplantation einer Bauchspeicheldrüse geglückt. In Deutschland wurde diese Technik übernommen, und so wurde beispielsweise im Jahre 1994 bei drei Patienten die Bauchspeicheldrüse und bei 46 Patienten ein Pankreas im Zusammenhang mit einer Niere transplantiert. 5 weitere Patienten erhielten nur die für den „Zuckerstoffwechsel" nötigen Langerhans'schen Inseln der Bauchspeicheldrüse mit Erfolg übertragen.

Mittlerweile ist in praktisch allen Ländern, in denen der Stand der medizinischen Wissenschaft die dafür notwendige Voraussetzung bietet, die

---

[12] *Land*, Transplantationschirurgie, in: Breitner, Chirurgische Operationslehre, Band XII, München, Wien, Baltimore, 1996, 1996, S. 3 ff.

[13] *Smit/Schoeppe*, Organspende und Transplantation in Deutschland 1995, Deutsche Stiftung Organtransplantation, Neu-Isenburg, 1995, S. 16.

Organtransplantation der eben genannten und weiterer Organe wie z.B. von Teilen des Dünndarmes, von Gelenken u.a. zur Standardtherapie geworden.

Weit länger als ganze Organe werden einzelne Gewebe des Menschen transplantiert. Dabei handelt es sich vornehmlich um Blut, Knochenmark, Haut, Knochen, Knochenteilen oder Knorpel, sowie die Hornhaut des Auges und Gehörknöchelchen.

Die erste erfolgreiche Hornhauttransplantation gelang bereits im Jahre 1905 dem deutschen Arzt Eduard Zirm, der eine verätzte und damit trüb gewordene Cornea eines Patienten durch eine Hornhaut, die von einem wegen Verletzung operativ entfernten menschlichen Auge stammte, ersetzte. Nach der Operation konnte der Patient wieder ebenso sehen wie vor der Verätzung.

In den letzten 10 - 15 Jahren gewann die Übertragung von Knochenmark bei schweren Bluterkrankungen, insbesondere bei Leukämien, immer größere Bedeutung[14]. So wurden 1993 in Deutschland mehr als 800 Knochenmarktransplantationen durchgeführt, wobei der Bedarf an Knochenmarkspendern in Deutschland mindestens doppelt so hoch ist wie das Angebot. Bei dieser Form der Tranplantation ist das Risiko für den Knochenmarkspender relativ gering. Ob jedoch die Behandlung den gewünschten Erfolg bringt, hängt in erster Linie vom Stadium der zu behandelnden Bluterkrankung ab. Die Heilungschancen einer Knochenmarksübertragung werden heute mit 50-80% angegeben, allerdings besteht dabei beim Empfänger ein Risiko von tödlichen Komplikationen im Bereich von 10-40% aufgrund der notwendigen Immunsuppression.

V. Organmangel als Grundproblem

1. Einem weltweit immer größer werdenden Bedarf an menschlichen Organen für eine Transplantation stehen zu wenig Spenderorgane gegenüber. Das Hauptproblem der Transplantationschirurgie heißt heute Spenderorganmangel[15]. Einen möglichen Ausweg aus diesem Engpaß, der für viele wartende potentielle Empfänger zu einer menschlichen Katastrophe werden kann, suchte man experimentell in einem Ersatz eines menschlichen Organs durch eine Maschine. Einen großen Erfolg in dieser Hinsicht stellt die Entwicklung der Hämodialyse, d.h. der sogenannten künstlichen Niere, dar. Sie kann lange

---

[14] *Riehm*, Indikation und Bedarf bei der Knochenmarkstransplantation, in: Fuchs/Nagel, Hrsg., Soziale Gerechtigkeit im Gesundheitswesen, Berlin u.a., 1993, S. 151 ff.

[15] *Zenker*, Ethische und rechtliche Probleme der Organtransplantation, in: Pichlmayr, Hrsg., Transplantationschirurgie, Berlin, Heidelberg, 1981, S. 3 ff., 8.

Zeit einen völligen Ausfall der menschlichen Niere voll kompensieren, was jedoch mit einer gewaltigen Einschränkung der Lebensqualität des Patienten erkauft werden muß. Einen zeitweisen Ersatz der erlöschenden Herz- und Lungenfunktion vermag die sogenannte extrakorporale Membranoxygenation zu leisten. In der Zwischenzeit wurden sogar Versuche mit einem Kunstherz unternommen. Im Gegensatz zur Hämodialyse sind derartige Techniken nur bedingt in der Lage, die Funktion des menschlichen Herzens längerzeitig zu ersetzen. Möglich ist allerdings, hierdurch eine gewisse Lebensverlängerung bis zur späteren rettenden Organtransplantation zu erreichen.

2. Getrieben durch den Mangel an menschlichen Spenderorganen, experimentierte und experimentiert man intensiv mit der Übertragung von Tierorganen auf Menschen. Versuche gab es hierbei mit Schimpansennieren und Pavianherzen, sowie der Transplantation verschiedener Organe von Schweinen auf den Menschen. Dennoch ist bisher der Xenotransplantation trotz Anwendung der modernen Immunsuppression der Erfolg versagt geblieben[16]. Vielleicht vermag die Entwicklung der Gentechnik für die Zukunft hoffnungsfroher zu stimmen.

Festhalten kann man, daß auch in absehbarer Zukunft die Medizin darauf angewiesen sein wird, menschliche Organe zu verpflanzen. Diese Organe stammen zur überwiegenden Mehrzahl von hirntoten menschlichen Organspendern. Wegen der in die allgemeine Diskussion gelangten Problematik des Hirntodes[17] und des dadurch ausgelösten Rückgangs der Einwilligung durch Angehörige zu einer Organtransplantation versucht man in unserem Land unter Studienbedingungen in einigen Transplantationszentren auch Organe von Herz-Kreislauf-Toten für eine Transplantation zu entnehmen[18]. Bisher steht ein abschließendes Urteil über diese Möglichkeit aus.

3. Die Lebendspende als Alternative zur postmortalen Organtransplantation kommt vor allen Dingen bei Nieren und Lebern in Betracht. Dabei wird einem Gesunden entweder eine Niere oder ein Teil der Leber, welche später im Spenderorganismus wieder nachwächst, entnommen, ein Vorgehen, welches das Risiko des Eingriffs für den Spender zumindest kalkulierbar macht.

In Deutschland spielt die Lebendspende, ganz im Gegensatz zu den Vereinigten Staaten oder auch zu Griechenland, Norwegen oder Dänemark, wo ein Drittel der transplantierten Nieren oder z.T. auch mehr von Lebendspendern

---

16 *Hammer*, Xenotransplantation, in: Deutsches Ärzteblatt Band 92, 1995, S. B-99 ff.

17 hierzu ausführlich *Schlake/Roosen*, Der Hirntod als der Tod des Menschen, Deutsche Stiftung Organtransplantation, Neu-Isenburg, 1995.

18 *Land*, Transplantationschirurgie, in: Breitner, Hrsg., Chirurgische Operationslehre, Band XII, München, Wien, Baltimore, 1996, S. 3 ff.

stammen[19], derzeit nur eine sehr untergeordnete Rolle. Im Jahre 1994 stammten in Deutschland nur ca. 4% der transplantierten Nieren von lebenden Spendern. Leberteiltransplantationen von Lebendspendern wurden hierzulande 1994 nur elfmal durchgeführt. Da diese Operationen für den Spender keinen Heileingriff darstellen, sondern dabei einem gesunden Menschen ein funktionstüchtiges Organ oder große Teile eines solchen entnommen werden, ohne daß dieser Mensch davon einen Nutzen hätte, ist die deutsche Ärzteschaft bei der Lebenspende sehr zurückhaltend. Auf dem Transplantationsteam sowie auf dem Empfänger lastet deshalb hier ein besonderer Erfolgsdruck[20]. Darüber hinaus sind an die Aufklärung des Spenders über die Risiken des Eingriffs besonders hohe Anforderungen zu stellen[21]. In Deutschland kommen gemäß dem Kodex der Transplantationsmedizin von 1986 grundsätzlich nur Eltern, Kinder oder Geschwister des Empfängers als lebende Organspender in Frage. In etwa 20% der Lebendspenden wurde 1994 ein Organ von einem Elternteil auf ein Kind übertragen[22].

VI. Bedeutung der Transplantationsmedizin heute

Die Transplantationsmedizin hat weltweit in den letzten 2 bis 3 Jahrzehnten eine große Bedeutung erlangt. Die Transplantationschirurgie kann eine sehr erfreuliche Erfolgsbilanz vorlegen, sowohl hinsichtlich der Häufigkeit erfolgreicher Verpflanzungen als auch wegen des Segens für jeden einzelnen Empfänger, der durch ein fremdes Organ oft vor dem sicheren Tod bewahrt und dem dadurch oft gleichsam ein neues lebenswertes Leben geschenkt wird.

1. Weltweit wurden bisher rund 300.000 Nieren transplantiert, in der Bundesrepublik Deutschland stieg die Zahl der Nierentransplantation an von 195 im Jahre 1976 auf 2.128 im Jahre 1995. Dennoch stehen mindestens viermal so viele Menschen auf den Wartelisten deutscher Transplantationszentren.

Die Zahl der bisher transplantierten Herzen und Lebern wird weltweit mit jeweils über 25.000 angegeben. Darüber hinaus wurde 1.700 mal eine Lungen-

---

[19] Die höchste Quote der Lebendspenden weiß Norwegen mit 49,0% im Jahre 1990 zu vermelden, vgl. die Aufstellung in Tabelle 1 bei *Eigler*, Organquellen, in: Albert/ Land/Zwierlein, Hrsg., Transplantationsmedizin und Ethik, Auf dem Weg zu einem gesellschaftlichen Konsens, Lengrich, 1995, S. 47 ff., 48.

[20] *Nagel/Schmidt*, Transplantation, Berlin, Heidelberg, 1996, S. 36 ff.

[21] *Giesen*, Arzthaftungsrecht, 3. Aufl., Tübingen, 1990, insb. S. 148 unter Berufung auf BGH NJW 1981, S. 633 f: und BGH NJW 1988; S. 1514 ff., 1515.

[22] *Nagel/Schmidt*, Transplantation, Berlin, Heidelberg, 1996, S. 36.

und 1.400 mal eine kombinierte Herz-Lungen-Transplantation durchgeführt[23]. Verpflanzungen einer Bauchspeicheldrüse gelangen weltweit bisher in über 5.000 Fällen, über 300 davon in der Bundesrepublik Deutschland. 60% der transplantierten Bauchspeicheldrüsen zeigten nach einem Jahr noch die volle Funktion. Unter den Herztransplantierten lebten 5 Jahre nach diesem Eingriff noch 80%, nach einer gemeinsamen Verpflanzung von Herz und Lunge noch 50% und nach einer Lungentransplantation allein nach drei Jahren noch 55 bis 60%. Bei einer Transplantation einer menschlichen Leber überleben 70 bis 80% der Empfänger das erste Jahr. Bei der am häufigsten geübten Nierentransplantation haben ein Jahr nach der Verpflanzung noch 90% eine funktionsfähige Niere, nach 5 Jahren noch 60 bis 70% und nach 10 Jahren immer noch 40 bis 50%. Diese Menschen können nach Erhalt einer Spenderniere wieder ein Leben nahezu wie Gesunde führen. Ihre Lebensqualität ist nach diesem Eingriff unvergleichlich höher als bei Dialysepatienten mit dem gleichen Grundleiden.

Bei den Gewebstransplantationen, wie sie pro Jahr in der Bundesrepublik etwa 2000 mal in Form von Hornhautüberverpflanzungen und etwa ebenso häufig als Gehörknöchelchenüberpflanzung durchgeführt werden, ist die Erfolgsquote des Angehens des Transplantates besonders hoch, so bei der Hornhaut mit 95%, bei einer äußerst niedrigen Komplikationsrate, bei Gehörknöchelchenüberpflanzung wird ein Erfolg in bis zu 80% erreicht.

2. Hinsichtlich der bisher nach einer Organtransplantation erreichten längsten Funktionsdauer eines überpflanzten Organes werden nach Aussage des Schrifttums sehr erfreuliche Werte erreicht, so für die Niere fast 29 Jahre, für die Leber 22 Jahre, für das Herz 20,5 Jahre, für das Pankreas 18,5 Jahre und für das Knochenmark sogar 23 Jahre.

3. In absoluten Zahlen betrachtet ergibt sich ein beeindruckendes Bild der Transplantationsmedizin. Insgesamt wurden zwischen 1963 und 1995 in Deutschland insgesamt 39.680 Organe übertragen, davon allein im Jahre 1994 3.183 und 1995 3.368. Am häufigsten wurde mit 30.635 Fällen die Nierentransplantation durchgeführt, daneben wurden 4.135 Herzen, 4.002 Lebern, 473 Bauchspeicheldrüsen und 435 Lungen verpflanzt[24].

Die Organtransplantation ist in Deutschland heute ein etabliertes Behandlungsverfahren, welches in 49 Kliniken durchgeführt wird. Jeden Tag werden hierzulande im Durchschnitt 6 Nieren, eine Leber und ein Herz transplantiert.

---

[23] Zum Vergleich: In Deutschland wurden im Jahre 1995 84 Lungen verpflanzt.

[24] Zahlenangaben im gesamten Kapitel beruhen, soweit nicht ausdrücklich auf andere Quellen verwiesen wurde, auf den Angaben von *Smit/Schoeppe*, Organspende und Transplantation in Deutschland, Edition Deutsche Stiftung Organtransplantation, Neu-Isenburg, 1995.

VII. Internationale Zusammenarbeit zur Organisation der Organtransplantation

Um die Organtransplantation möglichst effektiv zu gestalten, ist eine internationale Zusammenarbeit unerläßlich. Nur so kann dafür gesorgt werden, daß die verfügbaren Spenderorgane auch Empfänger finden, bei denen die Chancen auf einen günstigen Verlauf hinreichend positiv zu beurteilen sind. Dies wurde bereits gegen Ende der sechziger Jahre erkannt und im Jahre 1967 wurde die Stiftung Eurotransplant mit Sitz in Leiden/Niederlande gegründet[25]. Angeschlossen an dieses Zentrum sind Belgien, die Niederlande, Luxemburg, Deutschland und Österreich mit derzeit insgesamt 112.000.000 Einwohnern. Eurotransplant vermittelt und koordiniert den internationalen Austausch von Spenderorganen, indem diese Zentrale in Leiden transplantationsrelevante Daten von allen potentiellen Organempfängern sammelt. Sobald irgendwo im Einzugsgebiet von Eurotransplant ein Spender zur Verfügung steht, werden unverzüglich alle wichtigen Informationen über den potentiellen Spender an die Zentrale in Leiden übermittelt. Nach Ausschluß einer durchgemachten Virusinfektion beim potentiellen Spender, insbesondere mit den Erregern von Virushepatitiden, von Cytomegalie und besonders HIV werden in einem speziellen Labor für Gewebstypisierung in der Zwischenzeit die Blut- und Gewebemerkmale mit allen Untergruppen bestimmt und diese Daten an Eurotransplant übermittelt, so daß in Leiden die Auswahl des geeignetsten Empfängers erfolgen kann.

Wenn sich innerhalb des Eurotransplantgebietes binnen weniger Stunden kein geeigneter Empfänger findet, nimmt die Zentrale in Leiden mit ihren „Schwesterorganisationen" Verbindung auf, so z.B. mit *United Kingdom Transplant Service Support Authority* für das Vereinigte Königreich, mit *Scandiatransplant* für die skandinavischen Länder, oder mit ähnlichen Zentren in Frankreich und Spanien. Findet sich dort ein passender Empfänger, wird das Organ in das betreffende Land gesandt.

Zunächst galten die Aktivitäten von Eurotransplant nur der Nierentransplantation, seit langem aber vermittelt die Stiftung auch Leber-, Herz- und Pankreas- sowie Lungenverpflanzungen. Nach erfolgter Transplantation bleibt Eurotransplant mit dem entsprechenden Transplantationszentrum in Kontakt, um Daten über die Ergebnisse der Verpflanzung zu sammeln und diese später wissenschaftlich auszuwerten.

Für die Auswahl der Empfänger galten bis vor kurzem rein medizinische Kriterien wie genetische Kompatibilität und Dringlichkeit. In den im März

---

[25] *Dietrich*, Eurotransplant in Leiden/Holland - eine zentrale Sammelstelle für Organe, in: Dietrich, Hrsg., Organspende, Organtransplantation, 1985, S. 75 ff.

1996 geänderten Vergaberichtlinien[26] wurde nun auch die Entfernung zwischen Spender und Empfänger als Kriterium mit einbezogen, da aufgrund medizinischer Forschung mittlerweile feststeht, daß auch die möglichst schnelle Übertragung einen bedeutenden Faktor für den Erfolg der Übertragung darstellt[27].

VIII. Auswirkungen der Organtransplantation für Organempfänger

Die Bedeutung der Organtransplantation für den einzelnen Empfänger kann nicht hoch genug eingeschätzt werden, bedeutet sie häufig doch z.B. bei Lungen- oder Leberverpflanzungen Rettung vor einem sicheren nahen Tod, bei Nierentransplantation eine Rückkehr in ein normales Leben ohne die Notwendigkeit der oft belastenden regelmäßigen Dialysebehandlungen mit allen gravierenden Einschränkungen des Lebens.

Nach einer erfolgreichen Nierentransplantation gewinnt der Patient meist wieder die volle Lebensqualität. Er wird wieder arbeitsfähig und kann ein normales Leben führen. Nach einer erfolgreichen Hornhauttransplantation kann der Patient, der vorher bei getrübter Hornhaut oft nur noch Umrisse erkennen konnte, wieder richtig sehen. Menschen, die vorher an schweren Hörstörungen litten, können in der Regel nach erfolgreicher Gehörknöchelchenüberverpflanzung wieder hören. Ein solches Wiedergewinnen ihrer beiden wichtigsten Sinne wird für diese Menschen zu einem einmaligen Geschenk mit der Möglichkeit der Rückkehr zu einem normalen Leben.

Knochenmarktransplantationen können für Patienten mit schweren Bluterkrankungen, z.B. schweren Leukämien, die Rettung vor einem sicheren Tod nach schwerer Krankheit bedeuten. Die Transplantation der verschiedenen Organe und Gewebe kann so unendlich viel Segen für den einzelnen Empfänger spenden. Die wissenschaftlichen Grundlagen und Techniken sowie die Organisation der Transplantation sind mittlerweise soweit ausgereift, daß allen auf eine Organüberpflanzung Wartenden, die für eine Transplantation geeignet sind, geholfen werden könnte, wenn die nötigen Transplantate zur Verfügung ständen. Tatsächlich fehlen aber in einem großen Umfang die nötigen Spenderorgane.

---

[26] Beschluß des Boards of the Eurotransplant Foundation vom 17.1.1996, Eurotransplant Newsletters Vol. 131, March 1996, S. 4 ff.

[27] Zu den Vergaberichtlinien vgl. *Conrads*, Eurotransplant und UNOS - Modelle der Organallokation, in: MedR 1996, S. 300 ff., 303; kritisch *Schmidt*, Politik der Organverteilung, Baden-Baden, 1996, insb. S. 35 ff.

Große Wartelisten für Transplantationen in vielen Ländern, besonders aber in Deutschland, zeigen den tatsächlichen Bedarf an zu übertragenden Organen auf. Er beträgt bei allen Organen ein Vielfaches des Angebotes an Spenderorganen, sei es von der Leiche oder von lebenden Spendern. Aus medizinischer Sicht stellt sich das Problem einfach dar: Mehr Spenderorgane werden gebraucht! Jedes verfügbare Organ mehr kann das Leben eines leidenden Patienten retten oder zumindest entscheidend verbessern. Die derzeitige Mangelsituation wird als unhaltbarer Zustand betrachtet bei dem Abhilfe möglich wäre. Eine Untersuchung in Bayern ergab, daß sich theoretisch die Zahl der verfügbaren Organe um mehr als den Faktor 5 steigern ließe, wenn sowohl die rechtlichen wie die tatsächlichen Voraussetzungen optimal gelöst werden könnten[28].

IX. Kostenüberlegungen

Auch unter ökonomischen Aspekten sprechen gute Gründe für eine Steigerung der Transplantationsrate. Zwar bedeutet die Organtransplantation für die Gesellschaft zunächst eine große Ausgabe. Man rechnet mit mittleren Kosten von ca. 50.000 bis 150.000 DM für eine Transplantation[29]. Vergleicht man aber die dabei anfallenden Kosten mit denen, die bei einer sonst notwendigen Behandlung der zugrunde liegenden Krankheit anfallen würden, z.B. bei einer Nierentransplantationen mit den Kosten für eine Dauerdialyse, so resultiert tatsächlich eine Kostenersparnis von 40 bis 50%, betrachtet man allein einen Vergleichszeitraum von 3 Jahren.

[28] *Angstwurm/Ketzler*, Möglichkeiten und Grenzen der Organtransplantation, Edition Deutsche Stiftung Organtransplantation, o.J., S. 25.

[29] *Eisen*, Zur Versicherbarkeit von transplantationsmedizinischen Leistungen - Ein Diskussionsbeitrag, in: Oberender, Hrsg., Transplantationsmedizin, Baden-Baden, 1995, S. 53 ff., 62.

Kapitel 3

Gesetzliche Regelungen der Organtransplantation in anderen Rechtsordnungen

I. Einführung

1. Jede ernsthafte Auseinandersetzung mit Fragen der rechtlichen Regelungsmöglichkeiten von Organtransplantationen, die nicht im rein Deskriptiven stecken bleiben, sondern vielmehr auch eine neue rechtspolitische Perspektive aufzeigen will, muß einen Blick über die nationale Grenze werfen. Bei aller Verschiedenartigkeit der Menschheit: Alle Menschen haben die gleiche Anatomie und erkranken potientiell an den gleichen Krankheiten. Die verschiedenen kulturellen Traditionen und Vorstellungen führen naturgemäß zu unterschiedlichen Lösungen gerade im Hinblick auf die Behandlung Kranker, Sterbender und Verstorbener. In letzter Zeit häuften sich in der Presse Berichte über Praktiken der Organtransplantation sowie des Organhandels im Ausland, die die hiesige Öffentlichkeit erschaudern ließen. Als jüngstes, makaberes Beispiel mag ein Bericht über die Volksrepublik China dienen, wo offenbar die Modalitäten von Hinrichtungen an den Bedarf an Spenderorganen angepaßt werden[1].

2. Gerade die internationale Verflechtung und Zusammenarbeit im Bereich der Verteilung der zu transplantierenden Organe wie z.B. durch die Stiftung „Eurotransplant" in Leiden[2], zwingt zu einer vergleichenden Betrachtung der

---

[1] Süddeutsche Zeitung vom 30.8.1994, S. 7, Spalte 1. Deutsche Geschäftsleute, die in China ein Dialysezentrum aufbauen wollen, berichten von Krankenausdirektoren in China, die mit Bezug auf eine Strafvollzugsanstalt deutlich sagen, daß dort jede Art von Organ besorgt werden könne.

Daß illegale Organbeschaffungspraktiken selbst in Deutschland nicht unmöglich sind, zeigen die Ermittlungen der Staatsanwaltschaft Heilbronn gegen mehrere Ärzte und Bestattungsunternehmer, die - ohne aufgrund einer Einwilligung gerechtfertigt zu sein - Toten Augäpfel zum Zwecke der Hornhauttransplantation entfernt haben, vgl. „Glasauge sei wachsam", in: Süddeutsche Zeitung vom 30.4.1997, S. 12.

[2] Vgl. zu Eurotransplant grundlegend van *Rood*, A proposal for international cooperation in organ transplantation: Eurotransplant, in: van Rood, Histocompatibility testing, Baltimore, 1967, S. 451 f.

verschiedenen Spendesysteme. Unterschiedliche Spenderegelungen führen zu ganz unterschiedlichen Spenderzahlen und damit zu großen Unterschieden in der Zahl der für eine Transplantation zur Verfügung stehenden Organe in Bezug auf die Bevölkerungszahl, so daß in der Konsequenz spenderarme Länder wie Deutschland von spenderreichen „unterhalten" werden müssen. Auf lange Sicht lassen sich gerade an diesem Punkt ernsthafte Spannungen im Bereich der grenzüberschreitenden Zusammenarbeit bei der Organverteilung verorten.

3. Im Folgenden werden die Rechtsordnungen einiger Staaten auf ihre gesetzlichen Regelungen der Organtransplantation hin untersucht. In die Untersuchung aufgenommen wurden vor allem Staaten, die in jüngerer Zeit eine Erst- bzw. Neuregelung dieses Rechtsgebietes vorgenommen haben. Mit einigen dieser Staaten arbeiten die deutschen Transplantationszentren über die zentrale Verteilerstelle „Eurotransplant" zusammen (Österreich, Belgien, Niederlande), andere wurden vor allem deswegen aufgenommen, weil in ihnen dieses Rechtsgebiet in Form oder Inhalt Regelungen zugeführt wird, die in dieser Form in Deutschland bisher noch wenig oder gar nicht diskutiert und hinsichtlich ihrer möglichen Vorbildfunktion geprüft wurde. Dies betrifft vor allem einige Bundesstaaten der USA und Kanadas, insbesondere dort die Provinz Québec, sowie die Republik Singapur.

II. Österreich

1. Rechtliche Rahmenbedingungen und Entwicklung der Organtransplantation

Auch im Nachbarland Österreich führte der medizinische Fortschritt zu einer intensiven juristischen Diskussion über die rechtliche Behandlung der Organtransplantation. Noch in den späten siebziger Jahren war weder die Diskussion abgeschlossen, noch durch legislatives Handeln einer Ansicht zur Gesetzeskraft verholfen worden. Dieser Zustand wurde in steigendem Maße als unbefriedigend empfunden[3], zumal Österreich, anders als vergleichsweise Deutschland, in der Vergangenheit immer die Kraft hatte, auch heikle oder tabuisierte Fragen aus dem medizinischen Bereich für die jeweilige Zeit fortschrittlich und für andere Länder wegweisend zu regeln. Als Beispiel möge dabei die Regelung der Sektion der menschlichen Leiche dienen, die bereits

---

[3] *Kopetzki*, Organgewinnung zu Zwecken der Transplantation, Wien, New York, 1988, S. 13 ff.

auf eine Initiative von Kaiserin Maria Theresia zurückgeht[4]. Seit dieser Zeit wird in Österreich bei jedem in einem öffentlichen Krankenhaus verstorbenen Patienten eine innere Leichenschau durchgeführt[5].

Zur Frage der Zulässigkeit von Organtransplantationen wurden die verschiedensten Meinungen vertreten. Edlbacher nahm Partei für eine Zustimmungslösung; das Zustimmungsrecht naher Angehöriger des Verstorbenen leitete er aus dem Persönlichkeitsrecht der Angehörigen selbst ab[6]. Dagegen sah Harbich den rechtlichen Ursprung des Zustimmungsrechtes im Erbrecht. Erben als Eigentümer der Leiche seien verfügungsberechtigt, so daß nur mit deren Einwilligung Explantationen vorgenommen werden dürften, wobei er allerdings aus Praktikabilitätserwägungen auch eine mutmaßliche Einwilligung zuließ. Diese begründete er damit, daß nicht anzunehmen sei, daß jemand nicht bereit sei, eine für ihn völlig wertlose Sache herzugeben, wenn damit das Leben eines anderen gerettet werden könne[7]. Auch strafrechtliche Lösungen wurden diskutiert, so die Anlehnung an das Sektionsrecht und den übergesetzlichen Notstand[8]. Die Annahme von letzterem mußte jedoch in den Fällen scheitern, in denen die Entnahme nicht zu einer sofortigen Transplantation, sondern zum Aufbau einer Organbank erfolgte.[9]

2. Ein Strafverfahren als Anstoß zur gesetzlichen Regelung der Organtransplantation

Im Jahre 1978 zwang ein aufsehenerregender Prozeß vor dem Strafbezirksgericht Wien die Entscheidungsträger, ernsthaft nach Lösungen zu suchen. Ein Unfallchirurg an einem Wiener Krankenhaus wurde wegen

---

[4] Bereits im Jahre 1769 wurde auf Drängen des Leibarztes der Kaiserin Maria Theresia, Dr. Van Swieten, die Straflosigkeit der Leichenöffnung zu wissenschaftlichen Zwecken in der Constitutio Criminalis Theresiana verankert, vgl. *Brugger/Kühn*, Die Sektion der menschlichen Leiche, Stuttgart, 1979, S. 82 f.

[5] § 25 KAG, vgl. *Brugger/Kühn*, Die Sektion der menschlichen Leiche, Stuttgart, 1979, S. 101 f., *Trockel*, Die Rechtswidrigkeit klinischer Sektionen, Eine Frage der Rechtswissenschaft und der Medizin, Berlin, 1957.

[6] *Edlbacher*, Die Entnahme von Leichenteilen zu medizinischen Zwecken aus zivilrechtlicher Sicht, in: ÖJZ 1965, S. 449 ff., 452 ff.

[7] *Harbich*, Das Recht zu sterben - Lebensverlängerung um jeden Preis?, in: RZ 1968, S. 115 ff.

[8] *Kopetzki*, Organgewinnung zu Zwecken der Transplantation, Wien, New York, 1988, S. 17.

[9] *Kopetzki*, Organgewinnung zu Zwecken der Transplantation, Wien, New York, 1988, S. 17 f., a. A. *Fuhrmann*, Transplantate - § 190/1 StGB, in: RZ 1980, S. 259 f., der das Erfordernis der „unmittelbar drohenden Gefahr" auch bei einer Einlagerung eines entnommenen Organs in eine Organbank für erfüllt ansieht, sofern es zur Lebenserhaltung potentiell notwendig ist.

Störung der Totenruhe gemäß § 190 I ÖStGB verurteilt. Der angeklagte Chefarzt hatte einem verstorbenen Unfallopfer Knochenteile und -splitter entnehmen lassen, um sie zum Teil einem anderen Patienten einzusetzen und teilweise in einer Organbank einzulagern. Das Strafbezirksgericht befand, daß tatbestandlich eine Störung der Totenruhe vorläge. Darüber hinaus trete dem Arzt kein Rechtfertigungsgrund zur Seite, da er ohne die Einwilligung des Verstorbenen bzw. seiner Angehörigen die Entnahme angeordnet habe. Auch auf die Bestimmung des § 25 KAG, der die innere medizinische Leichenschau (Sektion) von in öffentlichen Krankenanstalten Verstorbenen regelt und diese bei Vorliegen eines „medizinischen oder wissenschaftlichen Interesses" erlaubt, könne sich der Angeklagte nicht berufen, so daß er schuldig zu sprechen sei[10]. Dieses Urteil wurde gerade von der Ärzteschaft in Österreich mit größer Sorge und Verunsicherung aufgenommen. Die generelle Zulässigkeit von Organentnahmen zu Heilzwecken in Österreich schien in Frage gestellt zu sein. Zwar wurde das erstinstanzliche Urteil später durch das Landesgericht für Strafsachen Wien aufgehoben, jedoch ohne sich mit der materiellen Strafbarkeit einer Entnahme ohne Zustimmung auseinandersetzen zu müssen. Der Freispruch des Arztes erfolgte aus verfahrensrechtlichen Gründen. Die Wogen .der Aufregung konnten so freilich nicht geglättet werden.

Das Bundesministerium der Justiz sah sich durch das zweitinstanzliche Urteil auf den Plan gerufen und ließ in einer „Presseaussendung" erklären, daß generell eine Strafbarkeit wegen § 190 ÖStGB in derart gelagerten Fällen nicht vorliegen könne. Vielmehr sei „auf Grund einer auf § 25 KAG gestützten Güterabwegung" eine Explantation nicht rechtswidrig[11].

3. Regelung der Organtransplantation im Krankenanstaltengesetz

Mit dem „Bundesgesetz vom 1. Juni 1982, mit dem das Krankenanstaltengesetz geändert wird"[12] wurde die Rechtsunsicherheit beendet. Der Nationalrat beschloß, eine umfassende Regelung der Organtransplantation in Österreich in das Gesetz über die Krankenanstalten zu integrieren. Zu diesem Zweck wurde dem bestehenden Gesetz nach § 62 ein neues Hauptstück F eingefügt. Die

---

[10] Vgl. hierzu *Fuhrmann*, Transplantate - § 190/1 StGB, in: RZ 1980, S. 259 f.

[11] Ob diese „Presseaussendung" als Weisung an die auch in Österreich weisungsbebundenen Staatsanwaltschaften verstanden werden kann, wie *Fuhrmann*, Transplantate - § 190/1 StGB, in: RZ 1980, S. 259 f. meint, mag dahinstehen. Entscheidend ist, daß in der Zeit zwischen der Presserklärung und der gesetzlichen Regelung der Organentnahme in §§ 62a bis c KAG es zu keinen weiteren derartigen Strafverfahren in Österreich kam.

[12] ÖBGBl. Nr. 273/1982 (S. 1161 f.).

neuen Paragraphen 62a bis 62c sind mit „Entnahme von Organen oder Organteilen Verstorbener zum Zwecke der Transplantation" überschrieben. Die eigentliche Regelung der Zulässigkeit von Entnahmen wird ausschließlich in § 62a geregelt.

§ 62a Abs. 1 Satz 1 KAG scheint beim ersten Lesen eine reine Notstandslösung einzuführen. Danach ist die Entnahme von Organen und Organteilen von Verstorbenen zulässig, *„um durch deren Transplantation das Leben eines anderen Menschen zu retten oder dessen Gesundheit wiederherzustellen"*. Doch bereits der folgende Satz schränkt diese rigide Vorschrift wieder ein, indem bestimmt wird, daß die Entnahme unzulässig sei, wenn *„den Ärzten eine Erklärung vorliegt, mit der der Verstorbene oder, vor dessen Tod, sein gesetzlicher Vertreter eine Organspende ausdrücklich abgelehnt hat* ", § 62a Abs. 1 Satz 2 KAG.

Wie diese Regelung der Organtransplantation in Österreich letztendlich dogmatisch einzuordnen und auszulegen sei, ist noch immer nicht frei von divergierenden Auffassungen. Einigkeit besteht insoweit, daß § 62a Abs. 1 KAG eine Widerspruchslösung einführt. Die Möglichkeiten des Widerspruches sind hier jedoch im Vergleich mit anderen Rechtsordnungen in außerordentlich hohem Maße eingeschränkt. Dies geschieht zum einen dadurch, daß gemäß § 62a Abs. 1 Satz 2 ein etwaiger Widerspruch nur dann zur Unzulässigkeit der Organentnahme beim Verstorbenen führt, wenn die Erklärung über den Widerspruch dem entnehmenden Arzt auch vorliegt. Zum anderen ist der Kreis derjenigen, die den Widerspruch zur Entnahme von Organen und Organteilen erklären können, so eng wie in keiner anderen Rechtsordnung gezogen. Nur dem Verstorbenen wird dieses Recht zugebilligt, Angehörige können eine entsprechende Erklärung nicht abgeben. Weder sind sie berechtigt, die Erklärung an Stelle des Verstorbenen abzugeben, noch wird ihnen ein eigenes originäres Widerspruchsrecht zugestanden.

In jüngster Zeit stand vor allem die Frage, wann ein Widerspruch eines Verstorbenen einem entnehmenden Arzt vorliegt, so daß er seine Sperrwirkung gemäß § 62a Abs. 1 Satz 2 KAG entfalten kann, im Mittelpunkt der Diskussion gestanden. Der Gesetzgeber bürdet dem Arzt keine Informationspflichten auf, noch ordnet er Wartefristen an. Nach den Buchstaben des Gesetzes ist die Entnahme auch dann zulässig, wenn der Verstorbene seinen Widerspruch erklärt hat, die Erklärung dem Arzt aber aus welchen Gründen auch immer unbekannt ist. Der Gesetzgeber hat dieses Problem in der Zwischenzeit erkannt und im Jahre 1993 durch eine Ergänzung des § 10 Abs. 1 KAG angeordnet[13], daß Widerspruchserklärungen von Patienten gemäß § 62a Abs. 1 KAG in deren Krankengeschichte zu dokumentieren sind. Ein so

---

[13] ÖBGBl. Nr. 801/1993 (S. 6829 ff, 6833).

dokumentierter Widerspruch entfaltet dann seine Sperrwirkung im Sinne von § 62a Abs. 1 Satz 2 KAG. Diese Regelung schafft zwar ein gewisses Mehr an Sicherheit für den Patienten, daß seine diesbezügliche Willensentscheidung respektiert wird, hilft aber in den Fällen nicht weiter, in denen ein Widerspruch beispielsweise in einem mitgeführten aber nicht aufgefundenen Schriftstück des Verstorbenen dokumentiert wurde.

Das derzeitige Hauptproblem besteht darin, einmal erklärte Widersprüche im Fall der Fälle den entnehmenden Ärzten verläßlich zur Kenntnis zu bringen. Aus diesem Grund hat das Österreichische Bundesinstitut für Gesundheitswesen (ÖBIG) zum 1.1.95 damit begonnen, ein landesweites Widerspruchsregister im Rahmen der Vergiftungsinformationszentrale zu führen[14]. Es erscheint jedoch fraglich, inwieweit ein derartiges Register, sollte es jemals eine umfassende Dokumentation der für Österreich erklärten Widersprüche bieten, auch die Sicherheit gewährt, daß ein dort erklärter Widerspruch auch beachtet wird. Ausgehend vom Gesetzestext des § 62a Abs. 1 Satz 2 KAG läßt sich die Meinung vertreten werden, daß es auf die faktische Kenntnisnahme des explantierenden Arztes vom Widerspruch allein ankommt. Hat der Arzt davon keine Kenntnis genommen, kann die Organentnahme erfolgen. Eine derartige Sichtweise stellt sich jedoch als rein formaljuristische Auslegung des Gesetzes dar. § 62a Abs. 1 Satz 2 KAG verfolgt den Zweck, daß diejenigen, die eine Entnahme nach ihrem Tod aus welchen Gründen auch immer ablehnen, einen gewissen Schutz und Respekt ihrer Ansichten erhalten. Eine streng, lediglich am Wortlaut der Bestimmung orientierte Auslegung stellte insoweit den Schutzzweck der Norm wieder in Frage. Die herrschende Meinung in Österreich geht daher davon aus, daß der entnehmende Arzt verpflichtet ist, sich vor der Organexplantation auf zumutbare Weise über das Vorliegens eines Widerspruches zu informieren[15]. Dabei müssen auch vorhandene technische Informationsmittel genutzt werden, so daß ein digitalisiertes „on-line Widerspruchsregister“, wie das des ÖBIG auch in Anspruch genommen werden muß, will sich der die Organentnahme durchführende Arzt nicht gegebenenfalls einer Strafverfolgung gemäß § 190 ÖStGB und zivilrechtlichen Schadensersatzansprüchen aussetzen.

---

[14] *Aigner*, Organentnahmen bei Verstorbenen zu Transplantationszwecken gemäß § 62a KAG; Widerspruchsregister, in: RdM 1994, S. 119 f.

[15] *Radner/Halslinger/Reinberg*, Krankenanstaltenrecht, Loseblatt, Linz, Anm. 1 zu § 62a KAG.

4. Abschließende Stellungnahme

In einer zusammenfassenden Schau stellt sich die gesetzliche Regelung der Organtransplantation, speziell der Organentnahme in Österreich heute wie folgt dar: Mehr als 10 Jahre nach Einführung einer konsequenten Widerspruchslösung besitzt das Land heute, nach mehrfachen Änderungen und Ergänzungen, ein kodifiziertes Transplantationsrecht, welches vor allem den Bedürfnissen der Empfänger entspricht. Mangels einer breit und umfassend angelegten Aufklärungskampagne bei der Einführung der §§ 62a ff. KAG ist diese Tatsache jedoch bislang nicht in das Bewußtsein der Bevölkerung vorgedrungen. Kaum ein Österreicher ist in der Lage zu sagen, in welchem rechtlichen Rahmen die Organentnahme vor sich zu gehen hat und was er gegebenenfalls zu unternehmen hätte, wenn er mit einer Entnahme seiner Organe nach seinem Tod nicht einverstanden wäre. Ob dieses Faktum auf einer gewissen Gleichgültigkeit der Menschen in Österreich oder auf der fehlenden bzw. mangelhaften Information der Bevölkerung seitens der Regierung beruht, wäre ein interessanter Gegenstand einer soziologischen Untersuchung.

III. Belgien

Ein weiteres Mitgliedsland in der Eurotransplant-Stiftung, welches in jüngerer Vergangenheit den Fragenkreis der Organtransplantation einer gesetzlichen Regelung zugeführt hat, ist das Königreich Belgien. Das „Gesetz vom 13. Juni 1986 betreffend der Entnahme und Transplantation von Organen“[16] führt für Belgien im Grundsatz eine Widerspruchslösung ein, die jedoch zumindest einige verfahrensrechtlich interessante Aspekte beinhaltet, die kurzer Betrachtung verdienen.

Gemäß Art. 10 § 1 des Gesetzes ist eine postmortale Organentnahme bei jedem Belgier, der seinen Wohnsitz in Belgien hat, erlaubt, ausgenommen dann, wenn ein Widerspruch gegen eine derartige Entnahme geäußert wurde. Schon in dieser Bestimmung findet sich ein Unterschied zu anderen Rechtsordnungen, die gleichfalls ein Widerspruchsmodell zur Grundlage haben. Während z.B. Frankreich und Österreich keine Unterschiede zwischen Inländern und Ausländern zu machen bereit sind und folglich ein Österreich lediglich als Transitland besuchender Tourist zum Organspender werden kann, sofern von ihm kein Widerspruch zu einer Organentnahme vorliegt,

---

[16] Belgisch Staatsblad, 14.02.1987, Nr. 87-311.

beschränkt das belgische Gesetz seinen Anwendungsbereich ausschließlich auf eigene Staatsangehörige mit Wohnsitz im Inland.

Art. 10 § 2 des Gesetzes bestimmt, wer einen rechtswirksamen Widerspruch gegen eine postmortale Organentnahme zu erklären vermag. Jeder Belgier über 18 Jahre ist dazu berechtigt, es sei denn, er ist nicht in der Lage, seinem Willen Ausdruck zu verleihen. In diesen Fällen entscheidet der gesetzliche Vertreter. Im Falle von Minderjährigen stellt das belgische Recht auf die Einsichtsfähigkeit des Erklärenden ab. Liegt diese vor, kann der Minderjährige selbständig den Widerspruch erklären. Daneben sind auch die Angehörigen, die mit dem Minderjährigen zusammenleben, berechtigt, für diesen den Widerspruch zu erklären. Fehlt die Einsichtsfähigkeit, so kann der Widerspruch nur von den Angehörigen erklärt werden.

Hat ein potentieller Organspender keinen Widerspruch gegen die Organentnahme erklärt, so können die Angehörigen nach dessen Ableben aus eigenem Recht einen Widerspruch erklären, Art. 10 § 4 sub. 3. Diese Möglichkeit entfällt jedoch, wenn der Betroffene zu Lebzeiten der Entnahme ausdrücklich zugestimmt hat. An dieser Stelle zeigt sich eine weitere Eigenart der belgischen Regelung. Das Gesetz in Verbindung mit Art. 4 des Königlichen Beschlusses vom 30. Oktober 1986 betreffend der Ausführung des Transplantationsgesetzes vom 13. Juni 1986[17] eröffnet den betroffenen belgischen Staatsbürgern nämlich nicht lediglich die Möglichkeit einer Organentnahme zu widersprechen, sondern schafft zugleich die Möglichkeit, sich als Organspender registrieren zu lassen. Praktische Auswirkungen hat dies in den Fällen des Art. 10 § 4 sub. 3 des Gesetzes vom 13. Juni 1986, denn durch die ausdrückliche Erklärung der Bereitschaft zur Organspende kann der Verstorbene zu Lebzeiten sicherstellen, daß seine Entscheidung von den Angehörigen auch respektiert werden muß.

Eine weitere Besonderheit der belgischen Regelung liegt in der Schaffung eines effektiven Registers zur Erfassung von Widersprüche und Spendeerklärungen. Zuständig zur Entgegennahme der Erklärungen ist jeweils die Gemeindeverwaltung am Wohnort des Bürgers, Art. 1 Abs. 1 des Königlichen Beschlusses vom 30. Oktober 1986. Für die Erklärungen wurden standardisierte Formulare eingeführt. Nach der Entgegennahme der Formulare ist die Gemeindeverwaltung verpflichtet, die Informationen an das Zentrum für Informationsverarbeitung des Ministeriums für Volksgesundheit und Familie weiterzuleiten, Art. 2 § 2 des königlichen Beschlusses vom 30. Oktober 1986. Das Ministerium erfaßt damit zentral für ganz Belgien alle für die Organentnahme relevanten Informationen. Diese werden dann den Transplantationszentren über eine jederzeit abrufbare Datenbank zur Verfügung gestellt. Auf

[17] Belgisch Staatsblad, 14.02.1987, Nr. 87-312.

diese Weise kann in kürzester Zeit vom Aufnahmekrankenhaus eines potentiellen Organspenders festgestellt werden, ob ein Widerspruch oder eine Zustimmung vom Verstorbenen zu Lebzeiten abgegeben worden ist. Belgien ist damit im Eurotransplant-Bereich hinsichtlich der Erfassung und Verarbeitung von Transplantationsentscheidungen der Bürger sicherlich das fortschrittlichste Land. Das nationale Entscheidungsregister hat Modell- und Vorbildcharakter. Andere Staaten, wie beispielsweise Österreich[18], gehen in jüngster Zeit gleiche Wege. Mehr als wünschenswert wäre es, ein deutsches Transplantationsgesetz führte gleichfalls ein digitales on-line Informationssystem zur zentralen Erfassung und Abfrage aller transplantationsrelevanten Entscheidungen der Bürger unseres Landes ein.

IV. Frankreich

In Frankreich reagierte der Gesetzgeber verhältnismäßig früh auf die neuen medizinischen Möglichkeiten auf dem Gebiet der Organtransplantation. Am 14. Dezember 1976 nahm die französische Nationalversammlung einstimmig die *Loi no. 76-1181 du 22 décembre 1976 relative aux prélèvements d'organes*[19] an, welche nach Senator Henri Caillavet, auf den die Gesetzesinitiative zurückgeht, allgemein als *Loi Caillavet* bezeichnet wird[20]. Im Jahre 1994 wurde das Transplantationsrecht einer Überarbeitung und Reform unterzogen[21]. Nunmehr haben die Bestimmungen des *Loi Caillavet* als Teil des 6. Buches Aufnahme in das französische Gesundheitsgesetzbuch (Code de Santé Publique, kurz: c. sant. publ.) gefunden[22].

Das französische Transplantationsrecht regelt sowohl die Organentnahme beim Lebenden wie beim Verstorbenen. Dabei werden im Gesetz selbst nur die Grundentscheidungen des Gesetzgebers knapp vorgegeben und die Ausformung der Details Dekreten des Conseil d'Etat überlassen[23].

---

[18] Siehe oben Kapitel 3, Fußnote 14.

[19] Journal Officiel de la République Française 1976, S. 1497.

[20] Vgl. *Kokkedee*, Het tekort aan postmortale organdonaties, Arnhem, 1992, S. 124.

[21] Loi n° 94-654 du 29 juillet 1994, in: La Semaine Juridique, 1994, Document Nr. 66974.

[22] Zur Rechtslage in Frankreich nach der Aufnahme des Transplantationsrechts in den Code de la Santé Publique vgl. umfassend *Jung*, Die französische Rechtslage auf dem Gebiet der Transplantationsmedizin, in: MedR 1996, S. 355 ff.

[23] Siehe Artt. L. 665-13, L. 665-15, L. 665-16, L. 668-8 al. 4, L. 671-2, L. 671-7, L. 672-3, L. 672-6, L. 672-9, L. 672-10 al. 2, L. 672-11, L. 672-12, L. 671-13 al. 2, L. 672-14 al. 2 c. sant. publ. Vgl. überdies Décret n° 78-501 du 31 mars 1978, pris pour l'application de la loi du 22 décembre 1976 relative aux prélèvements

Hinsichtlich der Entnahme beim Lebenden stellt die französische Regelung ausschließlich auf das Selbstbestimmungsrecht des Spenders ab. Eine Einschränkung oder das Verbot der Entnahme bestimmter Organe besteht, abgesehen von strafrechtlich sanktionierten Tötungsverbot, nicht. Allerdings sind Lebendspenden nur unter nahen Verwandten und Angehörigen möglich[24]. Eine Organspende gegen finanzielle Entschädigung wird für unzulässig erklärt, Art. L. 665-13 c. sant. publ. Beim volljährigen Spender, der sich im Vollbesitz seiner geistigen Kräfte befindet, ist als Zulässigkeitsvoraussetzung der Entnahme lediglich dessen freie und ausdrückliche Zustimmung notwendig. Diese jederzeit widerrufliche Erklärung muß vor dem Präsidenten des Tribunal de Grande Instance[25] oder einem von diesem damit beauftragten Richter abgegeben werden, Art. L-671-3 al. 3 c. sant. publ. Bei Minderjährigen ist ausschließlich die Entnahme von Knochenmark zur Übertragung auf Bruder oder Schwester erlaubt. Deren Zulässigkeit ist an eine Dreiheit von Bedingungen geknüpft: Es darf kein Widerspruch des Minderjährigen vorliegen, alle Sorgerechtsinhaber müssen ihr Einverständnis erklären und eine spezielle Expertenkommission muß die Entnahme genehmigen[26].

Die Entnahme von Spenderorganen zu Transplantationszwecken von Verstorbenen richtet sich in Frankreich nach den Grundsätzen einer Widerspruchslösung. Grundsätzlich ist eine Entnahme dann zulässig, wenn die Entnahme therapeutischen oder wissenschaftlichen Zwecken dient und der Verstorbene zu Lebzeiten seinen entgegenstehenden Willen nicht zum Ausdruck gebracht hat, Art. 671-7 al. 2 c. sant. publ. Bei Minderjährigen kann die Entnahme nur mit schriftlicher Zustimmung der gesetzlichen Vertreter erfolgen, Art. L. 671-8 c. sant. publ.

---

d'organes, in: Recueil Dalloz-Sirey, 1978, II, S. 245 ff., welches noch aufgrund v. Art. 4 des Gesetzes n° 76-1181 vom 22.12.76 (Loi Caillavet) erging.

[24] Der Empfänger muß, außer bei Knochenmarksspenden, Vater, Mutter, Sohn, Tochter, Bruder oder Schwester des Spenders sein, Art. L. 671-3 al. 1 c. sant. publ. In dringenden Fällen ist auch die Spende des Ehepartners (du conjoint) zulässig, Art. L. 671-3 al. 2 c. sant. publ.

[25] Vergleichbar mit einem Landgericht in der Bundesrepublik Deutschland.

[26] Art. L. 671-5 c. sant. publ. Diese Regelung verspricht zwar einen maximalen Minderjährigenschutz, erscheint aber im Hinblick auf die Tatsache, daß Totalkompatibilitäten zwischen Knochenmarksspender und -empfänger extrem selten sind, problematisch. Gegenwärtig werden die passenden Spender für eine Knochenmarksspende noch im Kreis der nahen Verwandten gesucht, in der Erprobung befinden sich aber auch Verfahren, die eine Übertragung von einem Nichtverwandten zum Ziel haben. Dazu wäre der Aufbau einer möglichst umfassenden Spenderkartei notwendig, vgl. hierzu *Löw-Friedrich/Schoeppe*, Transplantation: Grundlagen, Klinik, Ethik, Darmstadt, 1996, S. 150 ff., 153.

Der Widerspruch gegen die Entnahme kann auf jede Weise („par tout moyen de son choix"[27]) erklärt werden. Geplant ist die Schaffung eines automatisierten Widerspruchsregisters, in dem jedermann seine Ablehnung gegen eine postmortale Organspende eintragen lassen kann, Art. L. 671-7 al. 3 c. sant. publ. Unklar bleibt auch nach der Reform, inwieweit eine Verpflichtung der Transplanteure besteht, das Register tatsächlich abzufragen bzw. den Willen des Verstorbenen durch Nachfrage bei den Angehörigen zu erforschen. Darüber hinaus ordnet ein *Circulaire de la Ministère de la Santé et de la Sécurité Sociale* an, daß eine Entnahme dann zu unterbleiben hat, wenn zwar kein Widerspruch registriert wurde, der entnehmende Arzt aber aufgrund eines Schriftstückes oder durch eine Dritte Person positive Kenntnis des entgegenstehenden Willens des potentiellen Spender hat[28].

Selbst die Frage der Bestimmung des Todes ist in den betreffenden französischen Vorschriften einer Regelung zugeführt worden[29], allerdings wie bereits im Loi Caillavet nur durch Verweis auf ein noch zu erlassendes Dekret des Conseil d'Etat, Art. 671-7 al. 1 c. sant. publ. Bisher wird in Frankreich an der grundsätzlichen Bedeutung des Hirntodes für die Todesfeststellung festgehalten[30]. Neuerlich in die deutsche Diskussion gelangte Bedenken hinsichtlich der Bedeutung des Hirntodes für das Ende des menschlichen Lebens und nötige Konsequenzen aus diesen Überlegungen fanden während des französischen Gesetzgebungsverfahrens keinen Eingang in die Beratungen. Diesbezüglich bestand Einigkeit, daß der Tod mit dem Nachweis des Absterbens des zentralen Nervensystems eintritt, so daß auf die früheren Definitionen aus den Jahren 1988[31] und 1993[32] verwiesen werden konnte. Die Verweisung auf den Verordnungsgeber hat den Vorteil, daß bei möglichen Änderung des medizinischen Kenntnisstandes hinsichtlich verläßlicher Kriterien für die Todesfeststellung ein schnelles Reagieren möglich ist.

---

[27] Art. 8 des Dekrets vom 31.3.1978. Im Verfahren der Reform wurde auf diese Formulierung Bezug genommen, vgl. *Jung*, Die französische Rechtslage auf dem Gebiet der Transplantationsmedizin, in: MedR 1996, S. 355 ff., 360 Fn. 79 m.w.Nachw.

[28] § I (A) und § II (B) des Circulaires du 3 avril 1978 concernant le Décret No. 78-501 pris pour l'application de la loi du 22 décembre 1976 relative aux prélèvements d'organes, zit. nach *Kokkedee*, Het tekort aan postmortale organdonaties, Arnhem, 1992, S. 124.

[29] Vgl. das 4. Kapitel des Dekrets vom 31.3.78, welches mit „*Modalités et Procédure de Constatation de la Mort*" überschrieben ist.

[30] *Jung*, Die französische Rechtslage auf dem Gebiet der Transplantationsmedizin, in: MedR 1996, S. 355 ff., 360.

[31] Comité consultativ national d'éthique pour les sciences de la vie et de la santé, Les avis de 1983 à 1993, 1993, S. 183 ff.

[32] Conseil d'Etat, 2 juillet 1993, Milhaud, Rec. 194.

Im Ergebnis kann festgehalten werden, daß Frankreich sein Transplantationsrecht seit 1976 mit dem Loi Caillavet und und nunmehr mit der Reform des Code de la Santé Publique konsequent das Transplantationsrecht mit Blick auf die Organempfänger ausgerichtet hat. Dabei ist seit 1994 eine eindeutige Bevorzugung der postmortalen Organspende erkennbar. Bei der Organentnahme vom Toten wird ein dieser entgegenstehender Wille des Verstorbenen in jedem Falle respektiert, er muß jedoch zu Lebzeiten in irgend einer Form geäußert worden sein. Den nahen Angehörigen kommt kein eigenes Widerspruchsrecht zu. Die ursprünglich schrankenlose Möglichkeit der Lebendspende nach dem Loi Caillavet wurde hingegen nunmehr auf nahe Verwandte beschränkt. Zudem enthält der Code de la Santé Publique Bestimmungen, die sowohl jede Werbung für Organspenden zugunsten bestimmter Personen oder Organisationen untersagen, wie auch die Kommerzialisierung von Organspenden verbieten. Das französische Transplantationsrecht trägt seit der Reform sowohl zu einer hohen Transplantationsrate in Frankreich bei. Gleichzeitig beugt es den neuen Auswüchsen des Organhandels vor.

V. Großbritannien

Als für Großbritannien[33] im Jahre 1961 der *Human Tissue Act* (HTA) verabschiedet wurde, war die Entwicklung der medizinischen Wissenschaft noch nicht soweit gediehen, daß Organtransplantationen als Therapiemöglichkeit eingesetzt werden konnten. Da der *Human Tissue Act* jedoch die Verwendung menschlichen Gewebes nach dem Tode zu therapeutischen Zwecken, zur medizinischen Ausbildung oder zu Forschungszwecken regelt, fallen heutzutage Organentnahmen zu Transplantationszwecken gleichfalls in den Geltungsbereich dieses Gesetzes. Das Gesetz befaßt sich ausschließlich mit der Entnahme von Organen und Organteilen beim Toten. Die Organspende vom Lebenden wird nicht erfaßt.

Die gesetzliche Regelung in Großbritannien hinsichtlich der Entnahme von Organen und Organteilen läßt keine klare Linie erkennen. Der *Human Tissue Act* verbindet Elemente einer Widerspruchslösung mit denen einer Zustimmungslösung. Dabei ist die sprachliche Fassung des Gesetzes teilweise von

---

[33] Der Human Tissue Act 1961, 9&10 Eliz. 2, ch. 54, gilt ausweislich von Sec 4 Subsection 4 nur auf der Insel Großbritannien, nicht aber im gesamten Vereinigten Königreich. Das Gesetz hat keine Gültigkeit in Nordirland, der Isle of Man und den Kanalinseln.

einer großen Unklarheit geprägt, die in der Vergangenheit auf durchaus berechtigte Kritik stieß[34].

Im einzelnen gestaltet sich die Regelung wie folgt: Hat der Verstorbene zu Lebzeiten entweder vor Zeugen oder schriftlich den Wunsch geäußert, daß sein Körper oder Teile davon zu den genannten Zwecken nach seinem Tode verwandt werden sollen, dann ist derjenige, der nach dem Ableben des Spenders rechtmäßig im Besitz der Leiche ist, befugt, die entsprechende Nutzung des Körpers zu gestatten, Sec. 1 (1) HTA. Diese Vorschrift ist eindeutig vom Gedanken der Zustimmung zur Organentnahme geprägt. Allerdings ist bereits hier die Formulierung des Gesetzes sehr vage. Bereits die Frage, wer derjenige ist, der „*lawfully in the possession of his body after his death*“ ist, ist schwierig zu beantworten. Auch das englische Recht kennt eine Unterscheidung zwischen Besitz und Eigentum, wobei unter *possession* mehr die rechtlich gesicherte tatsächliche Herrschaft über eine Sache verstanden wird. Eine so strenge dogmatische Trennung wie etwa im deutschen Recht wird jedoch nicht vorgenommen, einige Autoren unterscheiden überhaupt nicht zwischen *possession* und *ownership*[35]. Die Frage, ob wer nach dem Tode der rechtmäßige Besitzer der Leiche ist, läßt sich nur beantworten, wenn man hierzu den zweiten Absatz der Sec. 1 HTA hinzuzieht. Danach kann der rechtmäßige Besitzer der Leiche eine Organentnahme gestatten, wenn er, nachdem er diesbezüglich zumutbare Feststellungen unternommen hat, zum Ergebnis kommt, daß weder der Verstorbene selbst noch sein Ehegatte oder andere nahe Verwandte sich gegen eine derartige Entnahme ausgesprochen haben bzw. aussprechen, Sec 1 (2) HTA. Aus dieser Regelung wird deutlich, daß es sich bei dem berechtigten Gewahrsamsinhaber gerade nicht um die Angehörigen handelt, sondern daß sich dieser aus einem - meist zufälligem - Obhutsverhältnis zwischen Verstorbenen und Krankenhaus ergibt[36].

Damit folgt der Human Tissue Act für die Fälle, daß der potentielle Spender zu Lebzeiten keine Erklärung hinsichtlich der Verwendung seiner Organe abgegeben hat, dem Prinzip der Widerspruchslösung. Vor einer Entnahme muß mit zumutbarem Aufwand festgestellt werden, ob der Verstorbene selbst seine Ablehnung zur Organspende zum Ausdruck gebracht hat, Sec 1 (2)a

---

[34] So schreibt *Kennedy*, The Donation and Transplantation of Kidneys: Should the Law be Changed?, in: Journal of Medical Ethics, 1979, Heft 5, S. 13 ff., 15: „It would not be an exaggeration to say that some of the words and expressions used have virtually defied all efforts of clarification.“

[35] Vgl. hierzu *Tyler/Palmer*, Crossley Vaines's Personal Property, 5. Aufl., London, 1973, S. 39.

[36] Die deutsche Rechtslage ist damit durchaus vergleichbar. Der Leiter eines Krankenhauses wird als der berechtigte Inhaber des Gewahrsams an der Leiche eines dort verstorbenen Patienten verstanden, vgl. *Tröndle*, StGB, 48. Aufl., München, 1997, § 168, Rdnr. 3.

HTA, oder ob sein Ehepartner und nahe Angehörige eine derartige Organentnahme beim Verstorbenen ablehnen, Sec 1 (2)b HTA. Das englische Transplantationsrecht folgt damit einem sogenannten „*two-tier-approach*"[37]. Es trägt damit nicht unbedingt zur Klarheit der Rechtslage in der Bevölkerung bei. Hinzu kommt, daß bei genauerer Betrachtung des Human Tissue Act 1961 eine grobe Unterlassung auffällt. Das Gesetz bestimmt für Zuwiderhandlungen keine Sanktionen, so daß die These vertreten wird, die Bestimmungen seien zwar in Kraft, aber nicht durchsetzbar[38]. Im Laufe der Zeit hat sich in Großbritannien ein *donor card* System entwickelt, um Menschen die Möglichkeit zu geben, ihren Zustimmung oder Ablehnung zur Organspende zu dokumentieren. Entwickelt und durchgeführt wird das Ausweissystem jedoch nicht als staatliche Aufgabe etwa vom Gesundheitsministerium, sondern von der *British Transplantation Society*. Dieses Ausweissystem leidet allerdings darunter, daß weder ein Zwang zur Erklärung besteht, noch letzte Klarheit über die Wirkung einer ausgefüllten *Donor Card* besteht[39]. So ist es erklärlich, daß Umfragen in Großbritannien zum Ergebnis führen, daß grundsätzlich in der Bevölkerung eine hohe Spendebereitschaft besteht, nur ein kleiner Teil jedoch über einen Spenderausweis verfügt. In einer Untersuchung erklärten 41% der Befragten, daß sie zur Organspende nach ihrem Ableben bereit wären. Nur 14% der Befragten hatten tatsächlich von der Möglichkeit, eine donor card auszufüllen, Gebrauch gemacht[40].

---

[37] *Kennedy*, The Donation and Transplantation of Kidneys: Should the Law be Changed?, in: Journal of Medical Ethics, 1979, Heft 5, S. 13 ff., 15.

[38] *Kennedy*, The Donation and Transplantation of Kidneys: Should the Law be Changed?, in: Journal of Medical Ethics, 1979, Heft 5, S. 13 ff., 16.

[39] Als Beispiel dafür, welche Rechtswirkung den Ausweisen zukommt, mögen die widersprechenden Aussagen selbst des britischen Gesundheitsministeriums diesbezüglich dienen. Im Jahre 1973 wurde verlautbart, diesen Ausweisen käme keine verbindliche Wirkung zu, im Jahre 1975 erfolgte eine gegenteilige Erklärung, vgl. *Kennedy*, The Donation and Transplantation of Kidneys: Should the Law be Changed?, in: Journal of Medical Ethics, 1979, Heft 5, S. 13 ff., 15. In Deutschland wird die Verbindlichkeit des Organspendeausweises allgemein anerkannt, vgl. *Lilie*, Zur Verbindlichkeit eines Organspendeausweises nach dem Tode des Organspenders, in: MedR 1983, S. 131 ff.

[40] *Kokkedee*, Het tekort aan postmortale organdonaties, Arnhem, 1992, S. 118. Eine andere Umfrage in Großbritannien im Januar 1987 deutete eine Spendebereitschaft bei 70% der Befragten an, vgl. Conference of Medical Colleges and their Faculties in the UK, Supply of Donor Organs 6, zit. nach *Kloth*, Rechtsprobleme der Todesbestimmung und Organentnahme von Verstorbenen, Diss jur. FU Berlin, 1994, S. 213 Fußnote 12.

VI. Niederlande

Das wohl jüngste Transplantationsgesetz wurde im Jahre 1995 in den Niederlanden geschaffen. Das neue *Wet op de orgaandonatie (WOG)*[41] ist das Ergebnis eines fast 30jährigen Ringens um die Schaffung einer eigenständigen gesetzlichen Regelung. Seit 1967 werden in den Niederlanden Organtransplantationen als medizinische Therapie eingesetzt[42], ohne daß zu dieser Zeit bereits eine klare juristische Basis für derartige Eingriffe existierte. Am 1.7.91 änderte sich diese Situation mit dem Inkrafttreten des *Wet op de Lijkbezorging 1991(WLB)*[43] dergestalt, daß nun erstmalig auch Bestimmungen über die Organentnahme bei Verstorbenen eingeführt wurden. Danach folgten die Niederlande dem Modell der Zustimmungslösung. Eine Entnahme beim Toten war nur zulässig, wenn der Verstorbene selbst zu Lebzeiten oder seine Angehörigen nach seinem Tode die Zustimmung hierzu erklärt hatten, Art. 72 WLB. Lebendspenden wurden im WLB, wie sich schon aus dem Namen ergibt, nicht geregelt. Diese unvollständige Lösung wurde als sehr unbefriedigend empfunden, so daß kurz nach dem Inkrafttreten des WLB ein neuer Versuch gestartet wurde, ein umfassendes Transplantationsgesetz zu schaffen. In weiteren vier Jahren entstand nun das *Wet op de orgaandonatie (WOG)*[44], welches am 24.5.1996 verabschiedet wurde. Damit war die langandauernde Debatte beendet. Systematisch stellt auch das WOG eine Ausformung des Zustimmungsmodells dar. Neben der eigentlichen Kodifizierung des Transplantationsrechts enthält das Gesetz darüberhinaus die Festlegung des Hirntodes als maßgebliches Todeskriterium, Art. 14 ff. WOG.

Das Gesetz ist in fünf Hauptteile gegliedert. Teil 1 enthält allgemeine Bestimmungen und Begriffsdefinitionen. Danach erstreckt sich der Geltungsbereich des Gesetzes auf alle menschlichen Organe mit Ausnahme von Blut, Geschlechtszellen und Bestandteilen einer menschlichen Frucht, Art. 1(b) WOG. Notierenswert ist gleichfalls Art. 2 WOG, der eine Zustimmung zu einer Organentnahme dann für nichtig erklärt, wenn sie mit Blick auf eine Vergütung erteilt wird, die die dem Organspender tatsächliche durch die Entnahme entstehenden Kosten einschließlich der Einkommenseinbußen übersteigt.

Teil 2 regelt die Organentnahme vom lebenden Menschen. Danach kann ein Volljähriger, welcher sich im Vollbesitz seiner geistigen Kräfte befindet, seine Zustimmung zur Organübertragung auf eine bestimmte Person erklären,

---

[41] Eerste Kamer der Staten-Generaal, vergaderjaar 1994-1995, 22 358, Nr. 299.

[42] *Kokkedee*, Het tekort aan postmortale organdonaties, Arnhem, 1992, S. 22.

[43] Übersetzt als „Gesetz über die Leichenbestattung", Staatsblad 1991, Nr. 133.

[44] Übersetzt als „Organspendegesetz", Staatsblad 1996, Nr. 370.

Art. 3(1) WOG. Der entnehmende Arzt ist verpflichtet, den Spender über alle Risiken aufzuklären, und er muß sich gleichfalls von der Freiwilligkeit der Spende überzeugen, Art. 3(2) WOG. Wenn die Spende bleibende Folgen für die Gesundheit des Spenders hat, wie die Entnahme eines nicht regenerationsfähigen Organs, darf sie nur erfolgen, wenn sich der in Aussicht genommene Empfänger in Lebensgefahr befindet und ein anderer Ausweg nicht möglich ist, Art. 3(3) WOG. Für geschäftsunfähige Volljährige sowie Minderjährige werden die Zustimmungsmöglichkeiten eingeschränkt. Bei diesen Gruppen können nur regenerationsfähige Organe entnommen werden, und dies auch nur zur Übertragung auf Blutverwandte bis zum zweiten Verwandtschaftsgrad, welche sich in Lebensgefahr befinden. Diese Einschränkungen führen dazu, daß als einziger Anwendungsfall die Knochenmarksspende für Verwandte übrig bleibt. Die eigentliche Entnahme kann erst erfolgen, nachdem die Zustimmung erklärt wurde, Art. 8 WOG.

Teil 3 des WOG befaßt sich mit der Entnahme von Leichenorganen zu Transplantationszwecken. Interessant an der niederländischen Regelung ist vor allem die Tatsache, daß das Gesetz sowohl die Möglichkeit einräumt, seine Zustimmung zur Organspende zu erklären, wie auch einen Widerspruch gegen einen derartigen Eingriff registrieren zu lassen. Art 9 (1) WOG bestimmt, *daß „Volljährige und Minderjährige von 12 Jahren und älter, die zu einer vernünftigen Bewertung der Angelegenheit in der Lage sind"*, sowohl einer posthumen Organentnahme zustimmen, wie auch sie ablehnen können. Darüberhinaus besteht die Möglichkeit zu erklären, daß die Entscheidung einer bestimmten benannten Person überlassen wird, Art. 9 (2) WOG. Die Gemeindeverwaltungen des Landes sind verpflichtet, diese Erklärungen entgegenzunehmen und dabei ein standardisiertes Formular zu verwenden, Art. 10 WOG. Dieses Formular wird jedem Einwohner mit Vollendung des 18. Lebensjahres zugesandt. Die Erklärungen werden dann zentral erfaßt und in einem separaten nationalen Register gesammelt und zum Abruf zur Verfügung gestellt, Art. 10 WOG. Art. 11 WOG nimmt sich dem Fall an, daß der Verstorbene zu Lebzeiten keinerlei Erklärung abgegeben hat. In diesen Fällen, die zumindest in der Anlaufphase des Gesetzes die größte Gruppe ausmachen werden, kann der mit dem Verstorbenen zum Zeitpunkt des Todes zusammenlebende Ehe- oder sonstige Lebenspartner[45] die Zustimmung zur Organentnahme erklären. Bei Abwesenheit oder Unerreichbarkeit eines solchen sind die Bluts- und Anverwandten in bestimmter Reihenfolge ihrerseits befugt, die Zustimmung zu erteilen. Widersprechende Auffassungen der Berechtigten führen dazu, daß eine Zustimmung nicht erklärt werden kann, Art. 11 (3) WOG. In gleicher Weise ist zu verfahren, wenn der

---

[45] Vgl. Art. 11 (1) WOG: *„...de bij zijn overlijden met hem samenlevende echtgenoot of andere levensgezel..."*.

Verstorbene von der Möglichkeit Gebrauch gemacht hat, die Entscheidung einem Dritten zu überlassen, und dieser unerreichbar ist, Art. 11 (4) WOG.

Die eigentlichen Zulässigkeitsvoraussetzungen zur Organentnahme beim Verstorbenen finden sich in Art. 20 ff. WOB. Danach sind Organentnahmen in den Niederlanden ausschließlich mit Zustimmung der jeweils Berechtigten zulässig, Art. 21 WOG[46]. Allerdings dürfen die behandelnden Ärzte bei Personen, die keine Erklärung abgegeben haben, den Kreislauf aufrechterhaltende Maßnahmen am Sterbenden durchführen, solange die Befragung der Zustimmungsberechtigten noch nicht abgeschlossen ist, Art. 22 (2) WOG.

Teil 4 des WOG regelt die Voraussetzungen für eine Zulassung von Organzentren und Organbanken. In Teil 5, der mit Schlußbestimmungen überschrieben ist, finden sich in Art. 32 WOG Strafbestimmungen für Zuwiderhandlungen gegen das vorstehende Gesetz. Danach werden vorsätzliche Entnahmen von Organen ohne das Vorliegen der in Art. 8 und 21 WOG aufgeführten Voraussetzungen als *„misdrijven"*[47] mit Freiheitsstrafe bis zu einem Jahr oder mit Geldbuße der vierten Kategorie[48] bestraft[49]. Gleichfalls strafbar gestellt werden alle Handlungen, die im Zusammenhang mit kommerziellem Organhandel relevant werden, wie das Einwirken auf den

---

[46] In deutscher Sprache hat Art. 21 WOG folgenden Wortlaut:

Art. 21:

Das Entfernen von einem Organ nach dem Versterben ist nur zulässig, wenn:

a. in Anwendung von Art. 20 festgestellt ist, daß hierfür durch oder in Hinsicht auf den Verstorbenen Zustimmung in Übereinstimmung mit diesem Gesetz erteilt wurde,

b. die Artikel 14, 16 und 17 beachtet wurden,

c. das zur Implantation zur Disposition gestellte Organ in Übereinstimmung mit Art. 18 bei einem Organzentrum gemeldet ist.

[47] Ursprünglich wurden als *„misdrijven"* Straftaten gegen das Recht bezeichnet. Daneben existieren *„overtredingen"*, die als Straftaten gegen das Gesetz definiert wurden. Heutzutage werden beide Termini je nach der Schwere der Straftat verwandt, wobei *misdrijven* die schwere Kategorie von Straftaten darstellt, vgl. hierzu auch mit historischem Rückblick, *Schaffmeister*, Entwicklung und Begriff des niederländischen Wirtschaftsstrafrechts, Zwolle/Frankfurt a. M., 1978, S. 257 ff.

[48] Geldstrafen werden in den Niederlanden nach verschiedenen Kategorien je nach der Schwere des verwirklichten Tatbestandes ausgeworfen. Ein einheitlichliches Tagessatzsystem wie in Deutschland existiert nicht, vielmehr existieren sechs verschiedene Kategorien von Geldstrafen, innerhalb derer die Höhe nach der Leistungsfähigkeit zu bemessen ist. Notierungswürdig ist, daß die höchste Kategorie nur für juristische Personen anzuwenden ist. Zum niederländischen Strafsystem vgl. *Kalmthout/Tak*, Sanctions-Systems in the Member-States of the Council of Europe, Part II, Deveneter, Boston, 1992, S. 663 ff., 675 f.; *Schaffmeister*, Das niederländische Strafgesetzbuch, Berlin, New York, 1978. S. 29 ff.

[49] Eine weitergehende Strafbarkeit wegen Tötungs- und Körperverletzungsdelikten ist durch Art. 32 WOG selbstverständlich nicht ausgeschlossen.

lebenden Spender oder das Zahlen einer die wirklichen Kosten übersteigenden Entschädigung im Gegenzug zur Zustimmung, Art.32 (2.) WOG.

In der abschließenden Gesamtbetrachtung stellt sich das niederländische Transplantationsgesetz als ein Regelungswerk dar, welches, in dieser Art wohl einzigartig, jeden für die Organtransplantation relevanten Bereich erfaßt und einer umfassenden, in sich konsequenten Lösung zuführt. Dabei wird ohne jedwede Kompromisse eine Variante der Zutimmungslösung für die Niederlande umgesetzt. Welche Auswirkungen die Anwendung des Gesetzes in der Praxis haben wird, bleibt abzuwarten. Ob dabei eine dem tatsächlichen Bedarf entsprechende Zahl an gespendeten Organen für eine Transplantation zur Verfügung stehen wird, scheint fraglich. Diese hängt ab vom Ausmaß der selbstlosen Opferbereitschaft einer aufgeklärten Bevölkerung. Wohl aus diesem Grund hat der Gesetzgeber hat daher dem Gesundheitsminister aufgegeben, drei, fünf und sieben Jahre nach dem Inkrafttreten des WOG dem Parlament Bericht zu erstatten und Änderungsvorschläge zu unterbreiten, Art. 35 (2.) WOG.

VII. Vereinigte Staaten von Amerika

Den Vereinigten Staaten von Amerika kommt seit dem 2. Weltkrieg in der Entwicklung der Medizin eine unbestrittene Vorreiterrolle zu. Eine Vielzahl wichtiger Erkenntnisse in der Grundlagenforschung wie auch bei der Entwicklung neuer Verfahren werden häufig zum ersten Mal an Kliniken und Universitäten der USA gemacht und in der Praxis erprobt. So wurde beispielsweise die erste erfolgreiche Nierentransplantation im Jahre 1954 in Boston, Mass. durchgeführt[50]. Aufgrund der einzelstaatlichen Zuständigkeit in Bezug auf das Gesundheitswesen existiert jedoch keine einheitliche rechtliche Regelung der Organtransplantation in den USA. Dennoch lassen sich allgemeingültige Aussagen zur derzeitigen Rechtslage in den Vereinigten Staaten machen. Im wesentlichen existieren zwei Modelle, die in jeweils kleineren Variationen von den verschiedenen Bundesstaaten seit der Mitte der 80iger Jahre eingeführt wurden, die sogenannte *„required request“*-Lösung und das *„routine inquiry“*-Modell[51]. Beide basieren auf dem Grundgedanken,

---

[50] *Kimbrell*, Ersatzteillager Mensch, Frankfurt a. M., 1994, S. 34.

[51] Vgl. *Kloth*, Rechtsprobleme der Todesbestimmung und der Organentnahme von Verstorbenen, Diss jur. FU Berlin, 1994, S. 193 ff. Kokkedee ist der Ansicht, drei verschiedene Gruppen unterscheiden zu sollen. Seineserachtens kommt zu den beiden bereits angesprochenen Modellen das *„Required referral“*-Modell hinzu, welches in Kentucky Gesetzeskraft erlangte, abgedruckt bei *Kokkedee,* Het tekort aan postmortale organdonaties, Arnhem, 1992, S. 398 f. Nach diesem Gesetz ist das

daß allein eine Zustimmung zur Organtransplantation, sei es vom Spender selbst vor seinem Ableben, sei es von den sorgeberechtigten Angehörigen nach dem Tode des Spenders, eine Organextransplantation rechtfertigen kann.

Als Beispiel für eine gesetzliche Regelung der Organtransplantation auf der Basis der *„routine inquiry“* kann *Section 7184* des *California Health and Safety Code*[52] gelten. Danach muß nach dem Tode eines potentiellen Spenders durch das Krankenhaus bei den Angehörigen nachgefragt werden, ob der Verstorbene Organspender war. Sollte die Befragung zum Ergebnis führen, daß er keine entsprechende Erklärung zu Lebzeiten abgegeben hatte, so müssen die Angehörigen über die Möglichkeit, eine Zustimmung zur Organentnahme erteilen zu können, hingewiesen werden. Entsprechende Gespräche sind in eigens dafür zu entwickelnden Protokollen zu dokumentieren.

Als Beispiel für das *„required request“*-Modell bietet sich die Rechtlage im Staate Oregon an. Nach *Section 1* des *Act Relating to Organ Transplants*[53] ist der Vorstand des Krankenhauses verpflichtet, sich um die Einholung einer Zustimmung zur Organentnahme zu bemühen. Der wesentliche Unterschied zur *„routine inquiry“* besteht folglich lediglich in der Zielvorgabe des Gespräches. Während in Staaten, die eine mit Oregon vergleichbare Rechtslage geschaffen haben, das Gespräch mit dem Ziel geführt werden soll, Organe für die Transplantation zu gewinnen, ist in den Staaten, die der *„routine inquiry“* folgen, das Gespräch mit den Angehörigen ergebnisoffen.

Obwohl beide Lösungsmodelle nur marginale Unterschiede aufweisen, wurde rasch der Wunsch laut, eine einheitliche Transplantationsregelung für die gesamten USA zu schaffen. Initiiert durch die Bundesregierung überarbeitete die *National Conference of Commissioners on Uniform State Law (NCCUSL)* in den 80iger Jahren den *Uniform Anatomical Gift Act 1968*[54] und legte eine neue *Section 5* vor[55]. Grundlage des vorgeschlagenen Modells ist auch hier die Überzeugung, daß eine Organentnahme nur mit Zustimmung des Spenders beziehungsweise seiner Angehörigen erfolgen darf. Die *NCCUSL*

Krankenhaus, welches einen potentiellen Spender unter seinen Patienten hat, bei Androhung von Geldbußen verpflichtet, den Spender an Organzentralen zu melden.

[52] California Health and Safety Code, § 7184 (West 1989).

[53] Oregon Regular Session, Chapter 379, Laws 1985, House Bill No. 2909.

[54] 1968, 8A ULA 15-67 (1983). werden auf nationaler Ebene als Gesetzesvorschläge für Materien erarbeitet, die in den Zuständigkeitsbereich der Einzelstaaten gehören, bei denen jedoch eine einheitliche Rechtslage im gesamten Land für wünschenswert erachtet wird. Die Übernahme dieser Entwürfe wird den Bundesstaaten jeweils anempfohlen. Diese bleiben jedoch in ihrer Entscheidung weiterhin frei und ungebunden.

[55] Uniform Anatomical Gift Act 1987, 8A ULA 2-27 (Cum. Ann. Pocket Pt. 1990).

erkannte zugleich auch die Schwierigkeiten, die in einer solchen Lösung liegen: Kaum ein potentieller Spender hat zu Lebzeiten eine entsprechende Erklärung abgegeben. Trauer und Schmerz über den Verlust des Nächsten machen es schwierig, die Angehörigen nach dem Tode um eine Zustimmung zu bitten, so daß häufig Ärzte dieser Frage aus dem Weg zu gehen versuchen. Der Vorschlag versucht daher, beide Modelle miteinander zu verbinden, um so deren jeweilige systematischen Schwächen zu minimieren. So verpflichtet *Section 5(a)* die die Patienten aufnehmenden Krankenhäuser in Anlehnung an die *„routine inquiry"*-Lösung, sich routinemäßig bei jedem zur stationären Aufnahme gelangenden Patienten über dessen Einstellung zur Organspende zu erkundigen und ihn gegebenenfalls über die genauen Möglichkeiten umfassend zu informieren. Stellt sich dabei heraus, daß der aufzunehmende Patient bereits Organspender ist, so ist eine Kopie der entsprechenden Erklärung zu den Krankenakten zu nehmen. *Section 5(b)* dagegen folgt demgegenüber dem *„required request"*-Modell insoweit, als es für den Fall, daß beim Tode des potentiellen Spenders keine Spendeerklärung vorliegt, das Krankenhaus verpflichtet, sich um eine Zustimmung zur Organentnahme zu bemühen. Auf diese Art und Weise wird versucht, sicherzustellen, daß in jedem Falle das Möglichste unternommen wird, Transplantate zu gewinnen.

Der Uniform Anatomical Gift Act war sehr erfolgreich. Bis zum Jahre 1993 hatten 14 Bundesstaaten den Gesetzesvorschlag übernommen[56]. Auch in den übrigen Staaten der USA wurden ähnlichlautende Gesetze geschaffen.

In der Praxis erwies sich jedoch in der Folge, daß auch nach Schaffung einer gesetzlichen Regelung der Bedarf an Transplantaten das Angebot auch weiterhin übersteigt[57]. In jedem Bereich der Transplantationsmedizin fehlen Spenderorgane, um alle potentiellen Empfänger optimal versorgen zu können. Die Standesorganisation der US-amerikanischen Ärzteschaft, die *American Medical Association (AMA)*, hat daher einen Bericht vorgelegt, in dem neue Wege aufgezeigt und empfohlen werden[58]. In diesem Vorschlag stellt die Organisation drei für die USA neue Wege zur Lösung des Problems vor. Es handelt sich dabei zum einen um die Einführung einer Widerspruchslösung (*„presumed consent"*). Diese Idee wird ausgeführt und vorgestellt, im Ergebnis kann sich die AMA jedoch nicht zu einer Empfehlung durchringen. Nach ihrer Auffassung steht die Widerspruchslösung nicht nur im Gegensatz zum

---

[56] *Kloth*, Rechtsprobleme der Todesbestimmung und der Organentnahme von Verstorbenen, Diss jur. FU Berlin, 1994, S. 199.

[57] *Murray/Youngner*, Organ Salvage Policies, A Need for Better Data and More Insightful Ethics, in: Journal of the American Medical Association, 1994, S. 814 f.

[58] *Council on Ethical and Judicial Affairs of the American Medical Association*, Strategies for cadaveric organ Procurement: mandated choice and presumed consent, in: Journal of the American Medical Association, 1994, S. 809 ff.

gerade in den Vereinigten Staaten als essentiell betrachteten Rechtsgut der Selbstbestimmung und Selbstverantwortung des Individuums, sie ist auch nicht in der Lage, eine wirkliche Steigerung der zu gewinnenden Organe zu garantieren, wie neuere Vergleichsuntersuchungen aus Europa bestätigten[59]. Ein weiterer neuer Vorschlag der AMA hat das „*mandated choice*"-Modell zum Inhalt. Danach sollte durch ein Gesetz sichergestellt werden, daß alle erwachsenen Staatsbürger zwingend eine Entscheidung hinsichtlich ihrer Spendebereitschaft treffen müssen. Dies könnte nach Vorstellung der AMA bei jedem Kontakt des Bürgers mit dem Staat, beispielsweise bei der in den USA regelmäßig vorzunehmenden Führerscheinverlängerung oder zusammen mit der jährlichen Steuererklärung erfolgen. Zwar erkennen die Verfasser des Berichtes die zu erwartenden Schwierigkeiten bei der praktischen Umsetzung dieses Vorschlages, sie halten sie aber dennoch für so erfolgversprechnd, daß sie sie für empfehlenswert erachten[60]. Als dritten Vorschlag spricht sich die AMA auch für die Zulässigkeit von sogenannten „*future contracts*" aus. Dabei handelt es sich um aufschiebend bedingte Kaufverträge, die nach dem Tode des Spenders wirksam werden und im Austausch gegen die Entnahme von Körperorganen einem im Voraus bestimmten Begünstigten einen Zahlungsanspruch gewähren. Gerade aber diese finanzielle Komponente stößt auch auf massive Kritik, stellt sie doch eine Abkehr vom gesinnungsethisch wertvollen Schenken hin zu einer schnöden Kommerzialisierung der Organspende dar. Murray/Youngner bringen die Kritik an diesem Vorschlag auf einen Punkt, wenn sie schreiben: „*They threaten to transform the meaning of organ salvage from gift to financial transaction, and they may well result in a decrease, rather than an increase, in the supply of organs.*"[61].

---

[59] So bezieht sich die AMA auf die Arbeit von *Land/Cohen*, Postmortem and living donation in Europe: Transplant laws and activities, in: Transplant Proc., 1992, S. 2165 ff. Zahlenangaben der Stiftung Eurotransplant hingegen lassen diesen Schluß nicht zu, vgl. oben S. 127 f.

[60] *Council on Ethical and Judicial Affairs of the American Medical Association*, Strategies for cadaveric organ Procurement: mandated choice and presumed consent, in: Journal of the American Medical Association, 1994, S. 809 ff.

[61] *Murray/Youngner*, Organ Salvage Policies, A Need for Better Data and More Insightful Ethics, in: Journal of the American Medical Association, 1994, S. 814 f., 815.

VIII. Québec

1. Rechtliche Rahmenbedingungen und Entwicklung

Die Rechtsordnung der kanadischen Provinz Québec ist in jeder Hinsicht außergewöhnlich. Obgleich im vom common law geprägten Nordamerika gelegen, ist es seiner frankophonen Bevölkerung über Jahrhunderte hinweg gelungen, die kulturelle Identität zu wahren. Deutlichstes Zeichen dafür war die Beibehaltung des ursprünglich französischen - bourbonischen - Rechts. Im 19. Jahrhundert fand diese Tradition ihre Fortsetzung in der Einfühung eines an Frankreich angelehnten Zivilgesetzbuches, des Code civil du Bas Canada 1866. 1955, noch vor der großen Modernisierungswelle in der einst als rückschrittlich geltenden und von der katholischen Kirche dominierten Provinz, der „révolution tranquille", die die heutige Fassung des Gesetzbuches maßgelblich beeinflußt hat, wurde durch das *Loi concernant la révision du Code civil*[62] eine Kommission mit der Ausarbeitung einer Neufassung des Code civil beauftragt[63]. Die Arbeiten zogen sich fast 40 Jahre hin und der neue Code Civil du Québec trat am 1.1.1994 in Kraft. Er wurde zu einem der wenigen seit dem zweiten Weltkrieg weltweit völlig neu geschaffenen Zivilgesetzbücher. Ziel der Neugestaltung des Zivilrechts war dabei vor allem, auch jene Teilbereiche des Rechts zu regeln, die durch die fortschreitende Entwicklung gerade auch von Gesellschaft, Forschung und Wissenschaft, sowie derTechnik aufgeworfen worden waren. So ist es nur mehr als verständlich, daß der neue Code civil auch zu medizinrechtlichen Fragen Stellung bezieht und Fragen der Organtransplantation[64], der Sektion der menschlichen Leiche, der Bluttransfusion und der Einwilligung in Operationen und andere ärztliche Behandlungen regelt.

2. Transplantationsrelevante Bestimmungen im Code Civil de Québec

Die für die Organtransplantation relevanten Bestimmungen finden sich im 2. Titel („de certains droits de la personalité) des ersten Buches des Code civil („des personnes"). Dort ist das dritte Kapitel mit „du respect du corps après le déces" überschrieben, Art. 42 ff C.c.Q. Art. 43 Abs. 1 Satz 1 C.c.Q. bestimmt,

---

[62] 1954-1955, L.Q., Kapitel 47.

[63] Gouvernement du Québec, Le Code Civil du Québec, Commentaires du Ministère de la Justice, Québec, 1993, S. V ff.

[64] Inhaltlich fußt die Regelung der mit der Organtransplantation zusammenhängenden Rechtsfragen auf dem Uniform Human Tissue Donation Act (1989), in: Uniform Law Conference of Canada, Consolidation of Uniform Acts, Fredericton, N.B., 1991, S. 22-1 (Ergänzungsbeilage 1992).

daß ein Volljähriger oder Minderjähriger über 14 Jahre mit wissenschaftlicher oder medizinischer Zielsetzung seinen Körper oder einzelne Organe oder Gewebe spenden kann. Bei Minderjährigen unter 14 Jahren bedarf es über die Erklärung des Spenders hinaus der Zustimmung des gesetzlichen Vertreters, Art. 43 Abs. 1 Satz 2 C.c.Q. Die entsprechende Erklärung des Spenders muß entweder schriftlich oder vor zwei Zeugen erklärt werden. Sie kann nur auf die gleiche Weise widerrufen werden, wie sie erklärt worden war, Art. 43 Abs. 2 Satz 1 C.c.Q.

Auf den ersten Blick scheint der neue Code civil du Québec also eine Zustimmungslösung zu favorisieren. Doch schon der nächste Satz bringt eine bedeutende Einschränkung vom Prinzip der selbstbestimmten Zustimmung:

„Il doit être donné effet à la volonté exprimée, sauf motif impérieux“[65]*:*

In Art. 44 C.c.Q. wird die tatsächliche Tendenz deutlich. Fehlt nämlich eine Kenntnis des wahren oder mutmaßlichen Willens des Spenders, so kann die Extransplantation mit der Zustimmung des oder der Sorgeberechtigten erfolgen, Art. 44 Abs. 1 C.c.Q. Eine Zustimmung ist darüber hinaus nicht erforderlich, d.h. eine Extransplantation kann ohne eine irgendwie geartete Zustimmungserklärung vorgenommen werden, wenn zwei Ärzte schriftlich erklären, daß erstens eine entsprechende Erklärung nicht rechtzeitig zu erlangen war, zweitens die beabsichtigte Transplantation nicht warten kann und drittens, die berechtigte Hoffnung besteht, daß durch die geplante Organtransplantation entweder das Leben eines Menschen gerettet oder dessen Lebensqualität zumindest merklich verbessert werden kann, Art. 44 Abs. 2 C.c.Q. Die Extransplantation kann erfolgen, sobald zwei Ärzte, die weder an der Extransplantation noch an der Implantation des Organs beteiligt sind, den Tod des Spenders festgestellt haben, Art. 45 C.c.Q.

3. Abschließende Stellungnahme

Eine zusammenfassende Analyse der Quebecker Rechtslage zeigt deutlich, daß es sich hierbei um die Umsetzung einer Notstandslösung handelt. Der Wille des Verstorbenen soll zwar berücksichtigt werden, im Konfliktfall jedoch kann selbst bei entgegenstehendem Wille zur Entnahme geschritten werden. Damit erscheint die Quebecker Lösung von allen in diesem Kapitel aufgeführten Regelungsmöglichkeiten von einem liberalen, Freiheitsrechte des einzelnen achtenden Standpunkt aus gesehen, sicherlich als die härteste. Per Gesetz wird in Québec dem einzelnen das Verfügungsrecht über seine Organe

---

[65] Dem ausdrücklichen Willen muß, außer bei Vorliegen von zwingenden Gründen, Folge geleistet werden, Art. 43 Abs. 2 Satz 2 C.c.Q.

genommen und jedem Gesellschaftsmitglied auferlegt, der Gemeinschaft auch nach dem Tode noch zu Nutzen zu sein.

IX. Republik Singapur

1. Rechtliche Rahmenbedingungen und Entwicklung

In den wenigen Jahren ihrer Unabhängigkeit hat die Republik Singapur eine erstaunliche Entwicklung durchgemacht; aus einer rückständigen, verrufenen Hafenstadt entwickelte sich ein moderner und wirtschaftlich sehr erfolgreicher Stadtstaat. Im Bereich der Politik jedoch hat sich eine vollständige Wandlung hin zu einem demokratischen Gemeinwesen im westlichen Verständnis noch nicht völlig vollzogen[66]. Die Führung der Stadt versucht, asiatische und westliche Entwicklungen unter Berücksichtigung ihrer unterschiedlichen Traditionen, sowie die Wesenseigenschaften der Menschen miteinander zu verbinden und kann sich zu deren Umsetzung auf ein aus der chinesischen Tradition entlehntes Verständnisses von Staat und Familie berufen. Dem eigenen Selbstverständnis nach sieht sich die Regierung Singapurs als die wahre Bannerträgerin der westlichen Werte, deren Schutz und Pflege die europäischen und nordamerikanischen Nationen aufgegeben hätten[67]. Nach singapurianischer Ansicht hat der Westen den Schutz der Interessen des Einzelnen zu weit getrieben und dabei vitale Lebensinterssen der Gesellschaft als ganzer aus dem Auge verloren.

---

[66] Eine Entwicklung im westlichen Sinne ist von der Führung Singapurs wohl auch nicht beabsichtigt. So sagte Staatspräsident Lee anläßlich seines Besuches der Lehr- und Wirkstätte von Konfuzius, Chü Fu in der Volksrepublik China im Jahre 1993, daß sich Singapur nie in eine liberale, westliche Gesellschaft verwandeln werde. Falls dies dennoch geschähe, würde Singapur „in der Gosse" landen, zit. nach *Wickert*, Der Ehrliche ist der Dumme, Über den Verlust der Werte, 6. Aufl., Hamburg, 1994, S. 16.

[67] Als jüngstes Beispiel mag der Fall des Amerikaners *Michael P. Fay* gelten, der wegen Sachbeschädigung zu mehreren Stockhieben verurteilt wurde. Die Strafe wurde trotz heftigster Proteste von seiten der USA vollstreckt, vgl. *Wickert,* Der Ehrliche ist der Dumme, 6. Aufl., Hamburg, 1994, S. 18.

2. Der „Human Organ Transplant Act"

So nimmt es nicht wunder, daß auch das neue Singapurianische Transplantionsgesetz[68] das Interesse der Gemeinschaft an der Erlangung einer möglichst großen Zahl von Transplantaten in den Vordergrund stellt. Schlagwortartig läßt sich der Geist des Gesetzes wie folgt fassen: Jener, der sich der Verantwortung gegenüber den Mitmenschen entzieht, soll von der Opferbereitschaft der anderen nicht profitieren. Die entscheidende Passage des *Human Organ Transplant Act (HOTA)* lautet:

Section 12(1) sub a: „In the selection of a proposed recipient of any organ removed, a person who has not registered any objection ... shall have priority over a person who has registered any objection."

Das Gesetz eröffnet damit den Bürgern die Möglichkeit, einer geplanten Organentnahme zu widersprechen. Der Widerspruch wird in einem zentralen Register geführt[69], auf das jedes Krankenhaus der Stadt im Bedarfsfalle zugreifen kann, daneben werden den Widersprechenden spezielle Ausweiskarten nach der Registrierung des Widerspruches zugesandt[70]. Allerdings werden in Sec 12(1) HOTA an den Widerspruch weiterreichendere Rechtsfolgen geknüpft als die schlichte Nichtzulässigkeit der Organentnahme. Nur derjenige, der nicht der Entnahme widersprochen hat, erhält sich demnach seine Chancen auf Zuteilung eines für ihn unter Umständen lebensnotwendig werdenden Spenderorgans im Krankheitsfalle. Nur der wird in jene „priority group" aufgenommen, die bevorzugt mit Organen versorgt wird, der keinen Widerspruch gegen eine Organentnahme registrieren ließ. Weiterhin erlaubt das Gesetz eine Korrektur einer einmal getroffenen Entscheidung, allerdings ohne den Zweck des Gesetzes in Frage zu stellen. Um zu verhindern, daß ein Patient, bei dem eine Transplantation in Frage kommt, durch einfache Rücknahme seines Widerspruches wieder in die Gruppe der Bevorzugten aufgenommen wird, ist eine zweijährige Wartezeit vorgesehen. Erst nach Ablauf dieser Karenzzeit nach Rücknahme des Widerspruches wird der Patient wieder in die „priority group" aufgenommen.

---

[68] Human Organ Transplant Act 1987, Republic of Singapure, Government Gazette, Acts Supplement, 1987, Nr. 16 vom 10.7.1987, S. 411 ff.

[69] Section 10 (1) Human Organ Transplant Act 1987.

[70] Siehe die Anlage zur Ausführungsverordnung zum Human Organ Transplant Act 1987 vom 6.10.1987, Government Gazette, 1987, Nr. S 187/87, S. 998 ff., 1004.

3. Abschließende Stellungnahme

Auf den ersten Blick stellt sich die singapurianische Lösung als unverschnörkelte Umsetzung des „do ut des- Prinzips[71]" dar. In ihrer Härte und Eindeutigkeit ist die Regelung wohl einzigartig. Andererseits, und dieser Gedanke hat eine verführerische Komponente, liegt dem Ganzen der Gedanke einer Versicherung auf Gegenseitigkeit zugrunde[72]. Nur derjenige, der die Bereitschaft zur Organspende als „Prämie" zu zahlen bereit ist, hat eine gute Chance, im Krankheitsfalle das Optimum an ärztlicher Versorgung zu erhalten. Verweigert er sich dem Opfer, bestraft ihn die Gemeinschaft mit einer Verschmälerung seiner Heilungschancen, soweit sie den Empfang eines Spenderorgans betreffen. Das Selbstbestimmungsrecht den einzelnen beeinträchtigt diese Form der Regelung nicht mehr und nicht weniger als jede andere Lösung, die - im Sinne einer Widerspruchslösung -, aus dem Schweigen des Spenders eine Zustimmung abzulesen begehrt. Singapur geht lediglich einen Schritt weiter, indem es für den Widersprechenden lästige Konsequenzen bereithält und ihn diesbezüglich nicht im Unklaren läßt. Nur, und dieser Punkt sei hier erst angedeutet[73], ist es zulässig, bei der Verteilung knapper Ressourcen im Bereich der Medizin soziale Kriterien zur Anwendung zu bringen, oder verlangt nicht eine humane, grundrechtsausgerichtete Gesellschaft allein die Anwendung medizinischer Auswahlkriterien?[74] Wird eine derartige Regelung von der Bevölkerung als gerecht empfunden, oder überwiegt der Widerstand gegen den faktischen Zwang zum Unterlassen des Widerspruchs? Eine Umfrage unter 1500 Niederländern im Jahre 1990 hat ergeben, daß 58% der Befragten eine dem Modell Singapurs entsprechende Regelung der Organtranplantation als „gerecht" erachten, gegenüber 42%, die sie für „ungerecht" halten. Allerdings wollten nur 19% der Befragten eine derartige Regelung auch eingeführt wissen[75]. Es läßt sich argumentieren, daß diese Zahlen belegen, daß auch in einem westlichem Land europäischer Kulturprägung grundsätzlich eine Umsetzung des Gedankens des „do ut des" im Transplantationsrecht möglich erscheint. Welche weiteren Aspekte dabei

---

[71] „Ich gebe, damit Du gibst", vgl. *Köbler*, Etymologisches Rechtswörterbuch, Tübingen, 1995, S. 90; *Lieberwirth*, Latein im Recht, Berlin, 1986, S. 92.

[72] Vgl. *Kokkedee*, Het tekort aan postmortale organdonaties, Arnhem, 1992, S. 119 ff.

[73] Siehe oben die Darstellung der Motivationslösung S. 138ff.

[74] Vgl. *Fuchs*, Allokationsprobleme bei knappen Ressourcen, in: Fuchs/Nagel, Hrsg., Soziale Gerechtigkeit im Gesundheitswesen, Berlin, Heidelberg, u.a., 1993, S. 6 ff.

[75] *Hessing* u.a., De houding van den Nederlandse bevolking tegenover wettelijke regelingen inzake orgaandonatie, unveröffentlichter Bericht, Leiden, 1991, S. 54.

zu berücksichtigen sind und wie letztendlich eine solche Regelung in Deutschland gestaltet werden könnte, soll Gegenstand folgender Kapitel sein.

Kapitel 4

Rechtliche Grundlagen der Organtransplantation in Deutschland

I. Einführung

Nachdem in den 50er und 60er Jahren die medizinischen Grundlagen für erfolgreiche Organverpflanzungen gelegt worden waren, zeichnete sich bereits in den darauffolgenden Jahren ab, daß Heileingriffe wie diese auf lange Sicht einen entscheidenden Beitrag zur Therapie schwerkranker Menschen leisten könnten. Bereits Mitte der 70er Jahre war der Zeitpunkt gekommen, an dem aus einer experimentellen Therapie medizinischer Alltag vor allem im Hinblick auf Nieren-, Hornhaut- und auch Gehörknöchelchentransplantation geworden war[1]. Eine Tür zu einem neuen Lebenssachverhalt war aufgestoßen worden und eine explizite rechtliche Regelung dafür fehlte noch. Straf- und zivilrechtliche Regelungen, die dazu hätten herangezogen werden können, waren zu Zeitpunkten geschaffen worden, zu denen an derartige medizinische Möglichkeiten noch nicht zu denken war. Der Ruf nach einer gesetzlichen Regelung der Transplantationsmedizin wurde deshalb zunehmend lauter.

Da jedoch ein Transplantationsgesetz notgedrungen gerade auch die entscheidende Frage beantworten muß, wann ein Spender tot sei[2], stellte sich dies als schwieriges Unterfangen heraus. So wie Thomas Mann im Zauberberg schreibt: „Solange wir sind, ist der Tod nicht da, und wenn der Tod da ist, sind wir nicht da“ und damit die verstandesmäßige Unfaßbarkeit und die letztendliche Unergründbarkeit des Todes deutlich vor Augen führt, so stellt auch allem Anschein nach auch für Parlamentarier das gleichzeitige Faszinosum und Tabu des Todes eine hohe Hürde auf dem Weg zu einer

---

[1] Vgl. hierzu Begründung des Gesetzentwurfes der Bundesregierung zum Entwurf eines Gesetzes über Eingriffe an Verstorbenen zu Transplantationszwecken (Transplantationsgesetz), BT-Drucks. 8/2681, S. 5 f.

[2] *Kloth*, Rechtsprobleme der Todesbestimmung und der Organentnahme von Verstorbenen, Diss. jur. FU Berlin, 1994, S. 15 ff. schlägt zur Unterstreichung des abstrakt-generellen Charakters einer gesetzlichen Regelung zur Todesbestimmung ein eigenes Gesetz zur Bestimmung des Todeszeitpunktes vor, vgl. den Vorschlag a.a.O. S. 111.

gesetzgeberischen Festlegung dar. Im Folgenden seien die bisher vergeblichen Versuche einer gesetzlichen Regelung der Organtransplantation dargestellt (II.), bevor auf auf die derzeitige Rechtslage in Deutschland (III.) und den Stand des neuesten Gesetzgebungsversuches eingegangen werden soll (IV.).

II. Blick zurück

1. Entwurf eines Berliner Gesetzes über Transplantationen und Sektionen (1973)

Der erste Versuch, die mit der Organtransplantation zusammenhängenden Fragen einer gesetzlichen Regelung auf dem Gebiet der Bundesrepublik Deutschland zuzuführen, erfolgte 1973 im Land Berlin. Die CDU-Fraktion, zu dieser Zeit im Abgeordnetenhaus in der Opposition, brachte einen Entwurf eines Gesetzes über Transplantationen und Sektionen in das Berliner Abgeordnetenhaus ein[3]. Der Entwurf sah neben der damals umstrittenen Regelung von klinischen Sektionen auch die rechtliche Regelung von Organtransplantationen für das Land Berlin vor. Da zu dieser Zeit der Katalog des Art. 74 Abs. 1 GG noch keiner Ergänzung hinsichtlich der Organtransplantation zugeführt worden war, stand verfassungsrechtlich einer Regelung dieses Fragenkreises auf Länderebene nichts im Wege.

Der Vorschlag der Berliner CDU-Fraktion hatte in seinem entscheidenden § 10 Abs. 1 Nr. 2 folgenden Wortlaut:

> *(1) Ein Transplantat darf einer Leiche entnommen werden, wenn:*
> *(...)*
> *2. die Transplantatentnahme zur Rettung eines Menschen oder zur Behandlung einer Krankheit oder eines Körperschadens geboten erscheint.*

An diesem Punkt zeigt sich in aller Deutlichkeit, daß der Gesetzesvorschlag der CDU-Fraktion versuchte, die Zulässigkeit von Organentnahmen ausschließlich unter Zugrundelegung von Notstandsgesichtspunkten zu lösen. Eine Gesamtabwägung, wie sie etwa in § 34 StGB vorzunehmen wäre, sollte nicht stattfinden. Stattdessen schrieb der Gesetzentwurf deren Ergebnis verbindlich fest. Das Interesse des potentiellen Empfängers von Spenderorga-

---

[3] AbgH-Ds. 6/948. Vgl. dazu auch *Linck*, Gesetzliche Regelung von Sektionen und Transplantationen. Zu einer Initiative des Berliner Gesetzgebers, in: JZ 1973, S. 759 ff.

nen wurde als dem Interesse des Verstorbenen an der Unversehrtheit seines Leichnams überwiegend betrachtet. Der Vorschlag wurde jedoch im Gesetzgebungsverfahren des Abgeordnetenhauses abgelehnt.

2. Transplantationsverordnung der DDR aus dem Jahre 1975

Die zeitlich erste Regelung der Organtransplantation auf deutschem Boden wurde auf dem Gebiet der DDR erlassen. Am 1.9.1975 trat die Verordnung vom 4.7.1975 über die Durchführung von Organtransplantationen (TVO) in Kraft[4]. In der TVO wurde sowohl die Entnahme von Organen Verstorbener wie auch die Entnahme von Organen Lebender geregelt. Gemäß § 4 i.V.m. § 14 TVO waren danach Entnahmen von verstorbenen Bürgern der DDR oder von Staatenlosen mit dauerndem Wohnsitz in der DDR zulässig, „falls der Verstorbene zu Lebzeiten keine anderweitigen Festlegungen getroffen hat“, § 4 Abs. 1 2. HS TVO. In der Verordnung findet sich allerdings kein Verfahren, welches die Form und Wirksamkeit der angesprochenen „anderweitigen Festlegungen“ regelt. Angehörige wurden jedenfalls nicht in den Entscheidungsprozeß einbezogen. Die Formulierung der TVO erscheint auch insoweit ungenau, da dabei nicht eindeutig bestimmt wurde, inwieweit z.B. ein etwaiger Widerspruch des Verstorbenen den entnehmenden Ärzten zur Kenntnis gebracht werden muß und welche Konsequenzen es hat, wenn ein Organ bei erklärtem, aber nicht zur Kenntnis der entnehmenden Ärzte gebrachten Widerspruch einem Toten entnommen wird. Im begleitenden Schrifttum der DDR wurde daher die Auffassung vertreten, daß eine Organentnahme nur bei positiver Kenntnis des Widerspruches durch die entnehmenden Ärzte unzulässig sei[5]. Unter Berücksichtigung der besonderen Bedingungen in der DDR kann daher davon ausgegangen werden, daß dies auch der offiziellen Haltung und der Praxis in DDR voll entsprach. Dies ist auch dem einschlägigen Standardwerk zu entnehmen[6].

Soweit die Entnahme vom lebenden Spender geregelt wurde, war die TVO wesentlich exakter. So finden sich genaue Vorschriften und Zuständigkeiten bezüglich der Einwilligung des Spenders bzw. des Empfängers und bezüglich Form und Umfang der durch die Ärzte vorzunehmenden Aufklärung in den §§ 7 bis 9 und 13 TVO. Selbst die materielle Versorgung eines Lebendspen-

---

[4] Gbl DDR 1975, Teil I, S. 597 ff.

[5] *Mandel*, Rechtsfragen der Organtransplantation, in: NJ 1975, S. 621 ff.; *Mandel/Lange*, Ärztliche Rechtspraxis, 1983, S. 169; *Kloth*, Rechtsprobleme der Todesbestimmung und der Organentnahme von Verstorbenen, Diss. Jur. FU Berlin, 1994, S. 151.

[6] *Leopold/Hunger*, Die ärztliche Leichenschau, Praktische Hinweise und Analysen, Leipzig 1979.

ders, der aufgrund der Organspende oder durch im Nachhinein eingetretene Komplikationen einen Schaden erleidet, wurde geregelt, § 11 TVO.

Die TVO der DDR war in dieser Form jedenfalls bis zur Wiedervereinigung auf dem Gebiet der DDR in Kraft. Ob und inwieweit diese Regelung im Beitrittsgebiet auch nach dem 3.10.1990 bis zu einer bundesweiten Regelung durch ein angestrebtes Transplantationsgesetz in der Zwischenzeit weiterhin als Landesrecht in Kraft ist, ist umstritten[7]. Das völlige Fehlen einer Verpflichtung des Staates, die Betroffenen über die Konsequenzen der Widerspruchslösung zu informieren, erscheint jedoch gerade unter dem Gesichtspunkt der Menschenwürde höchst bedenklich[8]. In der medizinischen Praxis jedenfalls wird die TVO der DDR auch im Beitrittsgebiet heute nicht mehr angewandt[9].

3. Erster Versuch zur Schaffung eines Bundestransplantationsgesetzes - Regierungsentwurf

Während der 8. Legislaturperiode des Deutschen Bundestages brachte die Bundesregierung einen Entwurf eines Gesetzes über Eingriffe an Verstorbenen zu Transplantationszwecken (Transplantationsgesetz) in das Gesetzgebungsverfahren ein. Dem Entwurf waren längere Vorarbeiten in einer Bund-Länder-Arbeitsgruppe vorausgegangen, die neben dem Transplantationsrecht auch Vorschläge zum Sektionsrecht erarbeiten sollte[10]. Die Arbeitsgruppe war jedoch nicht in der Lage, eine einheitliche Kompromißlösung zu entwickeln, so daß der Mehrheitsvorschlag der Arbeitsgruppe zur Grundlage des Gesetzenwurfes gemacht wurde.

---

[7] Zweifelnd. *Schmidt-Didczuhn*, Transplantation in Ost und West im Spiegel des Grundgesetzes, in: ZRP 1991, S.264 ff.; vgl. auch *Höfling*, Um Leben und Tod: Transplantationsgesetzgebung und Grundrecht auf Leben, in: JZ 1995, S. 26 ff., 27. Nach formaljuristischer Betrachtung gilt die TransplantationsVO der DDR gemäß Art. 9 Abs. 1 EinigungsV in den fünf neuen Bundesländern fort, vgl. *Dannecker/Görtz-Leible*, Die rechtliche und rechtspolitsche Situation im Bereich von Transplantation und Sektion, in: Oberender, Hrsg., Transplantationsmedizin, Baden-Baden, 1995, S. 161 ff., 183 f.

[8] *Höfling/Rixen*, Verfassungsfragen der Transplantationsmedizin, Tübingen, 1996, S.23 f. Vgl. dazu *Lemke*, Stand der Diskussion zum Entwurf eines Transplantationsgesetzes - Eine rechtspolitische Bestandsaufnahme, in: MedR 1991, S. 281 ff., 288, der eine Fortgeltung der TVO in den fünf neuen Bundesländern unter Hinweis auf deren Unvereinbarkeit mit dem Grundgesetz ablehnt.

[9] *Wolfslast*, Transplantationsgesetz in der Debatte, in: Verlagsbeilage zu „journalist/prmagazin", April 1994, S. 31.

[10] Vgl. Begründung des Entwurfes eines Gesetzes über Eingriffe an Verstorbenen zu Transplantationszwecken, BT-Drucks. 8/2681, Anlage 1, S. 5.

Bemerkenswert am Gesetzentwurf ist zunächst, daß nur die Organentnahmen von Verstorbenen Gegenstand der gesetzlichen Regelung werden sollte. Lebenspenden werden im Gesetzenwurf nicht angesprochen. Zum zweiten ist der materielle Anwendungsbereich des Gesetzentwurfes sehr weit gefaßt worden. Gemäß § 1 Abs. 1 des Vorschlages hätte das Gesetz für alle Eingriffe gegolten, bei denen Körperteile von einem Menschen auf einen anderen übertragen werden. § 1 Abs. 2 legte fest, daß Körperteile im Sinne dieses Gesetzes jeder natürliche Bestandteil des Körpers sei. Nach dieser Regelung wären keine menschlichen Körperteile von der Übertragung auf andere Menschen ausgenommen gewesen. Aus heutiger Sicht mag dies abenteuerlich anmuten. Die Übertragung von Keimdrüsen wäre genauso möglich gewesen, wie die heute sehr umstrittene Übertragung von Gehirnzellen zur Behandlung des Morbus Parkinson[11].

Die Frage der Zulässigkeit der Entnahme von Körperteilen erfuhr eine komplexe Regelung. Gemäß § 2 Abs. 1 wäre eine Entnahme zulässig gewesen, wenn der Verstorbene in die Entnahme eingewilligt gehabt hätte und die Entnahme durch eine Arzt mindestens 3 Stunden nach Kreislaufstillstand erfolgt wäre. Da ein solches Abstellen auf den Herz-Kreislauf-Tod für die transplantationsmedizinische Praxis, jedenfalls im Hinblick auf Nieren, Herzen und Lebern, unpraktikabel ist, wurde eine Zulässigkeit auch für den Fall als gegeben angesehen, in dem zwei Ärzte den Tod des Spenders auch vor Ablauf der 3-Stunden-Frist unter Angabe der zugrundeliegenden Tatsachen bestätigt hätten, § 2 Abs. 5.

Neben dieser selbstverständlichen Zulässigkeit der Entnahme aufgrund einer Einwilligung, hätte darüberhinaus eine Entnahme ohne Einwilligung des Verstorbenen zulässig sein sollen, wenn vier weitere Voraussetzungen gegeben gewesen wären, § 2 Abs. 2. Erste Voraussetzung war, daß der Eingriff „angezeigt ist, um Leben zu erhalten oder eine schwerwiegende Gesundheitsbeeinträchtigung abzuwenden", § 2 Abs. 2 Nr. 1. Durch diese Vorschrift wäre die Bandbreite der möglichen Entnahmegründe auf rein medizinisch indizierte Heileingriffe begrenzt worden. Entnahmen, die lediglich einen kosmetischen Zweck verfolgt hätten, wären unzulässig gewesen, genauso wie Eingriffe, die lediglich erfolgt wären, um weniger gravierende Gesundheitsbeeinträchtigun-

[11] Gerade bei der Verpflanzung von Gehirnzellen nähert sich die heutige Medizin zumindest aus kritischer Sicht dem Frankensteinschen Vorbild an. Das Ausmaß der Persönlichkeitsveränderung durch die Übertragung von embyonalen Gehirnzellen auf häufig gerade ältere Patienten ist noch völlig unerforscht, vgl. *Osterwald*, Möglichkeiten und ethische Grenzen der Neurotransplantation, in: Niedersächsisches Ärzteblatt, 5/1995, S. 49 f., 50. Die Kühnheit, das heute bereits Machbare bedenkenlos zu realisieren, läßt den Tag erahnen, an dem zu entscheiden wäre, ob dem gesunden Körper ein neues Gehirn oder dem gesunden Gehirn ein neuer Körper gegeben werden soll.

gen abzuwenden. Hinter dieser Vorschrift steht der Abwägungsgedanke, wie er auch in § 34 StGB zum Ausdruck kommt. Die Abwägung der widerstreitenden Interessen von Spender und Empfänger sollte nicht einseitig zugunsten der Empfängerinteressen ausfallen. Nur in Fällen, in denen das Leben bedroht ist oder schwere Gesundheitsbeeinträchtigungen zu verhindern wären, sollten die Empfängerinteressen überwiegen.

Weitere Voraussetzung wäre gewesen, daß „dem Arzt ein entgegenstehender Wille des Verstorbenen nicht bekanntgeworden ist", § 2 Abs. 2 Nr. 2. Damit entschied sich der Entwurf der Bundesregierung für die Annahme einer Widerspruchslösung. Allein die Tatsache, daß eine dem Notstandsrecht angenäherte Abwägung zugunsten des Empfängers auszufallen hätte, war als nicht ausreichend für die Zulässigkeit der Entnahme angesehen worden. Der Wille des Verstorbenen sollte in jedem Falle respektiert werden, wenn er zu Lebzeiten zum Ausdruck gebracht worden wäre. Allein nach der Formulierung des § 2 Abs. 2 Nr. 2 wäre es unklar gewesen, welche Pflichten den Arzt getroffen hätten, sich über das Vorliegen eines entgegenstehenden Willens des potentiellen Organspenders zu informieren. Diese Unsicherheit versuchte der Entwurf dadurch zu beseitigen, daß alle Bürger bei Neuaustellung bzw. Verlängerung eines Personalausweises auf die Möglichkeit hinzuweisen gewesen wären, im Personalausweis Einwilligung oder Widerspruch zur Organspende eintragen zu lassen. Zu diesem Zweck wäre dem Gesetz über Personalausweise ein entsprechender § 2a neu eingefügt worden. Gemäß § 2 Abs. 2 Nr. 3 und 4 wäre dann eine Organentnahme nur zulässig gewesen, wenn dem Arzt ein nach Inkrafttreten des Transplantationsgesetzes ausgestellter oder verlängerter Personalausweis vorgelegen hätte und dieser keine der Entnahme widersprechende Eintragung aufgewiesen hätte. Dem so gestalteten Vorschlag der Bundesregierung liegt damit offensichtlich der Gedanke zugrunde, daß eine Entnahme von Organen eines Verstorbenen nur dann erfolgen darf, wenn unter vertretbarem Aufwand sichergestellt werden kann, daß ein Widerspruch des Betroffen sicher nicht vorliegt. Praktisch problematisch erscheint diese Lösung insoweit, als sie Entnahmen dann für unzulässig hielt, wenn der potentielle Spender ohne Personalausweis ins Krankenhaus gebracht wird und ein solcher sich auch in der Folge nicht finden läßt. In diesem Fall hätte eine Entnahme auch dann unterbleiben müssen, wenn im nicht vorgelegten Personalausweis eine Einwilligung zur Organentnahme eingetragen gewesen wäre. Zumindest eine teleologische Auslegung der Bestimmung führte zu einem solchen Ergebnis, das, berücksichtigt man die Tatsache, daß ein großer Teil der Bevölkerung ihre Personalpapiere nicht ständig mit sich führt, auf eine Verringerung der Zahl der Transplantate hinausgelaufen wäre[12].

Für eine Übergangszeit von 10 Jahren, während der nach und nach die gesamte Bevölkerung der Bundesrepublik Deutschland bei Neuausstellung bzw. Verlängerung der Personalausweise auf die Möglichkeit der Eintragung einer Einwilligung oder eines Widerspruches hingewiesen worden wäre, war eine Übergangsregelung vorgesehen, § 2 Abs. 3. Danach hätten die nahen Angehörigen des Verstorbenen die Möglichkeit gehabt einzuwilligen oder zu widersprechen. Zu diesem Zwecke wären sie vom Arzt über die beabsichtigte Organentnahme in Kenntnis zu setzen gewesen. Im Anschluß daran wäre eine Explantation zulässig gewesen, wenn bis zum Beginn der Operation keine widersprechende Erklärung der nahen Angehörigen vorgelegen habe. Der dieser Interimslösung zugrundeliegende Gedanke findet sich heute im Gesetzentwurf der Bundesregierung zu einem Transplantationsgesetz unter der Bezeichnung Informationslösung wieder. Die gleiche Regelung sollte für Minderjährige vor Vollendung des 16. Lebensjahres gelten, wenn der oder die Verstorbene Deutscher mit Wohnsitz im Geltungsbereich des vorgeschlagenen Gesetzes gewesen wäre. Nur sollten hier die entsprechenden Rechte vom gesetzlichen Vertreter ausgeübt werden, § 2 Abs. 4.

Der Vorschlag der Bundesregierung enthielt noch zwei weitere interessante Bestimmungen. So regelte § 3 den Umfang und die Form der Einwilligung. Gemäß § 3 Abs. 2 hätte demnach eine Einwilligung nicht wirksam durch Anerkennung von Aufnahme- oder Vertragsbedingungen des den Patienten stationär aufnehmenden Patienten erklärt werden können[13].

Darüberhinaus wurde mit § 4 eine neue Strafvorschrift geschaffen, nach der eine Entnahme unter Außerachtlassung der Zulässigkeitsvoraussetzungen des § 2 mit bis zu 3 Jahren Freiheitsstrafe oder mit Geldstrafe zu ahnden wäre. Der Versuch der Entnahme wäre strafbar gestellt worden, § 4 Abs. 2.

Aufgrund des Widerstandes aus den Reihen des Bundesrates scheiterte der Gesetzenwurf[14].

---

[12] Nur selten werden bei in das Krankenhaus eingelieferten Peronen Personaldokumente gefunden, vgl. die Antwort des Parlamentarischen Staatssekretärs Chory auf eine Frage von Walz, MdB vom 10.10.1989, BT-Drucks. 11/5382, S. 27 f.

[13] *Dannecker/Görtz-Leible*, Die rechtliche und rechtspolitsche Situation im Bereich von Transplantation und Sektion, in: Oberender, Hrsg., Transplantationsmedizin, Baden-Baden, 1995, S. 161 ff., 182 f. Vgl. auch BGH NJW 1990, S. 2313.

[14] Vgl. hierzu die Stellungnahme des Bundesrates zum Entwurf des Transplantationsgesetzes der Bundesregierung, BT-Drucks. 8/2681, Anlage 2, S. 13. Darin bringt der Bundesrat eindeutig zum Ausdruck, daß die Zulässigkeit von Transplantationen von einer ausdrücklichen Zustimmung abhängig zu machen sei.

4. Gegenentwurf des Bundesrates

Parallel zum Entwurf der Bundesregierung zum Transplantationsgesetz wurde im Bundesrat ein anderslautender Gesetzentwurf entwickelt[15]. In diesem Entwurf wurden im wesentlichen die Standpunkte der Minderheit aus der Bund-Länder-Arbeitsgruppe aufgegriffen. Der Entwurf ging von der Grundüberlegung aus, daß Transplantationen nur nach ausdrücklicher Zustimmung zulässig sein sollten.

Der Anwendungsbereich des Bundesratsvorschlages war mit dem der Bundesregierung identisch. Jeder natürliche Bestandteil des menschlichen Körpers solltewäre von der Regelung erfaßt gewesen, § 1.

Die Zulässigkeit der Entnahme an die Einwilligung des Verstorbenen gekoppelt werden, § 2 Abs. 1. Für den Fall, daß eine einer Entnahme entgegenstehenden Erklärung des Verstorbenen dem entnehmenden Arzt nicht vorgelegen hätte, wären die nahen Angehörigen zur Zustimmung berufen gewesen, § 2 Abs. 2 Satz 1. Dabei sollte eine Rangfolge unter den nahen Angehörigen festgelegt werden. Zunächst wären Ehegatten, dann volljährige Kinder, Eltern und volljährige Geschwister zur Einwilligung berechtigt gewesen, § 2 Abs. 2 Satz 2. Im Falle, daß mehrere gleichrangige Angehörige vorhanden gewesen wären, hätte die Einwilligung eines Angehörigen ausgereicht, vorausgesetzt die anderen hätten nicht widersprochen, § 2 Abs. 2 Satz 5. Bei Minderjährigen unter 16 Jahren wäre eine Entnahme nur zulässig gewesen, wenn dem Arzt ein entgegenstehender Wille des Verstorbenen nicht bekannt geworden ist und der gesetzliche Vertreter eingewilligt hätte, § 2 Abs. 3. Wie im Regierungsentwurf wäre eine lediglich in den Aufnahme- oder Vertragsbedingungen erklärte Einwilligung unwirksam gewesen, wobei auch hier beabsichtigt war, daß eine darüberhinausgehende anderweitig erklärte Einwilligung durch die Erklärung in allgemeinen Vertragsbedingungen nicht entwertet worden wäre, § 2 Abs. 5[16].

Weitere Unterschiede zum Regierungsentwurf finden sich in der Todesfeststellung nach dem Entwurf des Bundesrates. Gemäß § 3 Abs. 2 des Entwurfes wäre der Eingriff nur zulässig gewesen, wenn zwei Ärzte, die mit dem Eingriff selbst weder befaßt sind noch Weisungen eines mit der Entnahme befaßten Arztes unterliegen, den Tod des Spenders nach Feststellung der zugrundeliegenden Tatsachen für eingetreten erklärt hätten. Der Entwurf legt sich damit nicht eindeutig auf eine Todesdefinition wie den Hirntod fest, sondern überläßt die Feststellung dem jeweiligen Stand der medizinischen Wissenschaft. Auf eine Unterscheidung zwischen Herztod plus Zeitablauf und

---

15 BT-Drucks. 8/2681, Anlage, S. 14 ff.

16 BT-Drucks. 8/2681, S. 12.

andere Formen der Todesfeststellung wurde verzichtet. Die im Entwurf enthaltene Strafvorschrift entspricht der des Regierungsentwurfes, § 4.

Auch der Bundesrat wollte mit seinem Entwurf das Gesetz über die Personalausweise durch Anfügung eines § 2a ändern. Danach wäre jeder Bürger bei Neuausstellung oder Verlängerung des Personalausweises darauf hinzuweisen gewesen, daß die Möglichkeit zur Eintragung einer Einwilligungserklärung in die Personalpapiere bestanden hätte. Art und Weise des Hinweises hätten vom Bundesministers des Inneren mit Zustimmung des Bundesrates durch allgemeine Verwaltungsvorschrift erlassen werden sollen.

Auch der Gegenentwurf des Bundesrates schaffte nie den Sprung in die Rechtskraft. Da bis zum Ablauf der 8. Legislaturperiode der Streit, ob auf Einwilligung oder Widerspruch abzustellen sei, nicht beigelegt werden konnte, fiel das Vorhaben aus dem Gesetzgebungsverfahren. Eine Wiederaufnahme der Versuche zur Schaffung eines Transplantationsgesetzes mußte bis zum Jahre 1994 warten[17].

5. Das rheinland-pfälzische Transplantationsgesetz aus dem Jahre 1994

Einzig im Bundesland Rheinland-Pfalz wurde im Jahre 1994 der Versuch unternommen, ein Transplantationsgesetz auf Landesebene zu schaffen[18] und somit zumindest einen ersten Schritt zu einer bundesweiten Kodifikation des Transplantationsrechtes zu gehen[19].

§ 1 des Entwurfes regelte den Anwendungsbereich des Gesetzes. Erfaßt werden sollten Entnahmen von Organen, Organteilen oder Geweben sowohl von Verstorbenen wie von Lebenden und deren Übertragung zu Heilzwecken auf andere Menschen, § 1 Abs. 1. Gemäß § 1 Abs. 2 wären ausgeschlossen gewesen die Übertragung von Embryonen und embryonalen Geweben, von Hoden und Eierstöcken, die Verwendung von Samen und Eizellen, die Blutspende. Nicht geregelt werden sollten dabei die forensische Obduktion und die klinische Sektion.

---

[17] Zum Stand des Verfahrens zur Schaffungs eines Transplantationsgesetzes heute siehe oben S. 91 ff.

[18] Beschluß des Landtages des Landes Rheinland-Pfalz vom 23.6.1994, LT-Drucks. 12/2094/5037.

[19] Zu diesem Zeitpunkt war das Transplantationsrecht noch nicht in den Katalog konkurrierender Gesetzgebungskompetenzen des Art. 74 GG aufgenommen. Dennoch beriefen sich die politschen Gegner des Gesetzes vor allem darauf, das Landesgesetz könnte einem zu schaffenden Bundestransplantationsgesetz im Wege stehen, vgl. Pressedienst der CDU-Landtagsfraktion Rheinland-Pfalz, Pressemitteilung Nr. 232/94 vom 4.7.1994.

Die Zulässigkeit der Organentnahme hätte in § 2 geregelt werden sollen. Danach wäre eine Explantation zum einen dann zulässig gewesen, wenn der Tod eindeutig festgestellt worden wäre und der Verstorbene zu Lebzeiten eingewilligt hätte. Insoweit enthielt der Vorschlag nichts, was zu einer Kontroverse hätte Anlaß geben können. Gemäß § 2 Abs. 1 Nr. 2.b) des Vorschlags jedoch sollte eine Entnahme auch dann zulässig sein, wenn nach Todesfeststellung der Arzt sich vergewissert hätte, daß ihm oder dem Krankenhaus ein spezieller Organspenderausweis vorgelegen hätte und diesem kein Widerspruch gegen eine Entnahme zu entnehmen sei. Sollte der Arzt aus anderen Quellen auf einen Willen des Verstorbenen schließen können, so sollte dieser Wille auch beachtlich sein. § 2 Abs. 3 ordnete an, daß der Organspendausweis von den Gesundheitsämtern am Wohnsitz des Verstorbenen auszugeben seien. Diese praktische Regelung ist mit Recht auf Kritik gestoßen[20]. Der Ausweis wich in Form und Inhalt von den bundesweit eingeführten Organspendeausweisen ab.

In Fällen, in denen ein entsprechender Ausweis entweder nicht ausgestellt oder nicht aufgefunden worden wäre, wäre der entnehmende Arzt verpflichtet gewesen, festzustellen, ob eine ablehnende Erklärung des Verstorbenen vorlag. Hierzu wären die nahen Angehörigen in der Reihenfolge Ehegatte, volljährige Kinder, Eltern und volljährige Geschwister zu befragen gewesen. Hätte die Befragung keinen Widerspruch des Verstorbenen zutagegefördert, wäre eine Entnahme zulässig gewesen, § 2 Abs. 4. Die so geschaffene Regelung wurde zwar in der Presse durchwegs als Widerspruchslösung bezeichnet[21]; es ist jedoch fraglich, ob gerade die Bestimmung des § 2 Abs. 4 nicht im Ergebnis auf eine erweiterte Zustimmungslösung hinausläuft, da letztendlich die Entscheidung, ob eine Entnahme von Transplantaten durchgeführt werden kann, den Angehörigen in die Hand gegeben worden wäre. Insoweit ist die oft harsche Kritik am Gesetzesvorhaben nicht völlig nachvollziehbar[22] und scheint sich ohne den Blick auf die wahrscheinliche praktische Handhabung der Regelung an Formalia festzumachen.

§ 3 des Gesetzes sah eine Regelung der Todesfeststellung vor. Dabei wurden sowohl das Herztod wie das Hirntodkonzept als taugliche sichere Zeichen des Todes angesehen.

---

[20] Vgl. Pressedienst der CDU-Landtagsfraktion Rheinland-Pfalz, Pressemitteilungen Nr. 252/94 vom 20.7.1994.

[21] Vgl. *Nickel*, Verfasungsrechtliche Probleme der Transplantationsgesetzgebung am Beispiel des Gesetzesbeschlusses des rheinland-pfälzischen Landtags, in: MedR 1995, S. 139 ff.

[22] *Kern*, Zum Entwurf eines Transplantationsgesetzes (der Länder?), in: MedR 1994, S. 389 ff., 392, vgl. dazu auch *Opderbecke*, Stellungnahme zum Beitrag von Bernd-Rüdiger Kern: Zum Entwurf eines Transplantationsgesetzes (der Länder?), in: MedR 1994, S. 389-392, in: MedR 1995, S. 152.

Interessant am Gesetz ist vor allem die Tatsache, daß zum ersten Mal in einem deutschen Regelungsvorhaben des Transplantationsrechtes Kriterien der Vergabe von Spenderorganen aufgenommen wurden. § 7 ordnete an, daß die Vergabe zunächst nach der Gewebeverträglichkeit zu erfolgen haben, in zweiter Linie nach der Dringlichkeit. Auch wenn diese Bestimmung eigentlich nur medizinisch Selbstverständliches und bisher Praktiziertes wiederholt, so ist sie doch von großer Bedeutung. Die Vorschrift ist geprägt von einem formalen Gleichheitsverständnis. Verträglichkeit und Dringlichkeit sind die einzigen erlaubten Kriterien der Vergabe. Lebenschancen, Lebenserwartung, Alter und ähnliche weiter mögliche Kriterien werden unter dem Gesichtspunkt, daß jeder Patient mit einem Bedarf an einem Spenderorgan ein gleiches Recht auf Heilung bzw. Linderung seines oder ihrer Leiden haben müsse, nicht in die Wertung mit einbezogen.

Über die Regelung der Entnahme von Organen Verstorbener hinaus, enthielt der Vorschlag auch Bestimmungen zur Lebendspende. Diese wäre grundsätzlich nur zulässig gewesen, wenn der Spender über alle Risiken aufgeklärt worden wäre und schriftlich in die Entnahme eingewilligt hätte. Im Falle einer beabsichtigten Spende nicht regenerationsfähiger paariger Organe sollte diese nur für nahe Angehörige des Spenders zulässig sein. Dies auch nur dann, wenn ein geeignetes Organ anderweitig nicht zu beschaffen gewesen wäre, § 8. Die Gewährung oder Zusicherung von Vorteilen hätte die Spende unzulässig gemacht, § 8 Abs. 4. Für die Fälle, daß eine Lebendspende eines Minderjährigen oder einer geistig und seelisch behinderten Person in Frage stand, sollte eine Beschränkung auf regenerationsfähiges Gewebe erfolgen, § 9. Bei Minderjährigen hätte zwischen Einsichtsfähigen, die selbst mit Zustimmung des gesetzlichen Vertreters in die Spende hätten einwilligen können und nicht Einsichtsfähigen, bei denen die Einwilligung vom gesetzlichen Vertreter mit Zustimmung eines vom Amtsgericht einzusetzenden Betreuers hätte erklärt werden können, unterschieden werden sollen.

Das Gesetz wurde in der Folgezeit trotz der einsetzenden Kritik, vor allen aus den Reihen der CDU[23] von Ministerpräsident Scharping unterzeichnet. Am 18.7.1994 stellten 34 Oppositionsabgeordnete einen Antrag nach Art. 114 der Landesverfassung mit dem Ziel, das Inkrafttreten des Gesetzes um 2 Monate zu verzögern. Zwischenzeitlich wuchs die landes- und bundesweite Kritik am Alleingang des Landes Rheinland-Pfalz[24]. Am 25.8.1994 wurde das

---

[23] Vgl. Pressedienst der CDU-Landtagsfraktion, Pressemitteilung vom 24.6.1994, Nr. 220/94.

[24] Vgl. hierzu die Presseerklärung der Caritasverbände Rheinland-Pfalz vom 17.7.1994; Erklärung von Bischof Prof. Dr. Lehmann (Mainz) vom 29.6.1994; Erklärung des Bundesministeriums für Gesundheit vom 14.7.1994; Erklärung des Justizministeriums Baden-Württemberg vom 20.7.1994.

Gesetz dann durch einstimmigen Beschluß des Landtages wieder aufgehoben[25].

Faßt man nun die bisherigen Versuche zusammen, in Deutschand das Recht der Organtransplantation positivrechtlich zu regeln, kommt man zum Ergebnis, daß 25 Jahre Bemühungen letztlich keine Früchte getragen haben. In den alten Bundesländern ist das Scheitern total, in den neuen Bundesländern mag die DDR-VO über Organtransplantationen formal zum lege lata zu zählen sein; wegen ihrer Umstreitbarkeit und verfassungsrechtlichen Angreifbarkeit wird sie jedoch in der Praxis seit der Wiedervereinigung nicht mehr angewandt[26]. Obwohl seit Jahrzehnten in diesem Land immer wieder ein Bedarf an einer gesetzlichen Regelung formuliert worden ist, war die Politik bisher nicht fähig, den entscheidenden gesetzgeberischen Schritt zu tun.

III. Die derzeitige Rechtslage in der Bundesrepublik Deutschland

Trotz des Fehlens einer gesetzlichen Regelung der Organtransplantation in Deutschland finden organverpflanzende Eingriffe auch heute nicht im rechtsfreien Raum statt. Es gelten für die Bestimmung ihrer Zulässigkeit die allgemeinen Rechtsregeln des Zivil- und Strafrechts[27]. Grundsätzlich muß unterschieden werden zwischen der Entnahme vom Verstorbenen und der Entnahme vom Lebenden.

1. Voraussetzungen zur Organentnahme

Nach der derzeitigen Rechtslage können in Deutschland Organe einem Verstorbenen nur entnommen werden, wenn die folgenden Voraussetzungen vorliegen: Der potentielle Spender muß nachweislich tot sein, und er zu Lebzeiten oder seine Angehörigen nach seinem Tod müssen der Entnahme zugestimmt haben.

---

[25] Ziffer I des Landtagsbeschlusses vom 25.8.1994, LT-Drucks. 12/5174/5181/5243/5291.

[26] *Schmidt-Didczuhn*, Transplantation in Ost und West im Spiegel des Grundgesetzes, in: ZRP 1991, S. 264 ff. Siehe auch die Nachweise in Kapitel 4, Fußnote 7 oben.

[27] *Uhlenbruck*, Die zivilrechtliche Problematik der Organtransplantation, in: Laufs/Uhlenbruck, Handbuch des Arztrechts, München, 1992, § 131, Rdnr. 2.

a) Problem der Anerkennung des Hirntodes als rechtlich relevantes Kriterium zur Todesfeststellung

In diesem Zusammenhang ist es notwendig, sich mit der Frage auseinanderzusetzen, wann ein Mensch tot ist[28]. Für die Organtransplantation ist die zweifelsfreie Todesbestimmung aus zwei Gründen von entscheidender Bedeutung. Zum einen benötigen die entnehmenden Ärzte ein medizinische einwandfreies und juristisch unumstrittenes Verfahren zum Nachweis des Todes eines Menschen, um ohne strafrechtliches Haftungsrisiko tätig werden zu können. Zum anderen zwingen die kurzen Ischämiezeiten[29] zu raschem Handeln. Der mit dem Tode einsetzende Zersetzungsprozess des Körpers macht auch vor den potentiellen Transplantaten natürlich nicht Halt, so daß nach kurzer Zeit dem Verstorbenen keine Organe mehr zu Transplantationszwecken entnommen werden können, die erfolgversprechend transplantiert werden können.

Allerdings, dieser Einwand sei gestattet, muß konsequenterweise vorher der Frage nachgegangen werden, ob solch zweckgerichtete Überlegungen überhaupt legitim sind. Die These laute, daß die Rechtsordnung nach einem einheitlichen, für alle Bereiche gleichermaßen gültigen Todesbegriff verlangt und diesen in den Wertentscheiden des Grundgesetzes zumindest in der Grobstruktur vorgibt. Eine zweckgerichtete Definition des Todes steht dazu im Widerspruch.

aa) Zunächst einmal muß man sich vergegenwärtigen, daß es sich bei jedem Versuch, den Tod zu definieren, auch gleichzeitig um einen Versuch handelt, die menschliche Existenz zu beschreiben. Schafft man Kriterien für das Vorliegen des Todes, sind diese zugleich die Kriterien, die das Ende des Lebens eines Menschen festlegen. Da nach der Werteordnung des Grundgesetzes der Mensch höchste Priorität besitzt, muß, um des Menschen- und des Menschenwürdeschutzes willen, die Festlegung des Todes ohne Seitenblick auf Zweck oder Nutzen erfolgen[30]. Kurz: Das Grundgesetz gebietet einen möglichst langen Schutz des Lebens. Erklärte ein Todesdefinitionsmodell

---

[28] Diese Beschäftigung ist erst durch die fortschreitende Entwicklung notwendig geworden. F.C. v. *Savigny* schrieb dazu: „Der Tod als die Gränze der natürlichen Rechtsfähigkeit, ist ein so einfaches Naturereignis, daß derselbe nicht, so wie die Geburt, eine genauere Feststellung nöthig macht", System des Römischen Rechts, 2. Band., § 63, Berlin, 1840, S. 17.

[29] Unter der Ischämiezeit versteht man den tolerablen Zeitraum zwischen Todeseintritt und Explantation, in dem die Transplantate entnommen werden müssen, um mit großer Wahrscheinlichkeit erfolgreich einem Empfänger eingepflanzt werden zu können.

[30] *Vultejus*, Der Mensch ad cadaver, in: ZRP 1993, S. 435 ff., 436.

Menschen vor ihrem tatsächlichen Tod zu Toten, wäre dieses Modell als verfassungswidrig auf das strikteste abzulehnen.

Daraus ergibt sich eine weitere Forderung. Die Festlegung von Merkmalen und Nachweiskriterien des menschlichen Todes hat für alle Lebenssachverhalte gleich zu erfolgen[31]. Legte man zur Beschreibung und Definition des Todes verschiedene Maßstäbe in verschiedenen Zusammenhängen an, wäre man dem Vorwurf einer zweckorientierten Todesdefinition ausgesetzt[32], welche eben gerade nicht vom Grundgesetz toleriert wird[33]. Daraus folgt, daß eine Festlegung der Kriterien des menschlichen Todes in einem Transplantationsgesetz für alle Bereiche des Lebens Gültigkeit beanspruchen müßte. Kloth fordert daher, die Todesfeststellung gerade nicht in einem Transplantationsgesetz zu regeln, da sich dieses dann dem Vorwurf der Zweckintentionalität ausgesetzt sehen müßte, sondern ein eigenes Gesetz hierfür zu schaffen.[34].

Neben der Einheitlichkeit des Todesbegriffes muß dieser noch eine zweite essentielle Voraussetzung erfüllen: die leichte und zweifelsfreie Feststellbarkeit. Der behandelnde Arzt muß in der Lage sein, das Eintreten des Todes seines Patienten rasch und mit eindeutiger Sicherheit festzustellen.

Zur Zeit werden in der gesellschaftlichen wie der wissenschaftlichen Diskussion mehrere verschiedene Todesbegriffe vertreten, auf die an dieser Stelle kurz eingegangen werden soll[35]. Dabei steht jeweils die Frage im Mittelpunkt, inwieweit das vorgestellte Definitionsmodell den oben aufgezeigten Anforderungen an die Einheitlichkeit und Zuverlässigkeit zu erfüllen vermag.

---

31 *Eser*, Medizin und Strafrecht: Eine schutzgutorientierte Problemübersicht, in: ZStW 97(1985), S. 1 ff., 31.

32 Vgl. *Birnbacher*, Hirntodkriterium: Anthropologisch-ethische Aspekte, in: MedR 1994, S. 469 ff.

33 *Kloth*, Rechtsprobleme der Todesbestimmung und der Organentnahme von Verstorbenen, Diss. Jur. FU Berlin, 1994, S. 16.

34 *Kloth*, Rechtsprobleme der Todesbestimmung und der Organentnahme von Verstorbenen, Diss. Jur. FU Berlin, 1994, S. 15 ff., sowie den Vorschlag zu einem Gesetz über die Todesbestimmung auf S. 111 ff.

35 *Prokop/Göhler*, Forensische Medizin, 3. Auflage, 1976, S. 28 tragen sehr viel zum Verständnis des Todesbegriffs bei, indem sie klarmachen, daß es aus medizinischer Sicht drei Definitionsmodelle des Todes gibt. Sie unterscheiden zwischen dem totalen Tod, d.h. dem Ende des Sterbeprozesses mit dem Absterben der letzten Körperzelle, dem Individualtod als dem Zeitpunkt an dem die Prognose Totaltod als sicher angesehen werden kann und dem Partialtod, der nur einzelne Teile des Gesamtorganismus betrifft und bei dem die Prognose Totaltod nicht sicher ist. Sehr aufschlußreich für Nichtmediziner in diesem Zusammenhang ist auch die graphische Darstellung der Absterbe- und Postmortalvorgänge bei *Forster*, Hrsg., Praxis der Rechtsmedizin, Stuttgart, 1986, S.8.

bb) Ältester Todesbegriff ist der sogenannte Herztod, auch kardiopulmonaler Todesbegriff genannt. Danach ist ein Mensch tot, wenn Herztätigkeit und Atmung aussetzen. In der Folge kommt es dadurch zu einem unwiderruflichen Versagen des Blutkreislaufes[36]. Über lange Zeit war diese Todesdefinition die maßgebliche Definition schlechthin[37].

Die Entwicklung der modernen Medizin hat in den vergangenen 40 Jahren[38] dazu geführt, daß ein alleiniges Abstellen auf den Herz-Kreislauf-Stillstand für die Todesbestimmung schon aus medizinischer Sicht nicht mehr ausreicht. Die moderne Medizin kann nach dem Partialtod selbst des Herzens mittlerweile erfolgreich Reanimationsmaßnahmen durchführen. Als Wiederbelebungszeiten werden dabei 15 min als „praktische Grenze" und 30 min als „theoretische Grenze" angegeben[39]. Folgte man der Herztoddefinition und würde man anerkennen, daß es qua definitione vom Tod (als dem „point of no return"[40]) kein Zurück gäbe, so wären Menschen, deren Herz- und Kreislauftätigkeit aus welchen Gründen auch immer für eine gewisse Zeit unterbrochen war, die aber durch erfolgreiche Reanimation wieder ins Leben geholt wurden, Tote. Diese Möglichkeit der Reanimation ist auch die Ursache dafür, daß sich die Bundesärztekammer in jüngster Zeit gegen eine Entnahme von Organen bei Herztoten ausgesprochen hat[41].

Über diese pragmatisch naturwissenschaftliche Argumentation hinaus, stößt der Herztod aber auch auf philosophische Bedenken, da das Lebendigsein des Menschen allein an das Bestehen einer Kreislauffunktion gekoppelt wird, höhere Funktionen und Fähigkeiten des Menschen, die uns gerade die Einzigartigkeit unserer Spezies hinreichend fundiert vermuten lassen, aber keine Berücksichtigung finden. Nach der dualistischen Vorstellung René Descartes bestehen Körper und Wesen des Menschen nebeneinander. Das Wesen, oder besser die Seele der Person ist nach dieser Vorstellung aber eine immaterielle Substanz, die auch ohne oder außerhalb des Körpers zu existieren

---

36 *Geilen*, Medizinischer Fortschritt und juristischer Todesbegriff, in: Lütt-ger/Blei/Hanau, Festschrift für Heinitz, Berlin, 1972, S. 373 ff., 376 ff.

37 Vgl. F.C. v. *Savigny* in Fußnote 28 oben.

38 *Vogt/Karbaum*, Transplantation - geschichtliche Trends und Entwicklungswege, in: Toellner, Organtransplantation - Beiträge zu ethischen und juristischen Fragen, Stuttgart, New York, 1991, S. 7 ff., 11 ff.

39 *Forster*, Hrsg., Praxis der Rechtsmedizin, Stuttgart, 1986, S. 11.

40 *Fritzsche*, Grenzbereich zwischen Leben und Tod, Klinische, juristische und ethische Probleme, 2. Aufl., Stuttgart, 1979, S.24.

41 Vgl. FAZ v. 8.11.1995. Weniger Bedenken haben offenbar Mediziner in Pittsburgh, PA, USA, die Patienten Organe entnehmen, die zwar reanimiert werden könnten, aber zu Lebzeiten auf diese Möglichkeiten verzichtet haben, vgl. hierzu FAZ v. 22.11.1995, S. N 3.

vermag[42]. Da danach eine lediglich zufällige Verbindung zwischen Körper und Wesen einer Person besteht, wäre aus dieser Sicht ein Abstellen auf den Herztod wohl noch vertretbar, da sich eine klare Trennlinie zwischen beiden ziehen läßt. Demgegenüber läßt der holistische Standpunkt diese Trennung nicht mehr zu. Sowohl christliche wie humanistische Vertreter der Ganzheitlichkeit argumentieren, daß Körper und Geist eine Gesamtheit bilden und als solche eine eigene Würde besitzen. Ein reines Abstellen auf die Körperfunktionen wird danach genauso abgelehnt, wie ein einseitiges Hervorheben der Seele oder der Vernunft des Menschen. Der Mensch als Lebewesen ist folglich nur als Einheit von Körper und Geist bzw. Körper und Seele begreif- und behandelbar. Die Würde des Menschen verlangt, daß dem Menschen in seiner Integrität aller Respekt entgegengebracht wird[43]. Das Herztodkonzept wird diesen Anforderungen jedoch nicht gerecht.

Noch deutlicher wird der Gegensatz, wenn man die Holisten verläßt und den Blick auf die Vertreter der Lehre vom Primat der menschlichen Vernunft lenkt. Deren zentrale Aussage besteht in der Überzeugung, daß die menschliche Vernunft ohne das Vorhandensein eines Gehirnes sich nicht manifestieren kann[44]. Da gerade aber in der menschlichen Vernunft das eigentliche Menschsein seine Ausprägung findet, kommt dem Gehirn nach dieser Schule eine höhere Wertigkeit zu als allen anderen Organen. Folglich kann es nach dieser Schule nicht auf den Tod des Herzens oder den Kreislaufstillstand ankommen. Da das Gehirn das zentrale Organ ist, zu dessen Funktionserhaltung alle anderen Organe beizutragen haben, muß der Tod des Menschen erst mit dem Absterben des Gehirnes angenommen werden.

cc) Der heute national und international anerkannte Todesbegriff ist der des Hirntodes. Der Hirntod wird dem Individualtod gleichgestellt. Tatsächlich herrscht zur Zeit aber noch Uneinigkeit darüber, was jedoch genau vorliegen muß und welche Nachweise erbracht werden müssen, um zur sicheren Diagnose des Hirntodes zu kommen. Diese Uneinigkeit liegt in gewisser Weise in der anatomisch-pysiologischen Natur der Sache begründet. Stark vereinfacht gesprochen und nur auf die für die Todesbestimmung notwendigen Aussagen beschränkt, besteht das Gehirn entwicklungsgeschichtlich wie funktionell aus zwei Teilen, die jeweils unterschiedliche Aufgaben überneh-

---

[42] *Viefhues*, Ethische Probleme der Transplantation. Die Ethische Bewertung des Körpers und seiner Teile, in: Gesellschaft Gesundheit und Forschung e.V., Hrsg., Ethik und Organtransplantation, 1989, S. 63 ff.

[43] *Viefhues*, Ethische Probleme der Transplantation. Die Ethische Bewertung des Körpers und seiner Teile, in: Gesellschaft Gesundheit und Forschung e.V., Hrsg., Ethik und Organtransplantation, 1989, S. 63 ff., 64 ff.

[44] *Viefhues*, Ethische Probleme der Transplantation. Die Ethische Bewertung des Körpers und seiner Teile, in: Gesellschaft Gesundheit und Forschung e.V., Hrsg., Ethik und Organtransplantation, 1989, S. 63 ff., S. 65 ff.

men: Dem Hirnstamm, zu dem definitionsgemäß die Teile des Gehirns ohne die Großhirnhemisphären und ohne das Kleinhirn zählen[45], und dem Hirnmantel, oder Pallium. Letzterer besteht aus der Hirnrinde mit der an die Hirnoberfläche angrenzenden Schicht der Ganglien- bzw. Nervenzellen und der darunterliegenden weißen Substanz mit den zum Cortex führenden Nervenbahnen [46]. Im Hirnstamm vermuten Neurophysiologen und Neuroanatomenn heute die Steuerzentren der vegetativen Funktionen des Körpers wie für Atmung, Kreislauf und Stoffwechsel und vieles andere. Das Großhirn, und dort vor allem die Großhirnrinde, cortex cerebri, wird demgegenüber als Sitz der höheren Funktionen des Menschen wie Bewußtsein, Willen, Gedächtnis und Empfinden angesehen. In dessen vorderem Teil, dem Stirnhirn, liegt dabei das, was den geistigen Wert und die Persönlichkeit des Menschen ausmacht, wie ethische und ästhetische Regungen und Gefühle, sowie der Intellekt[47]. Die Aktivitäten des Großhirns sind mit der sogenannten Elektroenzephalographie nachweisbar, da der Informationsaustausch zwischen intakten Gehirnzellen über den Austausch von winzigen Spannungspotentialen stattfindet, die, durch auf die Kopfhaut aufgebrachte Elektroden abgeleitet und aufgezeichnet werden können[48]. Im Gegensatz dazu werden Hirnstammaktivitäten über das Vorhandensein von bestimmter Reflexen nachgewiesen[49].

(1) Die derzeit modernste und kühnste Definition des Hirntodes wird vor allem in den USA in immer stärker werdenden Maße vertreten[50]. Danach wird der Eintritt des Hirntodes angenommen, wenn der Teil des Gehirnes abgestorben ist, in dem die höheren menschlichen Funktionen verortet werden (Kortikaltod)[51]. Danach ist folglich ein Mensch hirntot, wenn die Nervenzellen der Großhirnrinde abgestorben sind. Auf die Frage, ob dieser Patient noch weiterhin in der Lage ist, unbewußt seine vegetativen Funktionen über den

---

[45] *Alverdes*, Grundlagen der Anatomie, 5. Aufl., Leipzig, 1974, S. 271 ff.

[46] *Zilles/Rehkämper*, Funktionelle Neuroanatomie, Berlin, 1993, S. 5 ff.

[47] *Alverdes*, Grundlagen der Anatomie, 5. Aufl., Leipzig, 1974, S. 283 f.

[48] Vgl. *Pschyrembel*, Klinisches Wörterbuch, 257. Aufl., Berlin, 1994, Stichwort Elektroenzephalographie; *Lembke/Rennert*, Neurologie und Psychiatrie, 7. Aufl., Leipzig, 1979, S. 174 f.

[49] Diese Verfahren erleichtert die Todesbestimmung beträchtlich. In Großbritannien stellt diese Methode das Standardnachweisverfahren zur Todesfeststellung dar, vgl., Conference of the Medical Colleges and their Faculties in the United Kingdom, Diagnosis of Brain Death, in: Britisch Medical Journal, 1976, S. 1187 f.

[50] Vgl. *Birnbacher*, Hirntodkriterium: Anthropologisch-ethische Aspekte, in: MedR 1994, S. 469 ff., 470 f.

[51] *Veatch*, The Impending Collapse of the Whole-Brain Definition of Death, in: Hastings Center Report, July/August 1993, S. 18 ff.; *Devettere*, Neocortical Death and Human Death, in: Law, Medicine and Health Care, Band 18, 1990, S. 96 ff. Vgl. hierzu auch *Kurthen/Linke/Moskopp*, Teilhirntod und Ethik, in: Ethik in der Medizin, 1989, S. 134 ff.

Hirnstamm zu steuern, wird nicht mehr abgestellt. Begründet wird diese Ansicht im wesenlichen mit zwei Argumenten, von denen das zweite weiter untergliederbar ist. Zunächst wird unumwunden zugegeben, daß diese Todesdefinition eine sehr pragmatische sei, da sie geeignet sei, auch gerade die Zahl der zur Verfügung stehenden Transplantate zu erhöhen[52]. Zum anderen wird angeführt, daß mit dem Verlust der Großhirnrinde der Mensch gerade diese Funktionen verliert, die ihn zum Menschen machen, wobei einige Vertreter insbesondere auf die Fähigkeiten zu sozialer Interaktion abstellen, andere hingegen stellen den Verlust der persönlichen Identität in den Vordergrund[53]. Als medizinische Tatsache muß in diesem Zusammenhang hingenommen werden, daß mit dem Absterben der cortex cerebri, d.h. der Nervenzellen der Großhirnrinde, eine eigene Denkleistung des Sterbenden oder eine wie auch immer geartete Kommunikation oder Interaktion mit der Umwelt unmöglich wird. Allerdings, und gerade dieser Aspekt taucht in jüngster Zeit verstärkt in der Diskussion auf, kann doch bis heute kein Neurologe mit Bestimmtheit festlegen, inwieweit Empfindungen des Patienten trotz des Bewußtseins- und Identitätsverlust noch möglich sein könnten[54]. Der Patient erscheint seiner Umwelt als „human vegetable", was aber letztlich in seinem Gehirn vorgeht, darüber herrscht aus medizinischer Sicht bis heute noch Unklarheit. Sie muß dazu führen, dieses Hirntodkonzept für unbefriedigend zu erklären.

(2) Hinzu kommt ein weiterer Aspekt: Beim Teilhirntod handelt es sich eindeutig um einen Versuch, den Tod eines Menschen zweckgerichtet zu definieren. Wie oben gezeigt, ist gerade dieser Aspekt nicht von der Rechtsordnung gedeckt. Das Grundgesetz schützt das Leben als oberstes Gut, solange es vorhanden ist. Der Großhirntote mag zwar Sterbender sein und ein Patient, der seine Umwelt nicht mehr wahrnehmen kann. Dennoch ist er aber immer noch ein lebender Mensch. Dies gilt insbesondere dann, wenn man den Blick auf die mit der angeborenen Anenzephalie in Zusammenhang stehenden Fragen richtet. Anenzephaliker werden aufgrund des nicht erfolgten Neuralrohrschlußes ohne Großhirn und anderer Hirnteile geboren. Sie besitzen nur Teile des Stammhirns und haben nur eine Lebenserwartung von einigen Tagen oder Wochen. Nähme man die Vertreter der Teilhirntoddefinition beim

---

52 Dies führt dann dazu, daß Vertreter der Teilhirntodthesen anencephale Neugeborene als Organspender herangezogen wissen möchten, so *Harrison*, The Anencephalic Newborn as Organ Donor, in: Hastings Center Report, April 1986, S. 21 f.

53 *Veatch*, Death, Dying and the Biological Revolution, New Haven, London, 1976, S. 41.

54 Vgl. *Beckmann*, Ist der Hirntote Mensch eine „Leiche"?, in: ZRP 1996, S. 219 ff., 223.

Wort, so würden sie nicht als Menschen geboren[55] („sondern als Sachen?"[56]), wären schon als Foetus Tote und stünden nie unter dem Lebensschutz des Grundgesetzes. Bei der zentralen Frage nach der Grenze zwischen Leben und Tod kann nicht darauf abgestellt werden, ob der Betreffende zu höheren Denk- und/oder Kommunikationsleistungen in der Lage ist oder nicht. Nach diesem Kriterium zu entscheiden, hieße einen sehr verhängnisvollen Schritt in Richtung auf eine biologische Bewertung des Menschen zu setzen[57].

(3) Neben dem Kortikaltod wird der Teilhirntod in einer weiteren Variante vertreten. Nach der Hirnstammtodthese ist ein Mensch als tot anzusehen, wenn sein Hirnstamm irreversibel seine Funktion eingestellt hat. Die Folge davon ist ein Verlust auchder Steuerung der vegetativen Funktionen des Menschen. Der Kreislauf kommt zum Stillstand, Reflexe sind nicht mehr feststellbar. In Großbritannien ist diese Todesdefinition zur Grundlage des ärztlichen Handelns geworden. 1976 hat die *Conference of Royal Medical Colleges and their Faculties in the UK* einen entsprechenden Bericht zur Hirntoddiagnose vorgelegt[58]. Der große Vorteil dieser Todesdefinition liegt darin, daß der Hirnstammtod einfach und ohne einen großen apparativen Aufwand diagnostizierbar ist. Getestet werden die Hirnstammreflexe wie die Reaktion der Pupillen auf Lichtreize, Schluckreflex u.ä. Ausgeschlossen werden müssen andere Ursachen für den Zustand des Patienten wie Barbituratvergiftungen oder Unterkühlungen. Eine Untersuchung mittels EEG oder zerebraler Angiographie ist jedoch zur sicheren Diagnose nicht erforderlich.

---

[55] Vgl. *Bottke*, Strafrechtliche Probleme am Lebensbeginn und am Lebensende. Bestimmungsrecht versus Lebenserhaltung?, in: Lebensverlängerung aus medizinischer, ethischer und rechtlicher Sicht, Rechtsstaat in der Bewährung, Band 30, 1995, S. 35 ff., 52 ff., der zutreffend auf diese Konsequenz hinweist.

[56] Zu solcher Entwürdigung müßte der Allgemeinsprache Gewalt angetan werden. Auch Totgeburten und Schwerstbehinderte sind tote oder schwerstbehinderte „Menschen" und gerade keine Sachen, siehe *Bottke*, Strafrechtliche Probleme am Lebensbeginn und am Lebensende. Bestimmungsrecht versus Lebenserhaltung?, in: Lebensverlängerung aus medizinischer, ethischer und rechtlicher Sicht, Rechtsstaat in der Bewährung, Band 30, 1995, S. 35 ff., 53.

[57] Ohne den Vertretern der Teilhirntoddefinition ehrenvolle und menschliche Motive in Abrede stellen zu wollen, kann an dieser Stelle ein kurzer Hinweis auf die Euthanasiepraxis zur Zeit der nationalsozialistischen Gewaltherrschaft nicht unterbleiben. Ist der erste Schritt in diese Richtung erst einmal getan, werden sich gute Gründe finden lassen, den Tod des Menschen durch immer engere Definitionsversuche weiter ins Leben zu schieben. Denken ließe sich die Fallgestaltung, nach der schwerst Mehrfachbehinderte qua definitione zu Toten deklariert würden, möglicherweise gerade um deren gesunde Organe für „lebenswerte" Mitmenschen nutzbar machen zu können.

[58] Conference of Royal Medical Colleges and their Faculties in the UK, Diagnosis on Brain Death, in: British Medical Journal, 1976, S. 1187 f.

Das Verfahren ist damit sowohl sicher, als auch sehr kostengünstig. In Großbritannien hat sich diese Regelung seither als zuverlässig erwiesen[59].

Allein und wohl auch entscheidend gegen diesen Todesbegriff spricht die Sensibilität des Themas. Seit Jahren wird in Deutschland in der Öffentlichkeit gestritten, ob der Hirntod in welcher Form auch immer als maßgebliches Kriterium der Todesfeststellung akzeptiert werden kann[60]. Zwischenzeitlich schien ein gesellschaftlicher Konsens darüber erzielt gewesen zu sein, daß der vollständige Funktionsausfall des gesamten Gehirnes Grundlage der in Deutschland gültigen Todesdefinition sein sollte. Die jüngste Entwicklung zeigt, daß dies ein Trugschluß war. Die Front derer, die dem Hirntod als Tod des Menschen zu akzeptieren bereit sind, d.h. ihn mit dem Individualtod gleichstellen, bröckelt. Bevor diese grundlegende Frage nicht entschieden ist, wäre eine Neudefinition der Kriterien zur Feststellung des (Teil- bzw. Gesamt-) Hirntodes wenig fruchtbar. Die Diskussion wäre so am falschen Punkt angefacht[61].

dd) Im Unterschied zu den oben aufgezeigten verschiedenen Formen des Teilhirntodes stellen die Vertreter des Gesamthirntodes auf den vollständigen irreversiblen Funktionsausfall aller Teile des Gehirnes ab. Der Tod des Menschen wird mit dem Absterben des gesamten Gehirnes verbunden. Nur wenn feststeht, daß sowohl die höheren Denk- und Bewußtseinsprozesse endgültig ausgefallen sind als auch die zentrale Steuerung der vegetativen Funktionen des Menschen unwiederbringlich verloren gegangen ist, kann vom Eintritt des Todes gesprochen werden.

Zwar scheint auch aus medizinischer Sicht das Absterben des Hirnstammes das Absterben des Großhirnes mit allen dort verorteten höheren Denk- und Bewußtseinsprozessen zu bedingen[62], aber letzte Klarheit ist in dieser Frage noch nicht erreicht[63]. Im allgemeinen kommt es erst zu einem Absterben der

---

59 *Kloth*, Rechtsprobleme der Todesbestimmung und der Organentnahme von Verstorbenen, Diss. Jur. FU Berlin, 1994, S. 45 m. w. Nachw.

60 Aus fachmedizinischer Sicht vgl. dazu *Fritsche*, Grenzbereich zwischen Leben und Tod, Klinische, juristische und ethische Probleme, Stuttgart, 2. Aufl., 1979, S. 10 ff.; zur gesellschaftlichen Diskussion sei verwiesen auf DER SPIEGEL, Im Vorzimmer des Todes, Nr. 24/1994, S. 212 ff.

61 So auch im Ergebnis *Kloth*, Rechtsprobleme der Todesbestimmung und der Organentnahme von Verstorbenen, Diss. Jur. FU Berlin, 1994, S. 47.

62 *Pallis*, ABC of Brain Stem Death, London, 1983, S. 7.

63 Vgl. *Schlake/Roosen*, Der Hirntod als der Tod des Menschen, hrsgg. von der Deutschen Stiftung Organtransplantation, Neu-Isenburg, 1995, S. 18 ff. Daher sieht auch der Wissenschaftliche Beirat der Bundesärztekammer nur im vollständigen und irreversiblen Funktionsausfall des gesamten Gehirnes eine sichere Todesdefinition, vgl. Stellungnahme des Wiss. Beirates der Bundesärztekammer, Der endgültige Ausfall der gesamten Hirnfunktion („Hirntod") als sicheres Todeszeichen, in: Deutsches Ärzteblatt, Band 90, 1993, S. B-2177 ff., B-2178 f.

Hirnrinde und dann des Hirnstammes. Tatsächlich haben die beiden großen Hirnteile unterschiedliche Ischämietoleranzen: Die zeitliche Grenze, innerhalb der eine Ischämie überlebt werden kann, d.h. die sogenannte Wiederbelebungs- oder Funktionserhaltungsgrenze, beträgt für die Hirnrinde 3 bis 8 Minuten und für den Hirnstamm 7 bis 10 Minuten[64]. In Deutschland wird von der noch herrschenden Ansicht in Medizin und Rechtswissenschaft auf den Gesamthirntod als den sicheren Weg zu einer geeigneten Todesdefinition abgestellt.

(1) Zum Nachweis des Hirntodes im Sinne des Gesamthirntodes hat die Bundesärztekammer seit 1982 entsprechende Richtlinien erlassen[65]. Erst danach muß zunächst ausgeschlossen werden, daß der Zustand des Patienten auf einer Vergiftung, auf Unterkühlung, Kreislaufschock, endokrinem oder metabolischem Koma oder auf eine Verabreichung von Barbituraten oder Relaxantien beruht[66]. Im Anschluß daran sind die sogenannten klinischen Symptome des Hirntodes sicher zu diagnostizieren. Festgestellt werden muß kummulativ die Bewußtlosigkeit des Patienten, der Ausfall der Spontanatmung, Lichtstarre beider Pupillen, das Fehlen bestimmter Reflexe und eine fehlende Reaktion auf Schmerzreize. Liegen die klinischen Symptome des Hirntodes sicher vor, können zur Bestätigung der Diagnose technische Verfahren angewandt werden. Dabei kommt in erster Linie das EEG-Verfahren in Frage. Die klinische Diagnose Hirntod kann als bestätigt gelten, wenn während 30 Minuten nach Feststellung oben genannten der klinischen Symptome kontinuierlich ein sogenanntes Nullinien-EEG abgeleitet wird, d.h. daß während des Untersuchungszeitraumes keinerlei meßbare Aktivitäten im Gehirn mehr vorliegen[67]. Einige Autoren verlangen eine Wiederholung der EEG-Untersuchung nach mehreren Stunden, um die Diagnose zu bestätigen[68].

(2) Als weiteres Verfahren zur sicheren Feststellung kommt die Angiographie in Frage. Dabei werden in die vier zum Gehirn führenden Arterien Kontrastmittel im Halsbereich eingespritzt und anschließend die Verteilung der Kontrastmittel im Schädelinneren, d.h. im Gehirn, mittels Röntgenuntersuchung begutachtet. Stellt der Arzt fest, daß das Kontrastmittel nicht über die

---

[64] Für andere Organe werden wesentlich größere Ischämietoleranzen angegeben, vgl. hierzu umfassend *Schmidt*, Physiologie des Menschen, 21. Aufl., Berlin u.a., 1983, S. 165 ff.

[65] Bundesärztekammer, Kriterien des Hirntodes, in: Deutsches Ärzteblatt, 1982, Heft 14, S. 45.

[66] *Angstwurm*, Wann spricht man vom Hirntod?, in: Der Arzt im Krankenhaus, 1983, Heft 11, S. 672.

[67] *Fritsche*, Grenzbereiche zwischen Leben und Tod, 2. Aufl., Stuttgart, 1979, S. 25 ff.

[68] *Fritsche*, Grenzbereiche zwischen Leben und Tod, 2. Aufl., Stuttgart, 1979, S. 26.

Arterien im Gehirn verteilt wird, sondern bereits überhaupt nicht in die Schädelhöhle eindringt, bedeutet dies, daß das Gehirn nicht mehr mit Blut versorgt wird und dadurch nach Ablauf der Ischämietoleranzzeit abgestorben ist. Noch niemals konnte festgestellt werden, daß das Gehirn zumindest auch nur Restfunktionen wieder aufnimmt, nachdem mittels Angiographie an den vier das Gehirn versorgenden Arterien ein Stillstand der Blutversorgung des Gehirnes nachgewiesen wurde[69]. Der Gesamthirntod kann damit sicher nachgewiesen werden.

(3) Allerdings stellt sich gerade aus strafrechtlicher Sicht die Frage nach der Zulässigkeit des zuletzt genannten Untersuchungsverfahrens bei derartigen Patienten. Normalerweise wird die Angiographie angewandt, um den Blutkreislauf im Gehirn darzustellen, z.B. im Zusammenhang mit der Diagnostik von Hirntumoren und Durchblutungsstörungen wie Hirnblutungen etc. Das Verfahren ist aber für den Patienten nicht ohne Risiken, da es durch die Verabreichung der Kontrastmittel zu allergischen Reaktionen und zu Durchblutungsstörungen des Gehirns, z.B. in Einzelfällen zu Embolien kommen kann. Auch Infektionen sind danach schon vereinzelt aufgetreten[70]. Gesunde Menschen überstehen normalerweise die Belastungen dieser Untersuchung ohne Folgen, bei Schwerstkranken oder Moribunden dagegen besteht die Gefahr, daß eine Angiographie der Hirnschlagadern erst den eigentlichen Tod herbeiführt. Eine Angiographie darf daher nur dann durchgeführt werden, wenn vor ihrer Durchführung anhand der klinischen Symptome und gegebenenfalls eines EEGs der Hirntod des Patienten bereits sicher diagnostiziert wurde. Sie darf nur letztes Mittel zur Bestätigung der Todesfeststellung sein, und zwar in den wohl sehr seltenen Fällen, in denen nach den vorangegangenen Untersuchungen noch Zweifel hinsichtlich des Eintritts des Todes bestehen blieben[71].

Derzeit gilt somit in Deutschland der Nachweis des Absterbens des gesamten Gehirnes eines Menschen als sicheres Zeichen des Todes[72].

b) Einwilligung des Spenders bzw. seiner Angehörigen

Neben der Feststellung des Todes des potentiellen Spenders ist nach gegenwärtiger Rechtslage das Vorliegen einer Zustimmung des Spenders, die

---

[69] *Kramer*, Rechtsfragen der Organtransplantation, München, 1987, S. 48.

[70] *Kramer*, Rechtsfragen der Organtransplantation, München, 1987, S. 47.

[71] *Schlake/Roosen*, Der Hirntod als der Tod des Menschen, hrsgg. von der Deutschen Stiftung Organtransplantation, Neu-Isenburg, 1995, S. 41.

[72] Zur in jüngster Zeit wieder aufgeflammten Hirntoddiskussion und deren Auswirkungen auf die Zulässigkeit der Organtransplantation siehe unten S. 120 ff.

dieser zu Lebzeiten erklärt hat, oder, wenn eine derartige Erklärung nicht vorliegt, eine Einwilligung der nahen Angehörigen zur Entnahme der Organe notwendig. In diesem Zusammenhang besteht über die genaue Ausgestaltung dieser Erklärungen noch keine letzte Klarheit. Kritische Beleuchtung verdienen daher die Fragen nach der Reichweite der Verfügungsmacht über den eigenen Körper nach dem Ableben und danach, inwieweit den Angehörigen in diesem Zusammenhang ein eigenes Entscheidungsrecht über die Organentnahme beim Verstorbenen zusteht. Da das Zustimmungsrecht der Angehörigen gewöhnlich auf das gewohnheitsrechtlich entwickelte Totensorgerecht[73] gestützt wird, sind im weiteren dessen Rechtsquellen und Inhalte näher zu erörtern.

aa) Verfügungsmacht über den eigenen Körper nach den Tode

Zuvorderst stellt sich somit die Frage, ob dem Einzelnen zu Lebzeiten überhaupt ein Recht zusteht, aufgrund dessen er über die Verwendung seiner Organe nach seinem Ableben bestimmen kann, und worauf dieses Recht zu gründen ist. Das Grundgesetz garantiert in Art. 2 I GG jedem das Recht auf die freie Entfaltung seiner Persönlichkeit. Darüber hinaus hat die Rechtsprechung aus Art. 1, Art. 2 GG das allgemeine Persönlichkeitsrecht des einzelnen abgeleitet und im Laufe der Zeit mehr und mehr ausgestaltet[74]. Das allgemeine Persönlichkeitsrecht schützt die Ausprägung der Persönlichkeit des Menschen in umfassender Weise[75]. Allerdings kann sich auf das allgemeine Persönlichkeitsrecht nur berufen, wer als Lebender noch Träger dieses Rechtes ist. Eine postmortale Fortwirkung des allgemeinen Persönlichkeitsrechts wird vom Bundesverfassungsgericht abgelehnt[76]. Das Gericht versucht vielmehr über den Menschenwürdeschutz gemäß Art. 1 GG zu einem vergleichbaren Ergebnis zu kommen, wenn es ausführt, daß *„[e]s [...] mit dem verfassungsverbürgten Verbot der Unverletzlichkeit der Menschenwürde, das allen Grundrechten zugrundeliegt, unvereinbar sein [würde], wenn der Mensch, dem Würde kraft seines Personseins zukommt, in diesem allgemeinen Achtungsanspruch nach seinem Tode herabgewürdigt oder erniedrigt werden dürfte. Dementsprechend endet die in Art. 1 I GG aller staatlichen Gewalt auferlegte Verpflichtung,*

---

[73] Allgemeine Ansicht, vgl. hier nur *Carstens*, Das Recht der Organtransplantation, Frankfurt a. M., 1978, S. 100; *Albrecht*, Die rechtliche Zulässigkeit postmortaler Transplantatentnahmen, Marburg, 1986, S. 39. *Palandt*-Edenhofer, Bürgerliches Gesetzbuch, 54. Aufl., 1995, Einf. v. § 1922, Rdnr. 8 ff.

[74] Vgl. BGHZ 13, S. 334 ff. (Schlachtbrief-Urteil); 26, S. 349 ff. (Herrenreiterfall), 35, S. 363 ff. (Ginsengwurzelfall).

[75] *Maier*, Der Verkauf von Körperorganen, Augsburger Rechtsstudien Band 11, Heidelberg, 1991, S. 36.

[76] BVerfGE 30, 173 ff (Mephistoentscheidung).

dem Einzelnen Schutz gegen Angriffe auf seine Menschenwürde zu gewähren, nicht mit dem Tode.“[77] Die herrschende Meinung leitet daraus das Recht des Einzelnen auf Selbstbestimmung über seinen Leichnam ab[78]. Jeder Mensch hat demnach das Recht für sich selbst frei zu entscheiden, was mit seinem Leichnam zu geschehen habe. Dieses Auffassung ist als solche nicht neu und eigentlich eine Selbstverständlichkeit. Untersucht man die Bestattungstraditionen in der Vergangenheit, erkennt man, daß der Wille des Verstorbenen hinsichtlich der Art und Weise seiner Bestattung, d.h. der Art und Weise, wie mit seinem Leichnam zu verfahren sei, schon immer große Bedeutung beigemessen wurde[79]. Diese Vorstellung hat auch Eingang in die Gesetzgebung gefunden. So wird der Wille des Verstorbenen im Gesetz über die Feuerbestattung[80] und den entsprechenden landesrechtlichen Vorschriften[81] als verbindlich behandelt.

Festzuhalten bleibt daher folgendes: Das Recht auf Selbstbestimmung über den Leichnam garantiert jedem, daß sein Wille hinsichtlich des Umgangs mit seinem Leichnam oder Teilen davon nach seinem Tode respektiert werde. Es ist, da einer der intimsten Bereiche der Persönlichkeit betroffen wird, ein höchstpersönliches Recht und kann als solches nur vom Betroffenen selbst ausgeübt werden.

bb) Qualität des Zustimmungsrechts der Angehörigen.

Demgegenüber haben Angehörige des Verstorbenen nur ein eingeschränktes Recht, über die Organe des Verstorbenen zu verfügen. Dieses läßt sich aus dem Totensorgerecht ableiten. Nach herrschender Auffassung hat das Totensorgerecht seine Grundlage im Gewohnheitsrecht. Das Totensorgerecht versetzt nahe Angehörige in die Lage, Art und Ort der Bestattung des Verstorbenen zu regeln, sowie jene Fragen zu entscheiden, die den Umgang

[77] BVerfGE 30, 173 ff, 194.

[78] Vgl. die Nachweise bei *Maier*, Der Verkauf von Körperorganen, Augsburger Rechtstudien Band 11, Heidelberg, 1991, S. 37 Fn 11.

[79] *Gaedke*, Handbuch des Friedhofs- und Bestattungsrechts, 4. Aufl., Köln u.a., 1977, S. 1 ff.

[80] § 2 Abs. 1 FeuerbestattungG v. 15.3.1934, RGBl 1934 I, S. 380: *„Die Bestattungsart richtet sich nach dem Willen des Verstorbenen“*.

[81] Vgl. § 1 Abs. 2 Satz 1 Bayerisches Bestattungsgesetzes vom 24.09.1970 i.d.F. vom 27.12.1991: *„Für Art, Ort und Durchführung der Bestattung ist, (...) der Wille des Verstorbenen (...) zu berücksichtigen.“* Deutlicher noch § 8 I Nr. 3 Bay BestattungsVO vom 9.12.1970 auf Grund von Art. 14, 16 des Bay Bestattungsgesetzes vom 24.09.1970 i.d.F. vom 27.12.1991: *„Der Träger der Feuerbestattungsanlage darf eine Feuerbestattung nur zulassen, wenn (...) 3. die Feuerbestattung dem Willen des Verstorbenen (...) entspricht“*.

mit dem und die Verwendung des Leichnams betreffen. Das Totensorgerecht ist dabei kein aus der Erbenstellung abgeleitetes Recht, so daß, wegen seines vorrangig familienrechtlichen Charakters, auch Nichterben als nahen Angehörigen, dieses Recht zusteht.

Allerdings steht das Totensorgerecht unter dem Vorbehalt des Willens des Verstorbenen. Die Angehörigen haben bei der Ausübung des Totensorgerechtes dem Willen des Verstorbenen Rechnung zu tragen. Dieser Wille ist in jedem Fall der alleinige Entscheidungsmaßstab für die Angehörigen, unabhängig davon, in welcher Form er geäußert wird. Da für diesen Bereich das Erbrecht mit seinen strengen Formanforderungen nicht zur Anwendung kommt, muß auf jede Form der Willensäußerung eingegangen werden. Ist der wirkliche Wille des Verstorbenen nicht erforschbar, müssen die Angehörigen dem mutmaßlichen Willen entsprechend handeln.

Fraglich sind im Zusammenhang mit der Zustimmung zur Organentnahme eigentlich nur die Fälle, in denen weder ein wirklicher Wille des Verstorbenen dokumentiert ist und auch für einen mutmaßlichen Willen in keiner Weise Anhaltspunkte zu finden sind. Nach derzeit herrschender Auffassung haben dann die Angehörigen aufgrund des Totensorgerechtes ein eigenes Entscheidungsrecht hinsichtlich der Zustimmung zur Organentnahme beim Verstorbenen.

Es sei zugestanden, daß diese Auffassung von Vernunft und Pragmatismus geprägt ist. Hat sich der Verstorbene in keiner Weise zu Fragen der Organtransplantation geäußert, müssen die Angehörigen in die Lage versetzt werden, ihre eigenen Wertungen an die Stelle derer des Verstorbenen zu setzen und sich wie auch immer zu entscheiden. Die Notwendigkeit Organe für Transplantationszwecke zu erlangen, läßt eine andere Lösung zur Zeit nicht zu, da zuwenig Menschen ihre Zustimmung zur Entnahme in welcher Form auch immer eindeutig dokumentiert haben[82].

Allerdings stößt dieses Vorgehen auf Bedenken. Ich nenne deren zwei. Zum einen wird nach dieser Auffassung dem Betroffenen zu Lebzeiten der Druck auferlegt, sich mit der Frage, ob er im Todesfalle bereit wäre, seine Organe zu spenden, zu beschäftigen und seine Entscheidung zu dokumentieren. Nur dann, wenn er sich eindeutig festgelegt hat, kann er sicher sein, daß sein Wille nach seinem Ableben auch respektiert wird. Damit wird der Mensch aber gezwungen, sich mit seinem unausweichlichen Ende, d.h. mit dem Eintritt seines Todes und den Folgen für seinen Leichnam auseinanderzusetzen. Er

---

[82] Zur Zeit haben nur ca. 5% der tatsächlichen Organspender bei Einlieferung ins Krankenhaus eine Organspendebereitschaft in irgendeiner Form dokumentiert. Zur Frage des Erklärungswertes von Organspendeausweisen vgl. *Lilie*, Zur Verbindlichkeit eines Organspenderausweises nach dem Tode des Organspenders, in: MedR 1983, S. 131 ff.

muß über seinen Tod nachdenken, wenn er nicht anderen die Entscheidung über den Umgang mit seinen sterblichen Überresten überlassen will. Dies stößt jedoch gerade unter dem Aspekt der Menschenwürde und der allgemeinen Handlungsfreiheit auf ernste Bedenken. Wenn der Einzelne ein Recht hat, sein Leben eigenverantwortlich zu gestalten, dann muß er auch die Freiheit haben, dieser Auseinandersetzung aus dem Wege gehen zu können, ohne daß Angehörige nach seinem Ableben mit seiner Leiche in einer Weise umgehen, die nicht seiner Erwartung entspricht. Darüber hinaus ließe sich argumentieren, daß gerade derjenige, der diesen Fragen aus dem Wege gegangen ist, einen Anknüpfungspunkt für einen der Organentnahme entgegenstehenden mutmaßlichen Willen setzt. Auch hier kann aus dem Schweigen nicht auf eine Zustimmung geschlossen werden.

Aber auch aus der Sicht der nach herrschender Auffassung zur Entscheidung berufenen Angehörigen stellen sich grundlegende Probleme. Zusätzlich zum erlittenen Leid und Schmerz über den Verlust eines Nächsten kommt nun der Entscheidungsdruck. Zugegeben, einigen Menschen wird es Trost und Erleichterung bringen, wenn ihnen im Erleben der Sinnlosigkeit des Todes nun die Möglichkeit gegeben wird, durch eine Organspende des Verstorbenen doch noch ein gewisses Maß an Sinnhaftigkeit zu bewirken. Jedoch läßt sich dieses subjektive Erleben einiger in keiner Weise verallgemeinern. Darüber hinaus wird für die Betroffenen der Leidensdruck im ersten Moment erhöht, wenn sie kurz nach dem Ableben um die Zustimmung zur Organentnahme gebeten werden. Hinzu kommt, daß in vielen Fällen in einer solchen menschlichen Ausnahmesitutation von einer freien Willensbildung nicht mehr gesprochen werden kann.

2. Entnahme vom Lebenden

Auch für eine Organentnahme vom lebenden Spender fehlt in Deutschland derzeit eine spezialgesetzliche Regelung. Auch hier richtet sich die Zulässigkeit demzufolge nach den allgemeinen Regeln des Straf- und Zivilrechts.

a) Zunächst muß festgehalten werden, daß die Entnahme von Organen beim lebenden Spender keinen ärztlichen Heileingriff darstellt[83]. Durch die Entnahme wird die Gesundheit des Spenders in keiner Weise verbessert oder wieder hergestellt. Tatbestandlich liegt damit in jedem Fall der Entnahme eine gefährliche Körperverletzung i.S.v. §§ 223, 223a StGB vor[84]. Für den

[83] *Tröndle*, StGB, 48. Aufl., München, 1997, § 223, Rd. 9d.

[84] Die unterschiedlichen Auffassungen von BGH und h.L. zur Frage, ob lege artis vorgenommene Heileingriffe überhaupt unter den Tatbestand des § 223 StGB zu

operierenden Arzt ist demnach von alleiniger Bedeutung, ob sein Handeln gerechtfertigt sein kann. Als einziger Rechtfertigungsgrund für die Entnahme von Organen beim Lebenden zu Transplantationszwecken kommt eine Einwilligung des Organspenders in Betracht[85]. Nur wenn eine wirksame Einwilligung vorliegt, ist die Operation durch die Rechtsordnung akzeptiert.

b) Nach herrschender Auffassung kann eine wirksame Einwilligung nur nach vorheriger umfassender Aufklärung erklärt werden. Darüber hinaus muß die Einwilligung bei völliger Freiwilligkeit erfolgen. Die Grenzen der §§ 216, 226a StGB sind zu beachten.

aa) An die ärztliche Aufklärung des lebenden Organspenders sind strengste Anforderungen zu stellen[86]. Vor der Operation muß dem Spender genau dargelegt werden, welche Risiken er für sich und sein weiteres Leben durch die Organentnahme zu eingeht. Dabei muß der Arzt insbesondere genaue Angaben zum eigentlichen Operationsrisiko machen, d.h. der Spender muß völlig objektiv darüber informiert werden, wie hoch die Wahrscheinlichkeit ist, durch die Operation als solche zu Schaden zu kommen. Weiterhin muß er auf die Risiken hingewiesen werden, die in seinem weiteren Leben ohne das entnommene Organ bzw. Organteil, entstehen können. So ist z.B. bei einer Nierenspende zu bedenken zu geben, daß eine - wenn auch sehr geringe - Wahrscheinlichkeit besteht, daß das verbleibende Organ infolge der stärkeren Beanspruchung im Laufe der Zeit geschädigt wird. Daneben besteht aber die erhöhte Gefahr, daß der Patient infolge einer späteren Erkrankung eine Niere verlieren könnte und damit selbst einem erhöhten Risiko ausgesetzt wäre, selbst Dialysepatient zu werden, da nun der Verlust einer einzelnen Niere für den betroffenen Organismus mit dem Totalausfall der Nierenfunktion gleichgestellt ist. Letztendlich muß die Aufklärung auch die Heilungschancen beim Empfänger umfassen. Nur wenn sich der Spender ein zuverlässiges Bild vom Sinn seines Opfers machen kann, ist er in der Lage, eine etwaige Einwilligung aufgrund aller notwendigen Informationen zu erteilen.

Bei all dem muß der Arzt in jeder Form völlig objektiv und ergebnisoffen das Aufklärungsgespräch führen[87]. Er darf sich niemals von dem Gedanken

---

subsumieren seien, kommen demnach im Falle der Entnahme von Organen nicht zum Tragen.

85 *Kramer*, Rechtsfragen der Organtransplantation, München, 1987, S. 168 m. w. Nachw.

86 *Uhlenbruck*, Die zivilrechtliche Problematik der Organtransplantation, in: Laufs/Uhlenbruck, Handbuch des Arztrechts, München, 1992, § 131 Rd. 19.

87 Schon aus Beweisgründen empfiehlt sich eine schriftliche Fixierung des Ergebnisses, auch wenn eine Schriftform keine Voraussetzung der Wirksamkeit ist, vgl. BHGZ 67, S. 48. Vgl. allgemein zur Zweckmäßigkeit der Schriftform in diesen Fällen *Laufs*, Die Art und Weise der Aufklärung. Aufklärungsformulare, in: Laufs/Uhlenbruck, Handbuch des Arztrechts, München, 1992, § 66 Rd. 15 m.w.N.

leiten lassen, daß die „Gewinnung" des Organs die Heilungschancen des Empfängers zu steigern vermag. Anders als bei Kranken, die, wenn durch die Aufklärung psychische Schäden zu erwarten sein, nicht in vollem Umfange aufzuklären sind[88], muß der Spender in jedes Risiko eingeweiht werden, auch um den Preis, daß er seine Einwilligung letztlich versagt[89].

bb) Der Spender kann nicht in jede Organentnahme wirksam einwilligen. Führte eine Organspende mit Gewißheit zum Tode des Spenders steht dieser das Verbot der Einwilligung in die eigene Tötung gemäß § 216 StGB entgegen. Die Möglichkeit, sein Leben zur Rettung eines anderen hinzugeben, ist de lege lata zumindest für den Bereich der Organspende damit genommen.

cc) Die erklärte Einwilligung in die Organentnahme ist nur wirksam, wenn der Spender in seiner Entschließung frei ist, d.h. er ohne Zwang, Drohung oder Täuschung zu seiner Entscheidung gelangt ist[90]. Die Frage, inwieweit der Spender sich frei für eine Organgabe entschieden hat, ist für den Arzt nicht leicht zu beantworten. Da gerade in Deutschland Lebendspenden fast nur unter nahen Angehörigen vorgenommen werden[91], muß gerade der emotionale Zwang berücksichtigt werden, unter dem ein Organspender stehen kann. Dies kann so weit führen, daß der Arzt, der das Gespräch mit dem Spendewilligen führt, bei erkannter Zwangslage die Durchführung der Transplantation u.U. auch unter Angabe falscher Gründe wie z.B. medizinischer Unmöglichkeit abzulehnen hat[92]. In jedem Fall ist der Arzt jedoch aufgefordert, gewissenhaft und aufmerksam die Lebenssituation des Spendewilligen zu untersuchen. Der Schutz der Gesundheit des Organspenders gebietet dies[93].

dd) Wie oben aufgezeigt gibt es keine Möglichkeit, im Rahmen einer Organspende in die eigene Tötung einzuwilligen[94]. Die Grenzen der Einwilligung sind damit jedoch noch nicht ausreichend abgesteckt. Zwei weitere Fallgruppen lassen sich denken, bei denen eine Einwilligung wegen eines Verstoßes gegen die guten Sitten gemäß § 226a StGB keine rechtfertigende Wirkung haben kann.

Zum einen sind dies die Fälle, in denen die Organspende zu schwersten Selbstbeschädigungen führt. Bei der zweiten Gruppe handelt es sich um die

---

88 Vgl. *Laufs*, Grundregeln zur Aufklärungspflicht des Arztes, in: Laufs/Uhlenbruck, Handbuch des Arztrechts, München, 1992, § 68, insb. Rd. 4 und 20.

89 *Kramer*, Rechtsfragen der Organtransplantation, München, 1987, S. 170.

90 *Tröndle*, StGB, 48. Aufl., München, 1997, vor § 32, Rd. 3b.

91 *Voll*, Die Einwilligung im Arztrecht, Frankfurt a. M., 1996, S. 233.

92 *Pichlmayr*, Aktuelle Fragen der Organtransplantation, in: Pichlmayr, Hrsg,. Transplantationschirurgie, Heidelberg, 1981, S. 22 ff.

93 *Kramer*, Rechtsfragen der Organtransplantation, München, 1987, S. 171.

94 Siehe oben Kapitel 4 III. 2. b) bb).

Fälle, in denen das Motiv der Einwilligung in die Entnahme in einer finanziellen Entschädigung für das gespendete Organ liegt.

(1) Bedeutungslos ist eine Einwilligung in eine Organentnahme, wenn sie eine schwere Verstümmelung[95] des Spenders zur Folge hat. In diesem Zusammenhang wird häufig der (sicherlich Extrem-) Fall der Hornhautspende eines Einäugigen angeführt[96]. Durch den Verlust des einzigen verbliebenen Auges bezahlt der Spender hier seine Spendebereitschaft mit lebenslanger Blindheit. Bei der Frage, welche die entscheidenden Kriterien bei der Beurteilung der Sittenwidrigkeit der Einwilligung bei so oder ähnlich gelagerten Sachverhalten sind, herrscht bisher noch keine Einigkeit in der Lehre.

Im Grundsatz gilt, daß sich die Sittenwidrigkeit auf die Tat als solche beziehen muß, d.h. die Entnahme des Organs beim Lebendspender muß *nach dem Anstandsgefühl aller billig und gerecht Denkenden zweifellos kriminell strafwürdiges Unrecht*[97] sein. Nach herrschender, wenn auch variantenverschiedener Meinung ist dabei auch auf den Zweck der Körperverletzung abzustellen. So wird die Meinung vertreten, allein entscheidend sei, ob der Zweck, dem der konkrete Eingriff dienen soll, als verwerflich anzusehen ist[98]. Ein alleiniges Abstellen auf den Zweck des Eingriffs würde jedoch den Blick einseitig auf die Interessen des Organempfängers richten. Danach wäre die Einwilligung in eine Lebendspende immer zulässig, da die Heilung oder Gesundheitsverbesserung des Organempfängers niemals als verwerflich anzusehen ist. Begründet wird diese enge Sicht damit, daß, die grundsätzliche Disponibilität des Rechtsguts Gesundheit vor Augen, die Bestimmung des § 226a StGB gerade nicht den Schutz des Verletzten vor „seiner eigenen Kurzsichtigkeit"[99] bezwecke. Das Recht auf freie Selbstbestimmung, welches auch und gerade den Umgang mit dem eigenen Körper umfaßt, gebietet

---

[95] Eine im Falle eines wehrpflichtigen Spenders gleichfalls vorliegende Wehrkraftentziehung durch Verstümmelung gemäß § 109 StGB bleibe außer Betracht. Da in diesen Fällen das geschützte Rechtsgut ein anderes als bei den Körperverletzungsdelikten ist, ist hier die Einwilligung des Verletzten Tatbestandsmerkmal und gerade kein Rechtfertigungsgrund, vgl. *Tröndle*, StGB, 48. Aufl., München, 1997, § 109 Rd. 5.

[96] *Uhlenbruck*, Die zivilrechtliche Problematik der Organtransplantation, in: Laufs/Uhlenbruck, Handbuch des Arztrechts, München, 1992, § 131 Rd. 19; *Carstens*, Das Recht der Organtransplantation, Frankfurt a. M., 1978, S. 79.

[97] BGHSt 4, S. 24 ff., 32.

[98] SK/*Horn*, Systematischer Kommentar zum StGB, Neuwied, Loseblatt, § 226a, Rd. 9.

[99] So aber *Weber*, in: Arzt/Weber, Strafrecht, Besonderer Teil, Lehrheft 1, 2. Aufl., Bielefeld, 1981, Rd. 274; BGH NJW 1978, S. 1206 (Zahnextraktionsfall).

Respekt auch vor der „Unvernunft“[100]. Andere Autoren hingegen meinen, daß das ausschließliche Abstellen auf den Zweck des Eingriffs nicht hinzureichen vermag. Folglich wird daneben noch die Spenderseite in die Überlegungen einbezogen. Bedeutung soll demnach die Einwilligung nur haben, wenn einerseits der Zweck des Eingriffs nicht als verwerflich anzusehen ist und darüber hinaus auch die Schwere[101], bzw. Mittel und Art[102] des Eingriffs nicht außer Verhältnis zum angestrebten Erfolg stehen[103]. Ähnlich wie im Rahmen von § 240 II StGB kommt es dabei auf eine Verhältnismäßigkeitsprüfung an. Überwiegt der durch die Entnahme beim Spender eingetretene Schaden den angestrebten und erwartbaren Heilungserfolg beim Empfänger in starkem Maße, ist die dennoch erklärte Einwilligung ohne Bedeutung, die Entnahme damit nicht von der Rechtsordnung gebilligt. Nach dieser Auffassung wäre der Hornhautfall differenzierter zu beurteilen. Die Zulässigkeit der Hornhautspende des Einäugigen wäre danach im Normalfall zu verneinen[104]. Hirsch vertritt demgegenüber eine strengere, mehr am Wortlaut des § 226a StGB orientierte Ansicht. Demnach ist ausschließlich auf die Sittenwidrigkeit der Körperverletzung (i.e. der Organentnahme) abzustellen. Zweckgesichtspunkte zu berücksichtigen, hieße danach, die Bestimmung des § 226a StGB *entgegen dem Wortlaut der Funktion einer Einwilligungsregelung zu entkleiden*[105]. Allein entscheidend ist demnach das Gewicht des tatbestandlichen Rechtsgutsangriffs. Im Beispiel der Hornhautspende eines Einäugigen müßte man dementsprechend von einer Sittenwidrigkeit der Entnahme ausgehen, da, wie § 224 Abs. I StGB zeigt, die endgültige Vernichtung der Sehkraft eines Menschen, einen schweren Angriff auf das Rechtsgut Gesundheit darstellt. Allerdings will Hirsch ausnahmsweise Zweckgedanken in Fällen der Organspende nicht völlig außer acht lassen. Ist der Zweck der Verletzung so gewichtig, daß die einverständliche Verletzung dennoch angemessen ist, will auch er der Einwilligung ihre Wirkung nicht versagen und die Strafbarkeit entfallen lassen.

---

[100] SK/*Horn*, Systematischer Kommentar zum StGB, Neuwied, Loseblatt, § 226a, Rd. 9.

[101] *Schönke/Schröder/Stree*, StGB, 25. Aufl., München, 1997, § 226a Rd. 8.

[102] *Tröndle*, StGB, 48. Aufl., München, 1997, § 226a, Rd. 9.

[103] Auf das Vorliegen der Verhältnismäßigkeit des Eingriffs stellt auch ab *Carstens*, Das Recht der Organtransplantation, Frankfurt a. M., 1978, S. 74 ff.

[104] Denkbar wäre allenfalls, die Spende eines Moribunden mit nur kurzer Lebenserwartung hinzunehmen, wobei selbst in diesen Fällen dem Empfänger ein Zuwarten bis zum Eintritt des Todes des Spenders zumutbar wäre, vgl. dazu *Carstens*, Das Recht der Organtransplantation, Frankfurt a. M., 1978, S. 79 f. m. w. Nachw. Ob dem Spendewilligen ein Zuwarten in jedem Fall zumutbar ist, darf hingegen bezweifelt werden.

[105] LK/*Hirsch*, StGB, 10. Aufl., Berlin/New York, 1989, § 226a, Rd. 9.

Zusammenfassend ist trotz der argumentativen Verschiedenheit der einzelnen Ansichten festzustellen, daß, abgesehen von wenigen Extremfällen, nach allgemeiner Auffassung in eine Organentnahme wohl eingewilligt werden kann. Nur dann, wenn sich das Opfer des Spenders als im Vergleich zum Gewinn des Empfängers als unverhältnismäßig groß erweist, muß der erklärten Einwilligung ihre rechtfertigende Wirkung versagt werden.

(2) Ausgehend von dem Zweckgedanken, der zumindest im Bereich der Organspende bei allen zu § 226a StGB vertretenen Meinungen eine Rolle spielt, ist der Blick im Folgenden auf die Frage zu lenken, ob sich die Sittenwidrigkeit der Organentnahme daraus ergeben kann, daß der Spender eine finanzielle Gegenleistung für die Spende erhält. Bisher spielen solche Fälle in Deutschland noch keine Rolle, da die wenigen Lebendspenden, die an deutschen Krankenhäusern vorgenommen werden, ausschließlich zwischen nahen Anhörigen erfolgen. Dennoch ist gerade in jüngster Zeit das Thema des Organhandels in der Öffentlichkeit immer häufiger kritisch beleuchtet worden[106]. Dabei ist der Blick oft zu einseitig. Entweder wird mit Entrüstung über Organhandel im Sinne eines kommerziellen Handels zur Profiterzielung von Vermittlern und Händlern berichtet, oder die Meldungen über in der Dritten Welt erworbene und verpflanzte Organe schaffen den schweren Weg in die Schlagzeilen. Selbst deutsche Gerichte mußten sich bereits mit der Frage der Sittenwidrigkeit des Organhandels befassen[107]. Der vollen Bandbreite des Problemfeldes wird eine so begrenzte Diskussion jedoch nicht gerecht. In diesem Zusammenhang sollten zwei Fragen strikt auseinander gehalten werden: Erstens muß überlegt werden, inwieweit überhaupt eine u.U. vorliegende zivilrechtliche Sittenwidrigkeit gemäß § 138 I BGB zur Bedeutungslosigkeit der Einwilligung in strafrechtlicher Würdigung führt. Weiterhin ist zu prüfen, ob ein finanzielles Interesse quasi automatisch Sittenwidrigkeit nach sich zieht, oder ob nicht doch Fälle denkbar sind, die eine Durchbrechung des „pecunia-semper-olet-Grundsatzes“ geboten erscheinen lassen.

Aus zivilrechtlicher Sicht wird in jüngster Zeit intensiver über die Sittenwidrigkeit von Organkaufverträgen nachgedacht.

---

[106] Vgl. auch oben S. 31.

[107] Vgl. SG Lüneburg Urt. v. 27.10.1993, Az. S 9 Kr 19/93. Das Gericht hatte sich mit einem behaupteten Erstattungsanspruch eines Versicherten der DAK zu beschäftigen, der als ehemaliger Dialysepatient in Indien für ca. DM 10.000 eine Niere gekauft und sich einpflanzen lassen hatte. Sein Argument, die Versicherung sei zum Ersatz seiner Auslagen verpflichtet, da er durch die Operation der Gemeinschaft der Versicherten in Zukunft jährlich ca. DM 40.000 an Kosten erspare, wurde vom Gericht unter Hinweis auf die Sittenwidrigkeit derartiger Geschäfte abgelehnt. Das Urteil wurde in der Revision nunmehr vom BGS gehalten, vgl. BSG Urt. vom 15.4.1997, Az.: 1 RK 25/95.

Wenn, wie im Bereich der Rechtfertigung, über die Anerkennung zivilrechtlicher Rechtfertigungsnormen auch im strafrechtlichen Bereich tatbestandliches Handeln unter Berufung auf die Einheit der Rechtsordnung als von dieser Rechtsordnung gebilligt angesehen wird, dann muß, stellt man wie zumindest die herrschende Meinung zu § 226a StGB bei der Beurteilung der Sittenwidrigkeit einer Körperverletzung auch auf den Zweck der Tat ab, feststehen, daß dieser Zweck der Organentnahme nicht gegen die guten Sitten verstößt. Wirksam kann dann eine Einwilligung in die Organentnahme nur erteilt werden, wenn einerseits die Tat als solche sich nicht als sittenwidrig darstellt und darüber hinaus auch der damit verfolgte Zweck gegen eben diese guten Sitten nicht verstößt. Worin liegt nun aber der Zweck der Organentnahme vom Lebenden? Der Zwecke sind mehrere. Zweck ist die Heilung oder Gesundheitsverbesserung beim Organempfänger. Ein Sittenverstoß ist hier nicht zu lokalisieren. Zweck kann aber auch ein finanzieller sein, nämlich dann, wenn sich z.B. die Einwilligung des Spenders als dessen Leistung in einem gegenseitigen Vertragsverhältnis darstellt und der Spender als Gegenleistung eine Honorierung finanzieller Art erhält. Bei einem solchen „Organverkauf" drängt sich die Frage einer Nichtigkeit der Vereinbarung gemäß § 138 Abs. 1 BGB geradezu auf.

So gelangt auch eine gewichtige Gruppe von Autoren zu der Ansicht, daß allein die Tatsache, daß für die Organspende Geld fließt, die Sittenwidrigkeit derartiger Vereinbarungen begründet. Allein über das warum bestehen unterschiedliche Ansichten. So vertritt Schreiber die Auffassung, daß die Entgeltlichkeit der Zustimmungserklärung sich nicht mit der Freiwilligkeit vertrage. Die Gegenleistung in Form von finanziellem Gewinn würde zumindest in finanziellen Extremsituationen dazu führen, daß der Spender gerade nicht frei von Zwang seine Einwilligung erklärt, sondern getrieben durch den finanziellen Druck, dem er ausgesetzt ist[108]. Daneben führe eine Geldzahlung für die Spende auch unter Gleichheitsgesichtpunkten zur Sittenwidrigkeit. Daß sich Menschen, die über größere Geldmittel verfügen, damit ein Mehr an Lebenschancen kaufen können, sei mit dem Anstandsgefühl aller billig und gerecht Denkenden nicht zu vereinbaren[109]. Ausschließlich medizinische Maßstäbe sollten die Organspende bestimmen. Finanzielle Erwägungen sollten als sachfremd ausgeschieden werden[110]. Andere wiederum legen den Schwerpunkt auf den Spendengedanken. Der Organspender soll

---

[108] *Schreiber*, Hans-Ludwig, Transplantation und Recht, in: Organtransplantation heute, Veranstaltungsbroschüre, Hannover, 1985, S. 17 ff., 22; *ders.*, Die rechtliche Zulässigkeit der Transplantatentnahme, in: Der Internist 1974, S. 551 ff., 555.

[109] *Maier*, Der Verkauf von Körperorganen, Augsburger Rechtsstudien Band 11, Heidelberg, 1991, S. 22.

[110] Vgl. die Broschüre „Antworten auf Fragen" des Arbeitskreises Organspende, S. 24.

danach sein Organ gleichsam als Ausdruck selbstlosen Gebens zur Verfügung stellen. Wird er hingegen für die Spende entlohnt, ist der darin zum Ausdruck kommende Gedanke der Nächstenliebe entwertet, was die Sittenwidrigkeit der Vereinbarung zur Folge hat[111].

Allerdings gibt es auch Stimmen, die nichts gegen eine finanzielle Entschädigung des Spenders einzuwenden haben[112]. Nur über Art und Höhe der Gegenleistung herrschen unterschiedliche Auffassungen. Eine Ansicht vergleicht die Organ- mit der Blutspende[113], die teilweise auch durch Geldzahlungen an die Spender motiviert[114] und als solche auch unter dem Sittenwidrigkeitsgesichtpunkt generell akzeptiert ist. Andere hingegen wollen dem Spender zumindest einen Weg öffnen, seine tatsächlichen materiellen Einbußen ersetzt zu bekommen[115]. Diese sehen sie einerseits in den Krankenhauskosten[116], dem Arbeits- und damit Verdienstausfall[117] und weitergehend auch in der Verringerung seiner Leistungsfähigkeit aufgrund der durch den Organverlust verursachten Gesundheits- und Leistungsfähigkeitseinbuße. Diskutiert wird in diesem Zusammenhang eine analoge Anwendung des § 847 BGB[118]. Maier geht noch einen entscheidenden Schritt weiter in Richtung der Kommerzialisierung der Organspende[119]. Er fragt, wieso die Mutter, die der kranken Tochter eine Niere spendet, unseren Beifall findet, wenn gleichzeitig

---

[111] Vor allem Kohlhaas hat den Gedanken der Wohltätigkeit in den Vordergrund gerückt, vgl. *Kohlhaas*, Neue Rechtsprobleme der Organtransplantation, in: NJW 1971, S. 1870 ff., 1872; *ders.*, Rechtsfragen zur Transplantation von Körperorganen, in: NJW 1967, S. 1489 ff., 1491; ders., Transplantationsprobleme aus versicherungsrechtlicher Sicht, in: VersR 1970, S. 385 ff., 387.

[112] Daß professionelle Organhändler sich in dieser Gruppe befinden, versteht sich von selbst. Vgl. dazu das Beispiel bei *Maier*, Der Verkauf von Körperorganen, Augsburger Rechtsstudien Band 11, Heidelberg, 1991, S. 27.

[113] *Tress*, Die Organtransplantation aus zivilrechtlicher Sicht, Diss. Jur. Mainz, 1977, S. 41.

[114] Mit durchaus zweifelhaftem Erfolg, wenn man an die Verseuchung von Blutpräperaten durch den HIV-Virus in der Vergangenheit denkt. In Deutschland ist man daher in jüngster Zeit davon abgekommen, Blutspenden gegen Bezahlung entgegenzunehmen.

[115] Vgl. *Kopetzki*, Organgewinnung zu Zwecken der Transplantation, Wien, New York, 1988, S. 256.

[116] Vgl. BSG NJW 1973, S. 1432 f. Hinsichtlich der Krankheitskosten des Spenders ist danach die Krankenkasse des Empfängers zur Leistung verpflichtet.

[117] Vgl. BAG NJW 1987, S. 1508. Den Arbeitgeber des Spenders trifft hinsichtlich der Lohnfortzahlung gemäß § 1 Abs. 1 Satz 1 LohnFZG keine Risikohaftung. Die Lohnfortzahlung ist über den Versicherungsträger des Empfängers sicherzustellen.

[118] Ablehnend *Schäfer*, Rechtsfragen zur Verpflanzung von Körper- und Leichenteilen, Diss jur., Münster, 1961, S. 60.

[119] *Maier*, Der Verkauf von Körperorganen, Augsburger Rechtsstudien Band 11, Heidelberg, 1991, S. 28 ff.

der Verkauf einer Niere eines Arbeitslosen, der dies tut, um seine Familie zu versorgen, in die Nähe der Anrüchigkeit gerückt wird. Gerade in letzterem Fall wird nicht nur dem wartenden Organempfänger selbst, sondern vielen aus einer Bedrängnis geholfen. Allerdings sieht er auch die Gefahr, die ein freier Organmarkt mit sich brächte. Deshalb schlägt er vor, die Verteilung der durch kommerzielle Spenden gewonnenen Organe zentral zu organisieren, so wie dies bisher auch für die postmortal gewonnenen Organe geschieht. Die Krankenkassen wären dann verpflichtet, den Spendern die Entschädigung zu zahlen. Betrachtet man z.B. im Falle eines Dialysepatienten die Kosten für Dialyse und sonstige Behandlung, würden die Krankenkassen „selbst bei einem nicht unbeträchtlichen Entgelt noch sparen“[120].

Trotz der durchaus bedenkenswerten Vorschläge auf dem Gebiete der Kommerzialisierung der Organspende, muß festgehalten werden, daß die jetzige Sach- und Rechtslage einen Verkauf von Körperorganen wegen Verstoßes gegen die guten Sitten nicht toleriert. Konsequenterweise hat eine derartige Vereinbarung zur Folge, daß der Organspender dann in die Organentnahme wirksam nicht einwilligen kann, eine Rechtfertigung des entnehmenden Arztes folglich nicht in Frage kommt. Deutlich wird dies auch, wenn man sich die jüngsten Versuche zur Regelung der Organtransplantation in Deutschland betrachtet. Teil des Gesetzespakets soll in jedem Fall eine Strafbestimmung gegen den Organhandel sein[121].

IV. Stand des Gesetzgebungsverfahrens zum Bundestransplantationsgesetz

1. Derzeitiger Gesetzgebungsversuch

In der 13. Legislaturperiode des Deutschen Bundestages wurde wieder ein Versuch unternommen, die Organtransplantation gesetzlich zu regeln. Zur Debatte standen ursprünglich vier Gesetzentwürfe, von denen zweien gewisse Chancen auf Annahme eingeräumt wurden[122]: Es handelte sich dabei einerseits

[120] Vgl. *Maier*, Der Verkauf von Körperorganen, Augsburger Rechtsstudien Band 11, Heidelberg, 1991, S. 29, dem wohl ein Betrag zwischen DM 50.000 und DM 100.000 als Entschädigung vorschwebt.

[121] Vgl. hierzu den Gesetzentwurf der Bundesregierung BR-Drucks. 875/94 und *Deutsch*, Zum geplanten strafrechtlichen Verbot des Organhandels, in: ZRP 1994, S. 179 ff.

[122] Vgl. FAZ vom 20.4.96: "Transplantationsgesetz gefordert" (S. 4), "Anmaßung (Kommentar)" (S. 12), "Geheimnis Tod" (S. 33), SZ v. 20.4.96 "Ende aller Hirnfunktionen als Todeszeitpunkt umstritten" (S. 2).

um einen Mehrheitsentwurf der Fraktionen der CDU/CSU, der FDP und der SPD[123] und andererseits um einen Entwurf der Fraktion des Bündnis 90/Die Grünen[124]. Beide Entwürfe hatten zum Ziel, das Recht der Organtransplantation umfassend zu regeln, unterschieden sich aber in wesentlichen Punkten grundlegend voneinander. Überraschenderweise zeigte sich während der Beratungen, daß neben dem alten Streit um Zustimmungs- und Widerspruchslösung diesmal die Diskussion auch und vor allem um die Fragen des Hirntodes kreisten.

a) Gesetzentwurf der Fraktion Bündnis 90/Die Grünen

Zentraler Punkt des Entwurfes von Bündnis 90/Die Grünen war der Verzicht auf den Hirntod als Kriterium zur Todesfeststellung. Nach Ansicht der Verfasser hatte die Expertenanhörung des Deutschen Bundestages am 28. Juni 1995 gezeigt, daß Hirntote zwar unwiederbringlich Sterbende, aber damit auch noch Lebende seien[125]. Dennoch sollten, so der Vorschlag, neben einer Lebendspende von nicht vitalen Organen unter Verwandten[126] auch Organentnahmen bei Hirntoten im Prinzip zulässig sein. Die Zulässigkeit wurde in § 15 von zwei Voraussetzungen abhängig gemacht. Zum einen hätte eine Feststellung des Hirntodes erfolgt sein müssen. Hierbei ist beachtenswert, daß der Entwurf die Kriterien zur Feststellung des Hirntodes im Gesetz festzuschreiben suchte und damit mit dem bisher üblichen Verfahren, die Festlegung dieser Kriterien Medizinern zu überlassen, brach[127]. Weitere Voraussetzung war die ausdrückliche Zustimmung des Spenders zur Organentnahme. Nach dem Entwurf wäre diese Zustimmung in einem Organspenderausweis zu dokumentieren gewesen. Nur bei kumulativen Vorliegen von Organspendeausweis und Hirntodnachweis hätte eine Entnahme erfolgen können. Bei Fehlen eines Organspendeausweises hätte die Einwilligung der Angehörigen die Spendeerklärung des Spenders nach dessen Hirntod nicht ersetzen können. Die Entnahme hätte dann in jedem Falle unterbleiben müssen.

---

[123] BT-Drucks. 13/4355 vom 16.4.1996.

[124] BT-Drucks. 13/2926 vom 7.11.1995.

[125] Vgl. die Begründung des Entwurfes, BT-Drucks. 13/2926, S. 10.

[126] Vgl. § 13 des Entwurfs, BT-Drucks. 13/2926, S. 4.

[127] Vgl. § 16 des Entwurfs, BT-Drucks. 13/2926, S. 5. Der Mehrheitsentwurf hat dagegen noch die Verweisung auf die „Regeln, die dem Stand der medizinischen Wissenschaften entsprechen", vgl. § 5 Abs. 1 des Mehrheitsentwurfes, BT-Drucks. 13/4355, S. 4.

b) Mehrheitsentwurf

Der Mehrheitsentwurf in seiner ursprünglichen Fassung[128] ging demgegenüber weiterhin davon aus, daß der Individualtod des Menschen durch das Vorliegen des Hirntodes nachgewiesen werden könne. In Bezug auf die Voraussetzungen für Entnahmen bei Verstorbenen fehlten im ursprünglichen Entwurf die entscheidenden Kriterien. Diese wurden während des Gesetzgebungsverfahrens, unter Einbeziehung der Ergebnisse der Beratungen im Ausschuß für Gesundheit[129], ergänzt[130]. In dieser letzten Fassung folgte der Mehrheitsentwurf der bislang in der Bundesrepublik Deutschland geübten Praxis, wonach vorrangig auf die Einwilligung des Organspenders abzustellen ist, daneben aber beim Fehlen einer solchen Spendererklärung den Angehörigen die Möglichkeit gegeben wird, nach Feststellung des Hirntodes ihre Zustimmung bzw. Ablehnung zum Ausdruck zu bringen[131]. Die Kriterien zur Feststellung des Hirntodes wurden im Mehrheitsentwurf nicht endgültig geregelt. Deren Festlegung wurde der Bundesärztekammer unter Beachtung des jeweiligen Standes der medizinischen Wissenschaft überlassen[132].

2. Bedeutung und Auswirkungen der wiedererwachten Hirntoddebatte

Welche Bedeutung der neuen Hirntoddebatte für das Gesetzgebungsverfahren zukam, wurde daran ersichtlich, daß im Vorfeld der 2. Beratung des Transplantationsgesetzes im Deutschen Bundestag 180 Bundestagsabgeordnete ihre Zweifel an der Aussagekraft des Hirntodes angemeldeten. Ohne den Hirntod als maßgebliches Kriterium der Todesfeststellung aber wäre nach den vorliegenden Entwürfen nur eine gesetzliche Regelung denkbar gewesen, bei der der Spender selbst zu Lebzeiten seine Zustimmung hätte erklärt haben müssen. In der Konsequenz hätte dies eine radikale Verminderung der zur Verfügung stehenden Spenderorgane bedeutet, da auch der Entwurf vom Bündnis 90/DIE GRÜNEN lediglich auf eine verstärkte Aufklärung der Bevölkerung setzte, deren Auswirkung auf die Zahl der ausdrücklich erklärten Organspender hierzulande bislang gering war.

---

[128] BT-Drucks. 13/4355.

[129] Vgl. hierzu BT-Drucks. 13/8017.

[130] Änderungsantrag zur zweiten Beratung des Gesetzentwurfes der Fraktionen der CDU/CSU, SPD und FDP - Drucksachen 13/4355, 13/8017 - Entwurf eines Gesetzes über die Spende, Entnahme und Übertragung von Organen (Transplantationsgesetz - TPG), BT-Drucks. 13/8027, S. 2 ff.

[131] Vgl. §§ 3 bis 5 des TPG-Entwurfs, BT-Drucks. 13/8027, S. 2 ff.

[132] Vgl. § 15 Abs. 1 Nr. 1 des TPG-Entwurfs, BT-Drucks. 13/8027, S. 2 ff.

Als Reaktion auf diese Debatte erschien am 23.2.1997 in der Süddeutschen Zeitung ein „Offener Brief an die Patienten auf den deutschen Wartelisten zur Organtransplantation“ [133]. Der Verfasser ist als Dialysepatient selbst Betroffener und u.a. Vorsitzender der Hilfsgemeinschaft der Dialysepatienten und Transplantierten, Regensburg e.V. In dem Schreiben wurde auf die Gefahren der Einführung einer gesetzlichen Regelung, die die vorherige Zustimmung des Spenders zur notwendigen Voraussetzung der Organentnahme erklärte, eindringlich hingewiesen. Darüber hinaus forderte der Verfasser dazu auf, einen Coupon an die Mitglieder des Gesundheitsausschusses des Deutschen Bundestages zu senden, in dem diese aufgefordert werden, nur eine sogenannte 'erweiterte' Zustimmungslösung zu verwirklichen, die den Angehörigen eine Möglichkeit zur Zustimmung gibt. Neben der Sorge, daß eine 'enge' Zustimmungslösung zu drastisch sinkenden Spenderorganen führen würde, begründete der Verfasser seinen Aufruf auch damit, daß ein solches Gesetz dem Selbstbestimmungsrecht deshalb nicht gerecht würde, weil viele Menschen eigentlich bereit wären, ihre Organe post mortem zu spenden, dies aber dann wegen fehlender rechtzeitiger Erklärung nicht mehr möglich wäre. Auch wenn dieses Argument aus rechtlicher Sicht nicht stichhaltig ist, der Aufruf machte deutlich, daß die Diskussion um das Transplantationsgesetz seit diesem Moment in immer stärkerem Maße auch in der Öffentlichkeit geführt wurde[134].

3. Verlauf der bisherigen Beratungen

Nach der 1. Beratung im Bundestag wurden die Entwürfe in die Ausschüsse verwiesen, wobei dem Ausschuß für Gesundheit die Federführung zugewiesen wurde[135]. In der Folge fanden mehrere Anhörungen von Sachverständigen in den Ausschüssen statt. Am 15.1.1997 führte der Rechtsausschuß eine Expertenanhörung mit sieben Sachverständigen durch. Dabei zeigte sich, daß die Mehrheit der Sachverständigen im Grundsatz die Einführung einer Widerspruchslösung ablehnten. Die Anhörung ergab weiterhin, daß das Hauptproblem mittlerweile bei der Frage der Todesfeststellung verortet wurde. In keinem Falle dürfe es dazu kommen, daß Menschen zur Organgewinnung getötet würden. Darüber hinaus sprachen sich die Experten gegen eine Pflicht

[133] SZ vom 22./23.2.1997, S. 11.

[134] So hat sich auch der Kölner Kardinal Meisner aus christlicher Sicht gegen die Anerkennung des Hirntodes ausgesprochen, vgl. FAZ vom 25.1.1997; hiergegen, auch unter Berufung auf Papst Pius XII, der die Definition des Todes als ärztliche Aufgabe angesehen hat, *Angstwurm*, Der Hirntod ist der Tod des Menschen, in: FAZ, 26.2.1997, S. N2.

[135] BT-Plenarprotokoll 13/99 vom 19.4.96, S. 8817B ff., 8853A.

des Staates aus, Organtransplantationen zu ermöglichen oder zu fördern; lediglich die gerechte Verteilung der vorhandenen Organe sei sicherzustellen[136]. In seiner Stellungnahme vom 11.6.1997 verzichtete der Rechtsausschuß auf eine Festlegung hinsichtlich der Frage, welche Voraussetzungen für eine Organentnahme vorliegen müssen[137].

Nach weiteren Expertenanhörungen und Eingang der Stellungnahmen anderer Ausschüsse sprach sich der Ausschuß für Gesundheit in seiner Beschlußempfehlung vom 11.6.1997 dafür aus, den Entwurf der Fraktion des Bündnis 90/Die Grünen abzulehnen und den Mehrheitsentwurf mit kleineren Änderungen anzunehmen[138]. Die entscheidenden Fragen nach der Entscheidungsbefugnis naher Angehöriger und der normativen Bedeutung des Hirntodes waren bis zu diesem Zeitpunkt noch ausgeklammert. Diese wurden dann mit Blick auf die 2. Beratung des Transplantationsgesetzes am 25.6.1997 in mehreren Änderungsanträgen zur Entscheidung gestellt[139]. Nach langer und engagierter Diskussion nahm der Bundestag den Änderungsantrag an, der eine sogenannte erweiterte Zustimmungslösung festschreibt[140].

Die entscheidenden Vorschriften zur Entnahme von Organen Verstorbener finden sich in den §§ 3 ff. TPG. Auch wenn die sprachliche Fassung der Vorschriften als mißlungen und camouflierend bezeichnet werden muß, sind dem Text die folgenden Eckpunkte zu entnehmen. Erstens: Das neue deutsche Transplantationsgesetz macht die Organentnahme von Verstorbenen vom Vorliegen einer Zustimmung abhängig. Vorrangig soll diese vom Organspender selbst erklärt werden. Liegt eine solche nicht vor und ist auch den nächsten Angehörigen der wahre Wille des Verstorbenen unbekannt, sind diese berufen, unter Beachtung des mutmaßlichen Willens des Verstorbenen an dessen Stelle die Zustimmung zur Organentnahme zu erklären, § 4 Abs. 1 Satz 2 TPG. Das Prinzip der ausdrücklichen Zustimmung wird jedoch an einer Stelle durchbrochen; so kann der Arzt, der die Entnahme von Organen beabsichtigt, mit dem berufenen Angehörigen schriftlich vereinbaren, daß nach Ablauf einer Bedenkzeit, dessen Zustimmung als erklärt gilt, § 4 Abs. 1 Satz 5 i.V.m. Abs. 4 Satz 3 TPG. Zweitens: Als weitere Voraussetzung fordert das neue Gesetz die Feststellung des Hirntodes, dessen Nachweisverfahren von der Bundesärztekammer unter Berücksichtigung des jeweiligen Standes der

---

[136] Vgl. den Gesetzgebungsreport in ZRP 1997, S. 87 f.

[137] BT-Drucks. 13/8017, S. 24.

[138] BT-Drucks. 13/8017, S. 6.

[139] BT-Drucks. 13/8025; BT-Drucks. 13/8026; BT-Drucks. 13/8027; BT-Drucks. 13/8030.

[140] BT-Drucks. 13/8027. In der 3. Beratung stimmten in namentlicher Abstimmung für den so ergänzten Gesetzesentwurf 449 Abgeordnete, dagegen 151 bei 29 Enthaltungen, vgl. BT-Plenarprotokoll, 183/97 vom 25.6.1997, S. 16503 ff. Das Gesetz wird am 1.12.1997 in Kraft treten.

medizinischen Wissenschaft festgelegt werden sollen, § 3 Abs. 2 Nr. 2 i.V.m. § 15 Abs. 1 Nr. 1 TPG.

In der Zwischenzeit wurde das Gesetz dem Bundesrat zugeleitet, der es durch Beschluß vom 5.9.1997 seinerseits in die Ausschüsse verwies[141] und schließlich zustimmte[142]. Damit ist der Weg frei für das erste gesamtdeutsche Transplantationsgesetz. Das Gesetz ist am 1.12.1997 in Kraft getreten[143].

4. Stellungnahme zu den diskutierten Entwürfen

Eine eingehende Würdigung der verschiedenen Denkmodelle soll an dieser Stelle noch nicht erfolgen. Diese wird im nächsten Kapitel unter Einbeziehung aller Regelungsmodelle vorgenommen. Ohne vorgreifen zu wollen, sei zur Einschätzung der Gesetzesvorschläge nur soviel angemerkt:

a) Der Mehrheitsentwurf, der auch die Angehörigen in den Entscheidungsprozeß mit einbeziehen möchte, muß sich den Vorwurf gefallen lassen, die Interessen der Organspender nicht in ausreichendem Maße zu achten. Dies vor allem dann, wenn er Elemente des Informationsmodells beinhaltet. Ob man bei einem Gesetz, welches dem Spender zwar die Möglichkeit gibt, sich selbst für oder gegen eine Organspende auszusprechen, für den Fall aber, daß keine solche Erklärung vorliegt, unter anderem auch die Möglichkeit vorsieht, die Angehörigen von der beabsichtigten Entnahme zu informieren und gegebenenfalls deren Schweigen als Eingriffsgrundlage ausreichen zu lassen, überhaupt noch von einem Zustimmungsmodell sprechen kann, erscheint so zumindest zweifelhaft. Im übrigen setzt das Gesetz lediglich die bisher in Deutschland geübte Praxis der Organtransplantation auf eine rechtliche Grundlage. Dies an sich ist ein Gewinn, die Chance jedoch einen erfolgversprechenden neuen Weg zu gehen, wurde vom Gesetzgeber nicht einmal gesehen.

b) Auch der Entwurf vom Bündnis 90/DIE GRÜNEN wies entscheidende Versäumnisse auf. Zwar wurde durch die Festschreibung des Rechtes des Einzelnen, alleinig über die Verwendung eigener Organe verfügen zu können, objektiv Freiheitsdienst geleistet und Vorsorge gegen eine Sozialisierung der Körperorgane Verstorbener getroffen. Dies vermag jedoch die katastrophalen Folgen für die Transplantationsmedizin, insbesondere für die große Zahl von Patienten auf den Wartelisten, nicht aufzuwiegen. Der Entwurf verfiel dem Glauben, einzig und allein durch Information und Aufklärung eine Steigerung

---

[141] BR-Drucks. 635/97.

[142] BR-Drucks. 635/97.

[143] BGBl. 1997 I, S. 2631 ff.

der Spenderquote erreichen zu können. Wie dies mit einem Gesetzentwurf, welcher dazu noch durch die Ablehnung des Hirntodkonzeptes für weitere Unsicherheit sorgte, hätte vermittelbar sein sollen, bleibt schleierhaft.

V. Zwischenergebnis

Bevor im anschließenden Kapitel die rechtlichen Möglichkeiten der Regelungen des Transplantationsrechts analysiert werden, seien die bisherigen Ergebnisse kurz zusammengefaßt.

1. Organtransplantationen werden in Deutschland in großer Zahl als Standardtherapie durchgeführt. Als Rechtsgrundlage werden in Ermangelung spezialgesetzlicher Regelungen die allgemeinen Regeln des Straf- und Zivilrechts angewandt. Danach sind Organentnahmen bei Hirntoten dann zulässig, wenn entweder der Spender oder nach dessen Tod die Angehörigen in den Eingriff eingewilligt haben.

2. Nach langen und zähen Diskussionen ist es im Jahre 1997 gelungen in Deutschland ein Transplantationsgesetz zu schaffen. Als wirklich großen Wurf wird man das jetzt vom Bundestag beschlossene Gesetz nicht bezeichnen dürfen. Dem Anspruch, zugleich optimalen Schutz der Grundrechte des Einzelnen zu garantieren und eine ausreichende Versorgung mit Spenderorganen sicherzustellen, wird es wohl nicht gerecht. Dies zu erreichen, wird auch in absehbarer Zukunft eine große Herausforderung darstellen.

Kapitel 5

Möglichkeiten zur rechtlichen Regelung der Organtransplantation in Deutschland

I. Einführung

Im vorausgegangenen Teil der Arbeit wurde untersucht, unter welchen rechtlichen Rahmenbedingungen Organtransplantationen im Inland und im ausgewählten Ausland vorgenommen werden. Dabei zeigt sich deutlich, daß nur drei grundlegend verschiedene Modelle der Regelung der Zulässigkeit der Organtransplantation denkbar sind. Bei allen Unterschieden ist den Modellen gemein, daß sie versuchen, die widerstreitenden Interessen des Spenders, des potentiellen Empfängers, der Angehörigen und der Gesellschaft als ganzer auszugleichen. Die Lösungsvorschläge differieren hauptsächlich im Stellenwert, den sie dem Selbstbestimmungsrecht des Spenders einräumen. In einprägsame Formeln gebracht, könnte man von der Notstandslösung als dem Modell sprechen, welches die Interessen der Gesellschaft und der potentiellen Empfänger eindeutig vor die Interessen des Spenders stellt. Diametral entgegengesetzt dazu fände sich der Ansatz der Zustimmungslösung, die, in verschiedenen Variationen[1], den Interessen des Spenders immer den Vorrang einräumt. Zwischen den beiden Extremen fände sich das Modell der Widerspruchslösung, welches zwar dem Willen des Spenders zur Geltung verhilft, aber insgeheim darauf spekuliert, daß nur wenige tatsächlich von der Möglichkeit zum Widerspruch Gebrauch machen. Jedes denkbare Regelungsmodell läßt sich als eine Variante eines der drei Grundmodelle begreifen.

Mit Blick auf die bevorstehende bundesgesetzliche Regelung der Organtransplantation in Deutschland soll in diesem Kapitel der Frage nachgegangen werden, inwieweit die verschiedenen Regelungsmodelle für dieses Land rechtlich vertretbare, ethisch haltbare und sozial verträgliche Lösungsmöglichkeiten eröffnen.

Der Schwerpunkt der Bedeutung soll dabei auf der Prüfung der Vereinbarkeit mit dem Grundgesetz gelegt werden.

---

[1] Siehe unten Kapitel 5 III., S. 133 ff.

II. Notstandslösung

Eine rechtliche Regelung der Organtransplantation auf der Basis der Notstandslösung ist auf zweierlei Art und Weise denkbar. Zum einen kommt die Anwendung des § 34 StGB in Betracht, zum anderen bestünde die Möglichkeit, eine eigenständige gesetzliche Grundlage zu schaffen.

1. Transplantationsgesetz auf der Basis der Notstandslösung

Der Grundgedanke der Notstandslösung liegt darin, daß eine Entnahme von Organen eines Verstorbenen immer dann zulässig sein soll, wenn damit die Hoffnung verbunden werden kann, daß durch die Entnahme und Übertragung das Leben eines anderen Menschen gerettet oder zumindest dessen Gesundheit in großem Maße verbessert werden kann. In Österreich beinhaltet § 62a Abs. 1 Satz 1 KAG eine derartige Regelung, die jedoch im darauffolgenden Satz bereits wieder eine Einschränkung erfährt. In der kanadischen Provinz Québec hingegen hat die Notstandslösung als Art. 44 Abs. 1 CcQ Aufnahme in das Zivilgesetzbuch gefunden. Wie wäre nun ein Bundesgesetz gleichen Gehalts zu beurteilen? Welche Grundrechte welcher Grundrechtsträger wären tangiert und gegebenenfalls verletzt?

a) Verfassungsrechtliche Bedenken unter dem Aspekt des Art. 2 Abs. 2 Satz 1 GG

In Betracht kommt dabei zunächst eine Verletzung des Rechts auf Leben und körperliche Unversehrtheit gemäß Art. 2 Abs. 2 Satz 1 GG. Nach einhelliger Auffassung endet jedoch der Schutz des Art. 2 Abs. 2 Satz 1 GG mit dem Tode des Grundrechtsträgers[2]. Der Schutzbereich dieses Grundrechtes wäre folglich nur eröffnet, wenn der Spender bei Entnahme noch lebte. Das ist der Grund, warum der Todesbestimmung und -feststellung gerade in diesem Zusammenhang eine entscheidende Bedeutung zukommt. Die herrschende Meinung nimmt diesen Zeitpunkt als erreicht an, wenn alle bioelektrischen Hirnströme nach Aussage eines Elektroencephalogramms (EEG) bei einem Menschen erloschen sind, d.h. mit Eintreten des Gesamthirn-

---

[2] *Maurer*, Die medizinische Organtransplantation in verfassungsrechtlicher Sicht, Bemerkungen zum Entwurf eines Transplantationsgesetzes, in: DÖV 1980, S. 7 ff, 10; *Kunig*, in: von Münch/Kunig, Hrsg., Grundgesetzkommentar, 4. Aufl., Band 1, München 1992, Art. 2 Rd. 46; *Murswiek*, in: Sachs, Hrsg., Grundgesetz, Kommentar, München, 1996, Art. 2 Rd. 142.

todes[3]. Dennoch bleiben Zweifel an dieser Auffassung angebracht. Dem medizinischen Laien, und damit auch dem Juristen, ist, wenn überhaupt, nur sehr schwer vermittelbar, daß tote Schwangere weiter ihr Kind austragen können, um nur einen (zugegebenermaßen krassen) Fall anzusprechen. Vielmehr scheint der Hirntod sich als der 'Point of no return' darzustellen, der Zeitpunkt, an dem die Gesamtheit Mensch eine derartig gravierende Störung erfahren hat, daß von diesem Zeitpunkt ab keine Heilung oder Besserung des Zustandes mehr erreicht werden kann und der baldige Tod absehbar ist. Wenn Laufs den Hirntod als den Zeitpunkt beschreibt, an dem dem Arzt weder das Recht noch die Pflicht zukommt, den sterbenden Menschen weiter zu behandeln[4], dann definiert er damit nicht den Tod des Menschen, sondern impliziert an dieser Stelle, daß Hirntote gerade keine Toten, sondern Sterbende seien, Sterbende, denen die Medizin nicht mehr helfen kann und für die der baldige Tod die einzig noch verbleibende Entwicklung darstellt[5]. Nach dieser Auffassung wäre der Schutzbereich des Art. 2 Abs. 2 Satz 1 GG eröffnet. Hirntote sind danach zwar Sterbende, aber als noch Lebende fallen sie bis zu ihrem endgültigen Tode unter den Schutz des Grundgesetzes. Zwar steht Art. 2 Abs. 2 Satz 1 GG unter einem einfachen Gesetzesvorbehalt[6] nach Art. 2 Abs. 2 Satz 3 GG, die Rechtfertigung eines Eingriffs auf Grund eines Gesetzes unterliegt jedoch den Anforderung des Verhältnismäßigkeitsprinzips. Danach muß zunächst mit jedem Eingriff ein Gemeinwohlziel verfolgt werden, welches vom Grundgesetz nicht verboten ist. Bei der Organisation und Regelung der Organtransplantation zu Heilzwecken wird davon zweifellos auszugehen sein, wie sich bereits aus der Zuweisung dieses Regelungsfeldes in den Bereich der konkurrierenden Gesetzgebung gemäß Art. 74 Abs. 1 Nr. 26 GG ergibt.

Weiterhin muß das gewählte Mittel geeignet und erforderlich sein. Geht man davon aus, daß der Eingriff dem Ziel dienen soll, eine möglichst optimale Versorgung der Bevölkerung mit Spendeorganen sicherzustellen und damit den einzelnen Kranken einen verfrühten Tod oder ein langes und oft schweres Leiden zu ersparen, entspräche eine Regelung auf der Basis der Notstandslösung den Anforderungen der Geeignetheit des Mittels. Das Gesetz stellte eine

---

[3] *Murswiek*, in: Sachs, Hrsg., Grundgesetz, Kommentar, München, 1996, Art. 2 Rd. 142.

[4] *Laufs*, Fortpflanzungsmedizin und Arztrecht, Berlin, 1992, S. 45.

[5] Vgl. *Höfling*, Hirntodkonzeption und Transplantationsgesetzgebung, in: MedR 1996, S. 6 ff, 8.

[6] Der neueste Gesetzentwurf zum Transplantationsgesetz läßt in § 5 Abs. 1 noch den „endgültigen, nicht behebbaren Ausfall der gesamten Hirnfunktion" als Voraussetzung für die Entnahme genügen, vgl. Gesetzentwurf der Fraktionen der CDU/CSU, SPD und FDP, BT-Drucks. 13/4355. In der ersten Lesung des Gesetzes war aber gerade dieser Punkt Gegenstand heftigster Kritik.

umfassende Versorgung der Bevölkerung mit Spendeorganen sicher. Allen mit der Organverpflanzung befaßten Kreisen würde damit die Sicherheit gegeben, ohne jegliches rechtliches Haftungsrisiko Organe eines Hirntoten, die sich für eine Übertragung eignen würden, zu entnehmen und zu übertragen.

Besonderer Beachtung bedarf im weiteren jedoch die Frage der Erforderlichkeit der Maßnahme. Nur um zu rekapitulieren und die Bedeutung zu unterstreichen: Es geht, solange nicht eindeutige Klarheit darüber herrscht, ob der Mensch, dessen Hirnfunktionen endgültig und vollständig ausgefallen sind, als Toter nicht mehr dem Schutzbereich des Art. 2 Abs. 2 Satz 1 GG unterfällt, um einen Eingriff in das Leben des Spenders. Dem menschliche Leben kommt in der verfassungsmäßigen Ordnung der Bundesrepublik Deutschland ein Höchstwert zu[7]. Gegen Vernichtung ist es umfassend geschützt[8], so daß gerade an Eingriffe in Art. 2 Abs. 2 Satz 1 GG unter Verhältnismäßigkeitsgesichtspunkten allerhöchste Anforderungen zu stellen sind. Eine Organentnahme unter Notstandsgesichtspunkten könnte nur dann als erforderlich hingenommen werden, wenn sich kein milderes Mittel denken läßt, welches im gleichen Maße für die Zielrealisierung Gewähr bietet. Ob sich jedoch ein solches milderes Mittel denken läßt, darf bezweifelt werden. Nur diejenige Regelung, die die Zulässigkeit der Entnahme jedes transplantierbaren Organs bejaht, kann das Optimum für die medizinische Versorgung der Bevölkerung mit transplantierbaren Organen garantieren. Nur mittels einer Notstandsregelung kann sichergestellt werden, daß in diesem Sinne kein Organ 'verloren geht'. Jede andere Form müßte sich den Vorwurf der Suboptimalität gefallen lassen. Die heutige Praxis in den Krankenhäusern zeigt, daß nur wenige Menschen, die als Organspender in Betracht kommen, zu Lebzeiten eine bewußte Entscheidung für die Organspende getroffen haben[9]. Bei kaum einem der Patienten wird ein Organspenderausweis gefunden. Die Bitten der Ärzte um Zustimmung zur Entnahme stoßen bei den trauernden Angehörigen gleichfalls nicht immer auf offene Ohren[10], auch wenn für viele gerade durch die Organspende der meist überraschende und

---

[7] BVerfGE 49, 24 ff, 53.

[8] *Kunig*, in: von Münch/Kunig, Hrsg., Grundgesetz, Kommentar, München, 1992, Art. 2 Rdnr. 44.

[9] Nur ein geringer Teil der Bevölkerung habt jemals im Leben einen Organspendesausweis des Arbeitskreises Organspende ausgefüllt. Die genauen Zahlenangaben schwanken, liegen aber im Bereich von 5 bis 15%, vgl. *Höfling/Rixen*, Verfassungsfragen der Transplantationsmedizin, Tübingen, 1996, S. 19 m.w.Nachw. Entsprechend niedrig ist der Anteil der stationär aufgenommenen potentiellen Spendern, bei denen eine solche Erklärung gefunden wird.

[10] Die Quote der Zustimmung erreicht derzeit in Deutschland durchschnittlich etwa 70%. Sie ist jedoch großen, tagespolitisch bedingten, Schwankungen unterworfen, vgl. *Höfling/Rixen*, Verfassungsfragen der Transplantationsmedizin, Tübingen, 1996, S. 19 f., Fußnote 58.

viel zu frühe Tod des Angehörigen wenigstens zum Teil einen tröstenden Sinn zu bekommen vermag[11]. Selbst die Umsetzung eines Widerspruchsmodells garantierte nicht die gleiche Spendequote wie die Notstandslösung. Ein gewisser Teil der Bevölkerung wird vom Widerspruchsrecht Gebrauch machen.

Obgleich aus der Sicht der potentiellen Organempfänger sicherlich die Ideallösung, ist die auf dem Gedanken des Notstandes aufgebaute Regelung der Organtransplantation dennoch nicht mit dem Grundgesetz vereinbar, da die Intensität des Eingriffs in keinem vernünftigen Verhältnis zum erstrebten Gemeinwohlzweck steht. Zu diesem Ergebnis führt die Prüfung der Verhältnismäßigkeit im engeren Sinne, da hier das eingesetzte Mittel im krassen Mißverhältnis zum erstrebten Zweck steht. Über die Frage, ob der Volksgesundheit, die durch eine freizügige Zulässigkeit der Organentnahme bei Sterbenden gefördert werden soll, eine verfassungsrechtlich annerkannte Gemeinwohlrelevanz zukommt, besteht zwar Einigkeit[12]. Dafür, daß auch die Organtransplantation im öffentlichen Interesse liegt, spricht darüberhinaus bereits ihre Aufnahme in den Katalog des Art. 74 Abs. 1 GG[13]. Dennoch ist der Gesetzgeber bei der Verfolgung eines im öffentlichen Interesse liegenden Zweckes in der Wahl der Mittel beschränkt. Nicht mehr mit dem Grundgesetz vereinbar ist eine gesetzliche Regelung der Transplantation dann, wenn sie darauf hinausläuft, daß der Gesetzgeber eine bindende Abwägung von Leben gegen Leben trifft, nach der das Leben eines totkranken potentiellen Spenders dem zu rettenden Leben des Empfängers geopfert würde. Jedes menschliche Leben genießt im Grundrechtssystem des Grundgesetzes den gleichen Schutz gegen Eingriffe und darf daher nicht in einer abstrakt generellen Regelung gegen anderes Leben abgewogen werden. Auch unter dem Aspekt der Zumutbarkeit des Eingriffs für den Rechtsgutsträger, einen Aspekt den das BVerfG im Rahmen der Proportionalität einer Maßnahme in jüngerer Zeit häufiger bemüht[14], ist die Verfassungsmäßigkeit eines derartigen Gesetzes zu

---

[11] *Nagel/Schmidt*, Transplantation, Berlin, Heidelberg, 1996, S. 30 f.

[12] Vgl. *Schwerdtfeger*, Öffentliches Recht in der Fallbearbeitung, 7. Aufl., München, 1983, Rdnr. 560.

[13] Einige Autoren sprechen von einem Verfassungsrecht auf Gesundheit, vgl. *Seewald*, Verfassungsrecht auf Gesundheit, 1981; *ders.*, Gesundheit als Grundrecht - Grundrechte als Grundlagen von Ansprüchen auf gesundheitsschützende staatliche Leistungen, 1982; *Jaeger*, Überlegungen zur Kodifikation eines Grundrechts auf Gesundheit, in: Böckenförde/Jekewitz/Ramm, Hrsg., Soziale Grundrechte, Heidelberg u.a., 1981, S. 91 ff.; *Suhr*, Überlegungen zur Kodifikation eines Grundrechts auf Gesundheit, in: Böckenförde/Jekewitz/Ramm, Hrsg., Soziale Grundrechte, Heidelberg u.a., 1981, S. 111 ff.

[14] Vgl. BVerfGE 13, S. 97 ff., 113; 30, 292 ff., 316 sowie *Lücke*, Die Grundsätze der Verhältnismäßigkeit und der Zumutbarkeit, in: DÖV 1974, S. 769 ff. m. w. Nachw. Kritisch zur Zumutbarkeit als Abwägungskriterium im Rahmen der

verneinen. Ein Eingriff in das Leben eines Menschen stellt sich als so schwerwiegend dar, daß er dem Grundrechtsträger unter keinen Umständen zugemutet werden kann. In einem Gemeinwesen, welches sich dem Schutz und Respekt der Menschenrechte verschrieben hat, braucht niemand, auch kein Moribunder, die eigene Tötung zu dulden, um die Lebenschancen eines anderen Gesellschaftsvertragspartners zu erhöhen. Die „Grenze der Zumutbarkeit" ist an diesem Punkte eindeutig überschritten, so daß sich zusammenfassend feststellen lassen kann, daß eine gesetzliche Regelung der Organtransplantation basierend auf dem Notstandsgedanken zumindest wegen Verstoßes gegen Art. 2 Abs. 2 S. 1 GG verfassungswidrig wäre.

b) Menschenwürdegesichtspunkte

Auch unter dem Aspekt der Verletzung der Menschenwürde läßt sich die Verfassungsmäßigkeit einer gesetzlichen Regelung der Organtransplantation auf der Basis der Notstandslösung in Zweifel ziehen. Wohl läßt sich zur Frage, wann in concreto eine Verletzung der Menschenwürde vorliege, bisher nur auf phrasenhafte Leerformeln zurückgreifen[15], die ihrerseits aber dennoch die Richtung anzugeben imstande sind. So wird ein Verstoß gegen die Menschenwürde dann anzunehmen sein, wenn, wie bei der Notstandslösung, der betroffene Mensch und Spender vom Gesetz lediglich als „Organspender"[16] angesehen wird, dessen Leben zur völligen Disposition gestellt wird. Eine derartige Regelung läßt vom betroffenen Menschen als eigenständigem, selbstbestimmtem Individuum nichts übrig. Der Spender wird hier auf menschenwürde- und damit verfassungswidrige Art und Weise zum Objekt der Gesellschaft und ihrer Bedürfnisse degradiert. Schon aus diesem Grund verstieße ein solches Gesetz gegen Art. 1 Abs. 1 Satz 1 GG und wäre danach als verfassungswidrig anzusehen[17].

c) Art. 4 Abs. 1 GG Glaubens- und Religionsfreiheit

Weitergehend muß der Frage nachgegangen werden, ob ein Transplantationsgesetz auf der Basis der Notstandslösung auch unter dem Gesichtspunkt

---

Proportionalität einer Maßnahme *Gusseck*, Die Zumutbarkeit - ein Beurteilungsmaßstab?, Berlin, 1972.

15 Selbst das BVerfG ist der Auffassung, daß die Frage der Verletzung der Menschenwürde immer eine Einzelfallfrage bleiben wird, vgl. BVerfGE 30, 1 ff, 25 f.

16 Man denke in diesem Zusammenhang an das Bild eines Handtuchspenders, Zahncrèmespenders, o.ä.

17 Auf eine Verletzung des Selbstbestimmungsrechtes des Spenders wird an anderer Stelle einzugehen sein, siehe unten S. 116 ff.

der Glaubens- und Gewissensfreiheit mit dem Grundgesetz zu vereinbaren wäre. Allein mit der Begründung, die großen christlichen Konfessionen in Deutschland hätten durch ihre Erklärung aus dem Jahre 1990[18] worin die Organspende als Akt christlicher Nächstenlieben gutgeheißen wird, jeglichem Einwand unter dem Gesichtspunkt des Art. 4 GG die Wirksamkeit genommen, ist die Prüfung bei weitem noch nicht zu Ende. Das Grundrecht der Glaubens- und Gewissensfreiheit schützt den einzelnen vor Eingriffen in seine Freiheiten auch dann, wenn sich seine subjektive Vorstellungen und Glaubenssätze nicht mit denen der Lehrmeinung der jeweiligen Konfession decken[19], so daß auch einem Kirchenmitglied die Auffassung seiner Gemeinschaft nicht entgegengehalten werden kann[20]. Zum anderen ist die Glaubens- und Gewissensfreiheit ein Menschenrecht, welches allen Menschen zukommt ohne Differenzierung nach ihrer religiösen Überzeugung. So gibt es beispielsweise Religionen, für die die Unversehrtheit des Leichnams eine wichtige Voraussetzung für ein etwaig zu erlangendes Leben nach dem Tode von großer Bedeutung ist[21].

Da ein Transplantationsgesetz auf der Notstandsbasis jegliche religiöse Überzeugung eines potentiellen Spenders unberücksichtigt überginge, wird dadurch der Schutzbereich des Art. 4 GG fraglos eröffnet. Vor dem Hintergrund des Stellenwertes, den der Verfassungsgeber der Glaubens- und Gewissensfreiheit bei der Schaffung des Grundgesetzes zukommen lassen wollte[22], ist nach herrschender Meinung eine Beschränkung dieses Grundrechtes nur unter ganz engen Voraussetzungen möglich. Eine Ansicht versucht Eingriffe dann zu rechtfertigen, wenn sie der Sicherstellung der staatsbürgerlichen Pflichten des Einzelnen dienen und geht dazu den Weg über Art. 140 GG iVm Art. 136 Abs. 1 WRV. Das Bundesverfassungsgericht hat jedoch ausgeführt, daß gerade der hohe Schutzwert der Glaubens- und Gewissensfreiheit dazu führt, daß Art. 136 Abs. 1 WRV durch Art. 4 GG überlagert werde mit der Folge, daß diese Bestimmung für die Beschränkung der Religionsfreiheit prakisch bedeutunglos werde[23]. Im Übrigen wäre dieser Weg auch wenig erfolgversprechend, da eine Pflicht des Staatsbürgers, seine

---

[18] Vgl. Organtransplantation. Erklärung der Deutschen Bischofskonferenz und des Rates der Evangelischen Kirchen in Deutschland, Bonn, Hannover, 1990.

[19] *Maurer*, Die medizinische Organtransplantation in verfassungsrechtlicher Sicht, in: DÖV 1980, S. 7 ff., 13.

[20] *Kloth*, Rechtsprobleme der Todesbestimmung und der Organentnahme von Verstorbenen, Diss jur FU Berlin, 1994, S. 125.

[21] Dies ist insbesondere von großer Wichtigkeit für das Judentum und den Shintoismus. Selbst für das Christentum wird, als Mindermeinung, noch die Auffassung vertreten, die Auferstehungsbotschaft umfasse auch den ganzen Leib, vgl. *Jörns*, Gibt es ein Recht auf Organtransplantation, Göttingen, 1993, S. 19 ff.

[22] Vgl. hierzu *Kokott*, in: Sachs, Hrsg., Grundgesetz, Kommentar, München, 1996, Art. 4 Rdnr. 3 ff.

[23] BVerfGE 33, 23 ff., 30.

Organe der Gemeinschaft nach dem Tode zur Verfügung zu stellen verfassungsrechtlich nicht begründbar wäre[24]. Auch der andere Weg der Beschränkung der Religionsfreiheit über die analoge Anwendung der Schrankentrias des Art. 2 Abs. 1 GG auf alle schrankenlos gewährten Grundrechte - und damit auch auf Art. 4 GG - findet in der Rechtsprechung des BVerfG keine Zustimmung. Lediglich das Sittengesetz wird gelegentlich als Schranke für zulässig erachtet[25]. Von grundrechtsdogmatischem Standpunkt aus betrachtet, sollte jedoch eine Beschränkung unter diesem Gesichtspunkt nicht in Betracht kommen. Das Sittengesetz gilt gemeinhin als der am weitestgehende Gesetzesvorbehalt[26] überhaupt, da sich seine Grenzen genauer Bestimmbarkeit entziehen. Erlaubte man Eingriffe unter diesem Gesichtspunkt, würde der effektive Schutz der Glaubens- und Gewissensfreiheit grundsätzlich in Frage gestellt und jede Form ihrer Beschränkung legitimiert[27]. Die Schranken des Art. 4 GG werden folglich allein durch kollidierendes Verfassungsrecht bestimmt. Dies geschieht dergestalt, daß zwischen der Glaubens- und Gewissensfreiheit einerseits und dem kollidierenden Verfassungsrechtsgut andererseits eine Abwägung vorzunehmen ist. Schwierig zu bestimmen ist in diesem Zusammenhang ein möglicherweise kollidierendes Rechtsgut von Verfassungsrang. Hierbei ließe sich z.B. an die 'Volksgesundheit' denken, die jedoch als solche nicht ausdrücklich im Grundgesetz genannt ist, ihre Einordnung als Verfassungsrechsgut mithin zweifelhaft erscheint. Das Grundgesetz erwähnt Gesundheit im allgemeinen nur im Katalog der konkurrierenden Gesetzgebungskompetenz, Art. 74 Abs. 1 Nr. 19 GG. Im Zusammenhang mit Organtransplantationen wären vor allem Maßnahmen zur Bekämpfung von gemeingefährlichen Krankheiten angesprochen. Hinzukommt seit jüngster Zeit[28] die ausdrückliche Nennung der „Regelungen zur Transplantation von Organen und Geweben" in Art. 74 Abs. 1 Nr. 26 GG. Selbst in der Zusammenschau bilden diese beiden Bestimmungen eine schwache Basis zur Beschränkung eines sonst schrankenlos gewährten Grundrechtes[29]. Teilweise wird in vergleichbaren Fällen, wie z.B. dem

---

[24] Siehe oben die Ausführungen zu Art. 2 II GG, S. 99 ff.

[25] BVerfGE 12, 1 ff., 4; 24, 236 ff., 246.

[26] *Kokott*, in: Sachs, Hrsg., Grundgesetz, Kommentar, München, 1996, Art. 4 Rdnr. 86.

[27] *Kokott*, in: Sachs, Hrsg., Grundgesetz, Kommentar, München, 1996, Art. 4 Rdnr. 86.

[28] 42. Gesetz zur Änderung des Grundgesetzes vom 27.10.1994, BGBl. I, S. 3146 ff.

[29] Zur Tendenz des BVerfG, aus den Kompetenznormen Grundrechtsschranken abzuleiten vgl. *Alexy*, Theorie der Grundrechte, 2. Aufl., Frankfurt a. M., 1994, S. 262 f. Vgl. auch BVerfGE 28, S. 243 ff., 261: „Nur kollidierende Grundrechte Dritter und andere mit Verfassungsrang ausgestattete Rechtswerte sind mit Rücksicht auf die Einheit der Verfassung und die von ihr geschützte gesamte Wertordnung

Tierschutz, versucht, diese Schwäche dadurch zu beseitigen, daß in jenem Rechtsgut ein Element der zugrundeliegenden Menschenwürde verortet wird[30]. Auch für den Bereich der Volksgesundheit läßt sich der Bezug zur Menschenwürde herstellen. Allerdings sprechen überzeugende Gründe gegen eine solche Ausdehnung der Grundrechtsbeschränkung. Zuvorderst ist hier zu nennen, daß auf diese Art und Weise die Menschenwürdegarantie herangezogen wird, um Grundrechte zu beschränken und dem Einzelnen Pflichten aufzuerlegen, anstatt den Grundrechtsschutz zu optimieren[31]. Solches Vorgehen ist grundsätzlich zweifelhaft und sollte nur Ausnahmefällen vorbehalten bleiben. Weiterhin bedenklich stimmt die fehlende Konturschärfe des Menschenwürdebegriffes überhaupt[32]. Im Ergebnis gelangte man so zu einer uferlosen Ausdehnung der Schranken für an sich schrankenlos garantierte Grundrechte. Folglich kann in der 'Volksgesundheit' kein Verfassungsgut gesehen werden, welches den Schutz der Glaubens- und Gewissensfreiheit zu beschränken geeignet ist.

Anders gelagert sind hingegen die Fälle, wenn das Grundrecht auf Leben und Gesundheit mit der Religionsfreiheit kollidiert. Mit Blick auf Organübertragungen ist dies dann denkbar, wenn bei der Entnahme mit hinreichender Sicherheit ein Empfänger bestimmbar ist, dessen Leben durch die Transplantation gerettet oder dessen Gesundheit hierdurch entscheidend verbessert werden kann. In diesem Fall kann von einer Kollision verschiedener Verfassungsgüter gesprochen werden, so daß an dieser Stelle im Wege der Abwägung zu entscheiden ist, welchem Rechtsgut in der konkreten Situation der Vorrang zukommt. Anders als in den Fällen, in denen an ein durch eine bestimmte Glaubenshaltung motiviertes Verhalten eine staatliche Sanktion geknüpft wird[33], ginge es im Zusammenhang mit Organverpflanzungen darum, einer bestimmten religiös motivierten Einstellung immer dann die

---

ausnahmsweise imstande, auch uneinschränkbare Grundrechte in einzelnen Beziehungen zu begrenzen".

30 *Doehring*, Forschungsfreiheit und Tierversuche. Verfassungsrechtliche Beurteilung, in: Hardegg/Preiser, Hrsg., Forschungsfreiheit und medizinische Ethik, Hildesheim, 1986, S. 137 ff., 139 ff., *Kokott*, Beweislastverteilung und Prognoseentscheidung bei der Inanspruchnahme von Grund- und Menschenrechten, 1993, S. 266 ff. m.w.Nachw.

31 *Kokott*, in: Sachs, Hrsg., Grundgesetz, Kommentar, München, 1996, Art. 4 Rdnr. 93.

32 *Kunig*, in: von Münch/Kunig, Grundgesetzkommentar, 4. Aufl., München, 1992, Art. 1 Rdnr. 18.

33 Vgl. hierzu BVerfGE 32, S. 98 ff., 108. In diesem Fall hatte ein Ehemann es aufgrund seiner religiösen Überzeugungen unterlassen, seine Ehefrau zu überreden, sich in einer lebensbedrohenden Krankheitssituation in einer Klinik behandeln zu lassen und wurde in der Folge wegen unterlassener Hilfeleistung verurteilt. Das BVerfG hob auf eine Verfassungsbeschwerde hin das letztinstanzliche Urteil wegen Verstoßes gegen die Glaubens- und Gewissensfreiheit auf.

Bedeutung und Wirkung abzusprechen, wenn das Leben eines anderen Menschen dem entgegensteht. Selbst wenn man in dieser Kollisionslage dem Lebensschutz den Vorrang einräumte, was gerade mit Blick darauf, daß die Glaubens- und Gewissensfreiheit auf die Würde des Menschen Bezug nimmt, zweifelhaft ist, muß in der Gesamtschau das Ergebnis zugunsten der Glaubens- und Gewissensfreiheit ausfallen. Dies folgt zwingend aus der Wesensgehaltsgarantie i.S.v. Art. 19 Abs. 2 GG, da bei der Organentnahme der essentielle Kernbereich der Glaubens- und Gewissensfreiheit betroffen ist. Der von BVerfG und herrschender Meinung übereinstimmend vertretene weite Religionsbegriff erachtet vor allem den transzendenten Bezug als entscheidendes Kriterium[34]. Dieser Bezug ist immer dann gegeben, wenn Fragen der menschlichen Bestimmung und der jenseitigen Existenz aufgeworfen werden. Dieses Kriterium ist daher erfüllt, wenn es sich um die Unversehrtheit des Leichnams handelt und der Glaube diese Unversehrtheit zur Voraussetzung für den Zugang zu einer postmortalen Existenz macht. Im Ergebnis wäre somit ein Transplantationsgesetz auf der Basis der Notstandslösung wegen Verstoßes gegen die Glaubens- und Gewissensfreiheit verfassungswidrig und damit nichtig. Diese Folge ließe sich nur durch eine Klausel verhindern, die dem einzelnen aufgrund seiner religösen Überzeugungen eine Möglichkeit gibt, die Entnahme zu verhindern. Dies jedoch stände systematisch im Widerspruch zum Notstandsgedanken.

Die Überlegungen zu einem de-lege-ferenda-Transplantationsgesetz unter Zugrundelegung des Notstandsgedanken zeigen, daß ein derartiges Gesetz nach der derzeitigen Verfassungslage im Geltungsbereich des Grundgesetzes verfassungswidrig wäre. Als Regelungsmodell kann diese Lösung daher nicht herangezogen werden.

2. Rechtfertigender Notstand

Eine spezialgesetzliche Regelung der Organtransplantation auf der Basis der Notstandslösung wäre, wie oben gezeigt, nicht mit dem Grundgesetz vereinbar. Es läßt sich jedoch der Frage nachgehen, ob überhaupt in diesem Zusammenhang ein Tätigwerden des Gesetzgebers von Nöten ist, oder ob nicht bereits durch Anwendung der Notstandsregeln des Strafgesetzbuches zum gleichen Ergebnis gelangt werden kann. Schließlich stellt sich jede Entnahme eines Organs bei einem Menschen, je nach vertretener Auffassung zur Aussagekraft des Hirntodes, entweder als Tötungshandlung, Körperverlet-

[34] *v. Campenhausen*, in: Isensee/Kirchof, Handbuch des Staatsrechts der Bundesrepublik Deutschland, Heidelberg, 1989, Band VI, § 136 Rdnr. 69; *Kokott*, in: Sachs, Hrsg., Grundgesetz, Kommentar, München, 1996, Art. 4 Rdnr. 17.

zungshandlung oder aber als Störung der Totenruhe dar. Folglich muß, das Vorliegen der Tatbestandsmerkmale unterstellt, der Frage nachgegangen werden, ob das Handeln der entnehmenden Ärzte von der Rechtsordnung gebilligt wird. Vorrangig ist daher, die Fälle des Vorliegens einer Einwilligung ausschließend, die Handlung an § 34 StGB zu messen.

Nach § 34 StGB sieht die Rechtsordnung eine tatbestandsmäßige Handlung dann als rechtmäßig an, wenn die Tat den einzigen Weg zur Abwendung einer gegenwärtigen Gefahr für u.a. Leib und Leben des Täters oder eines Dritten darstellte. Darüber hinaus muß das Rechtsgut, welches durch die Tat beschützt werden soll, das beeinträchtigte wesentlich überwiegen. § 34 Satz 2 StGB fordert weitergehend, daß sich die Tat als angemessenes Mittel zur Gefahrenabwehr gestaltet.

a) Tatbestandsmäßigkeit der Organentnahme beim Verstorbenen

Vorab muß jedoch geklärt werden, welche Straftatbestände überhaupt durch das Entnehmen eines Leichenorganes zum Zwecke der Transplantation erfüllt sein könnten. In Betracht, und damit im Anschluß zur Prüfung, kommen sowohl der Tatbestand der Störung der Totenruhe wie auch der der Unterschlagung.

aa) Störung der Totenruhe, § 168 StGB

Die Frage, ob eine Entnahme eines Leichenorganes ohne Zustimmung des Verstorbenen bzw. seiner Angehörigen den Tatbestand des § 168 Abs. 1 StGB erfüllt, wird von Rechtsprechung und Literatur nicht einheitlich beantwortet. Nach neuerer Rechtsprechung liegt darin keine tatbestandliche Störung der Totenruhe in der Tatalternative der Wegnahme einer Leiche bzw. eines Teiles davon[35]. Diese scheitere am Merkmal „unbefugt aus dem Gewahrsam des Berechtigten", da, bei im hier relevanten Fall des Versterbens im Krankenhaus, eben dieses den Gewahrsam an der Leiche des Verstorbenen innehabe[36]. Anders als bei den Vermögensdelikten sei hier Gewahrsam als ein besonderes Obhutsverhältnis zu sehen. Berechtigte seien zwar die jeweiligen totensorgeberechtigten Angehörigen des Verstorbenen. Dennoch fehle es bei ihnen jedenfalls in den Fällen, in denen der Patient im Krankenhaus verstirbt, am Gewahrsam. Dieser werde de facto vom Krankenhaus ausgeübt und den

---

[35] Um diese Lücke zu schließen schlägt *Stellpflug*, Der strafrechtliche Schutz des menschlichen Leichnams, Frankfurt u.a., 1996, S. 158 vor, den Tatbestand des § 168 StGB um eine Mißbrauchsvariante zu erweitern.

[36] Pfälzisches OLG Zweibrücken, JR 1992, S. 212 f. mit Anmerkung *Laubenthal*.

Totensorgeberechtigten stehe in dieser Zeit nur ein Anspruch auf Einräumung des Gewahrsams zu. Zum Gewahrsam i.S.v. § 168 Abs. 1 1. Alt. StGB bedürfe es einer „faktischen Komponente“, die entweder in der Herausgabe der Leiche an die Angehörigen zu sehen sei[37] oder bereits in der Mitteilung des Arztes liegen soll, der Tote könne jetzt zum Zwecke der Bestattung abgeholt werden[38]. Diese Ansicht gelangt konsequenterweise zu dem Ergebnis, daß eine postmortale Organentnahme nicht in den Anwendungsbereich des § 168 StGB fallen kann[39]. Dies sei zwar bedauerlich, der Gesetzgeber habe diese Problematik jedoch bei der Neufassung der Bestimmung im Jahre 1987[40] gesehen und ausdrücklich nicht geregelt, so daß eine Ausdehnung der Strafbarkeit auf diesen Problemkreis wegen Verstoßes gegen das Analogieverbot verfassungswidrig wäre[41]. Diese Ansicht ist sehr umstritten, und es sei die Frage erlaubt, ob hier das ‘Totschlagargument’ vom Analogieverbot angebracht ist oder ob es sich nicht vielmehr um eine simple Auslegungsfrage handelt. Allgemeine Überzeugung scheint dahingehend zu bestehen, daß Gewahrsam im Rahmen von § 168 StGB gerade nicht eine tatsächliche Sachherrschaft wie im Bereich der §§ 242, 246 StGB erfordert. Überzeugender erscheint der Ansatz, daß sich der Verstorbene in der Obhut der Totensorgeberechtigten befindet und daß das Krankenhaus diese nur für die Berechtigten ausübt. Die tatsächliche Ausübung erfolgt dann ausschließlich im Interesse der Berechtigten[42], so daß der Arzt, der, autorisiert durch den Krankenhausträger aber ohne Zustimmung des Verstorbenen oder Einwilligung der Totensorgeberechtigten ein Organ entfernt, dieses Organ aus dem Gewahrsam der Berechtigten wegnimmt. Für diese Ansicht spricht vor allem der Schutzzweck des § 168 StGB[43], der neben dem allgemeinen Pietätsempfinden[44] vor allem das Pietätsempfinden

---

[37] Vgl. OLG München NJW 1976, 1805; OLG Stuttgart, Die Justiz 1977, S. 313, *Roxin*, Zur Tatbestandsmäßigkeit und Rechtswidrigkeit der Entfernung von Leichenteilen (§168), insbesondere zum rechtfertigenden strafrechtlichen Notstand (§ 34 StGB) - OLG Frankfurt, NJW 1975, 271, in: JuS 1976, S. 505 ff., 506 f.

[38] *Schönke/Schröder/Lenckner*, StGB, 25. Aufl., München, 1997, § 168 Rdnr. 6.

[39] Zumindest in den Fällen, in denen der entnehmende Arzt selbst Inhaber des Alleingewahrsams am Leichnam ist oder im Einvernehmen mit der den Alleingewahrsam ausübenden Klinikleitung handelt, vgl. *Lackner*, Strafgesetzbuch, 22. Aufl., München, 1997, § 168 Rdnr. 4.

[40] 24. Strafrechtsänderungsgesetz vom 13.1.1987, BGBl. I, 1987, S. 141.

[41] Vgl. *Tröndle*, StGB, 48. Aufl., München, 1997, § 168 Rdnr. 3 m. w. Nachw.; *Schönke/Schröder/Lenckner*, StGB, 25. Aufl., München, 1997, § 168 Rdnr. 1.

[42] Vgl. *Tröndle*, StGB, 48. Aufl., München, 1997, § 168 Rdnr. 3.

[43] Zum Schutzgut des § 168 StGB vgl. umfassend *Steffen*, Zur Strafbarkeit der klinischen Sektion gemäß § 168 StGB, Sinzheim, 1996, S. 69 ff.

[44] *Tröndle*, StGB, 48. Aufl., München, 1997, § 168 Rdnr. 1. *Rüping*, Der Schutz der Pietät, in: GA 1977, S. 299ff., 302 stellt dabei nicht unmittelbar auf die Gefühle der Pietät ab, sondern auf die kulturelle Basis, das Brauchtum im Totenkult, ab.

der Angehörigen des Verstorbenen[45] schützen soll. Nur eine solche Auslegung stellt sicher, daß gerade das Pietätsempfinden der Angehörigen nicht durch eigenmächtiges Handeln der behandelnden Ärzte verletzt wird. Letztere Ansicht verdient meines Erachtens der Vorzug, so daß die Entnahme eines Leichenorganes tatbestandlich eine Störung der Totenruhe i.S.v. § 168 Abs. 1 1. Alt. StGB darstellt

bb) Unterschlagung, § 246 StGB

Daneben kommt noch das Vorliegen einer tatbestandlichen Unterschlagung in Betracht. Allerdings stellten sich bereits auf der objektiven Tatseite Probleme. Eine gemäß § 246 Abs. 1 StGB strafbare Unterschlagung kann nur an einer fremden beweglichen Sache begangen werden. Da das Strafrecht bei der Beurteilung der Frage, ob eine Sache „fremd" ist, auf das Zivilrecht verweist, stehen zwei Fragen zur Klärung aus zivilrechtlicher Sicht an. Zunächst muß Klarheit gewonnen werden, ob es sich bei einem menschlichen Leichnam bzw. bei Teilen davon um Sachen im Sinne von § 90 BGB handelt. Sollte man diese Frage bejahen, ist im zweiten Schritt zu klären, in wessen Eigentum diese „Sachen" stehen.

(1) Umstritten ist die Frage, ob eine menschliche Leiche oder Teile hiervon Sachen im zivilrechtlichen Sinne sein können. Die wohl herrschende Ansicht bejaht diese Frage. Zwar hat der Mensch als Lebender seinen Körper nicht als Objekt, sondern er bedarf des Leibes als Medium und Ausdruck der Persönlichkeit. Mit dem Tode erlöscht jedoch das allgemeine Persönlichkeitsrecht des Trägers. Weitergehender Schutz insbesondere gegen ehrverletzende Handlungen richten sich nach den Grundsätzen der Fortwirkung des Persönlichkeitsrechtes, die von der Rechtsprechung erarbeitet wurden[46]. Dies bedeutet nicht, daß auf diesem Umweg einem vom Grundgesetz nicht vorgesehenen Grundrechtsschutz für Verstorbene der Weg bereitet wird[47]. Vielmehr gebietet es der Schutz der Lebenden, daß auch nach dem Erlöschen des allgemeinen Persönlichkeitsrechtes mit dem Tode des Trägers die sterblichen Überreste in besonderem Maße geschützt werden[48].

---

[45] *Berger*, Das Recht des Arztes zur Leichenobduktion, Halle, 1932, S. 25; OLG Frankfurt NJW 1975, S. 272; OLG München NJW 1976, S. 1806.

[46] BGHZ 50, S. 133 ff. (Mephisto-Urteil); BVerfG JZ 1971, S. 544 ff.

[47] So jedoch i. E. *Müller*, Überlegungen zur Rechtssubjektivität Verstorbener, Frankfurt u.a., 1996, insb. S. 227 f.

[48] *Kramer*, Rechtsfragen der Organtransplantation, München, 1987, S. 65; *Zimmermann*, Gesellschaft, Tod und medizinische Erkenntnis, Zur Zulässigkeit von klinischen Sektionen, in: NJW 1979, S. 569 ff., 573.

Kritikern dieser Ansicht, die meist aus Pietätserwägungen eine Einordnung der menschlichen Leiche als Sache ablehnen[49], ist zu bedenken zu geben, daß die Frage, ob die Leiche eines Menschen eine Sache ist oder nicht und die Frage, wie der Würde des Menschen auch postmortal Schutz zukommen kann, wenig miteinander zu tun haben. Letzeres betrifft den Umgang mit der Leiche und kann als solcher völlig getrennt von der Frage der Sacheigenschaft gesehen werden. Der Gesichtspunkt der Pietät kommt auf einer anderen Ebene zum Tragen. Nüchtern betrachtet ist eine Leiche ein körperlicher Gegenstand, da sie ein räumlich umgrenzter Körper ist, den man an einen anderen Ort verbringen kann. Sie ist damit sowohl eine bewegliche Sache im Sinne des Zivilrechts als auch Sache i.S.v. § 246 StGB[50].

(2) Eine andere Frage ist jedoch, ob die Leiche als Sache auch fremd für einen etwaigen Straftäter sein kann. Fremd ist die Sache nur dann, wenn sie nicht im Eigentum des Täters steht[51]. Nach herrschender Auffassung kommt der Leiche keine Verkehrsfähigkeit zu, weshalb sie in niemands Eigentum stehe. Da niemand an der Leiche Eigentum zu begründen vermag[52], ist sie auch für niemanden fremd. Die Ablehnung der Eigentumsfähigkeit der Leiche wird verschiedentlich begründet. Einerseits wird argumentiert, daß die Systematik des StGB für diese Ansicht zwingend sei. Neben den Bestimmungen zum Schutz des Eigentums und Gewahrsams an Sachen (§§ 242, 246), sei eine Spezialregelung in § 168 geschaffen worden, um den unterschiedlichen Interessen gerecht zu werden[53]. Eine Leiche könne somit keine fremde bewegliche Sache i.S.v. § 246 StGB darstellen. Vollständig zu überzeugen vermag eine solche Sicht allerdings nicht. Gerade die Systematik des Gesetzes läßt einen entgegengesetzten Schluß zu. Dies mag an einem Beispiel illustriert werden. Die Wegnahme und spätere Beschädigung eines Autos erfüllt sowohl den Tatbestand des Diebstahls wie den der Sachbeschädigung. Beide Delikte

---

[49] *Forkel*, Verfügungen über Teile des menschlichen Körpers, in: JZ 1974, S. 593 ff.

[50] Zu diesem Ergebnis gelangt auch die herrschende Meinung im Strafrecht, wonach Leichen Sachen sind, diese jedoch herrenlos und keiner Aneignung zugänglich seien, vgl. *Roxin*, Zur Tatbestandsmäßigkeit und Rechtswidrigkeit der Entfernung von Leichenteilen (§ 168 StGB), insbesondere zum rechtfertigendem strafrechtlichen Notstand (§ 34 StGB)- OLG Frankfurt, NJW 1975, S. 271, in: JUS 1976, S. 505 ff.; *Rüping*, Individual- und Gemeinschaftsinteressen im Recht der Organtransplantation, in: GA 1978, S. 129 ff., 130.

[51] Vgl. *Tröndle*, StGB, 48. Aufl., München 1997, § 242, Rdnr. 4.

[52] Ausgenommen werden dabei regelmäßig Leichen, die für anatomische Institute bestimmt sind, vgl. *Kramer*, Rechtsfragen der Organtransplantation, München, 1987, S. 72. Begründet wird dies damit, daß die Pietät bei diesen Leichnamen keine Rolle mehr spiele.

[53] *Kohlhaas*, Zivilrechtliche Probleme der Transplantation von Leichenteilen, in: DMW 1969, S. 290 ff.

sind verschiedenen Abschnitten des StGB zugeordnet; Diebstahl findet sich im 19. Abschnitt, Sachbeschädigung im 26. Abschnitt. Dies erscheint auch logisch nachvollziehbar, da es sich bei beiden Delikten um Taten mit unterschiedlichem Unrechtsgehalt handelt. In beiden Fällen jedoch ist das Objekt der Tat das gleiche. Nimmt man nun die menschliche Leiche als Tatobjekt her, so stellt man fest, daß sich die Vorschrift der Störung der Totenruhe im 11. Abschnitt befindet, welcher mit „Straftaten, welche sich auf Religion und Weltanschauung beziehen" überschrieben ist. Die Stellung des § 168 StGB verdeutlicht, daß hierdurch der Schutz des Leichnams unter religiösen und weltanschaulichen Gesichtspunkten erzielt werden soll. Noch deutlicher wird dies, wenn man sich die einzelnen Alternativen der Vorschrift ansieht. Nach § 168 Abs. 1 Satz 1 2. Alt. StGB wird bestraft, wer u.a. an der Leiche oder der Beisetzungsstätte „beschimpfenden Unfug" verübt. Hier tritt der Schutz des Pietätsgefühls klar zutage. Auch die Wegnahme von Leichenteilen, wie sie nach § 168 Abs. 1 Satz 1 1. Alt. StGB unter Strafe gestellt worden ist, muß folglich unter diesem Aspekt gesehen werden. Erfolgt die Wegnahme zu einem anderen Zweck, der keine Pietätsrelevanz hat, ist nicht einzusehen, weshalb die allgemeinen Vorschriften über den Schutz des Eigentums und des Gewahrsams nicht greifen sollen. Gerade wer einen möglichst umfassenden Schutz des Leichnams im Auge hat, wird sich daher der Eigentumsfähigkeit der Leiche nicht verschließen können[54]. Die nächste Frage besteht dann darin, herauszuarbeiten, wann Eigentum an der Leiche entsteht und wer letztendlich Eigentümer ist. Im Ergebnis wird die Argumentation Kramers überzeugen, der feststellt, daß das Eigentum an der Leiche mit dem Tode zugunsten der Totensorgeberechtigten entsteht[55]. Um Einwänden, die die Gefahr einer Kommerzialisierung der Leiche aufzeigen, vorzubeugen, sei darauf hingewiesen, daß das so entstandene Eigentum in keiner Weise den Eigentümer befugt, „nach Belieben" damit zu verfahren. Bereits § 903 Satz 1 BGB stellt diese Befugnis unter den Vorbehalt des Gesetzes und der Rechte Dritter. Gerade der Umgang mit einem Verstorbenen ist durch eine Vielzahl von Regeln in landesrechtlichen Bestattungsgesetzen und dem Feuerbestattungsgesetz weitestgehend vorgegeben. Die Angehörigen erwerben wohl mit dem Tode Eigentum an der Leiche des Verstorbenen, sind jedoch verpflichtet, von ihrem Recht ausschließlich zur Erfüllung ihres Totensorgeauftrages Gebrauch zu machen. Eine derartig weitreichende Beschränkung des

[54] Dies wird insbesondere an den jüngst in der Presse berichteten Fällen deutlich, daß aus Leichen in Pathologischen Instituten Teile entnommen wurden, die von der pharmazeutischen Industrie zur Herstellung wichtiger Medikamente benötigt wurden. Die von der Industrie gezahlten Entgelte für die Entnahme dieser Organe oder Gewebe wie z.B. Hypophysen, kamen bis vor kurzem Mitarbeitern der Institute zugute. Vgl. hierzu DER SPIEGEL, Nr. 49/1993 vom 6.12.1993, S. 68 ff.

[55] *Kramer*, Rechtsfragen der Organtransplantation, München, 1987, S. 77 f.

Eigentums ist der Rechtsordnung nicht fremd; man denke nur an die Wirkungen des Nießbrauchs.

(3) Letztendlich bleibt noch die Frage des Gewahrsams zu klären. Anders als bei § 168 StGB gilt im Rahmen der Unterschlagung der rein tatsächliche Gewahrsamsbegriff. Der Arzt, auf dessen Station sich der Verstorbene befindet, hat folglich Gewahrsam über den Toten, da er derjenige ist, der über den Leichnam die tatsächliche Sachherrschaft ausüben kann.

(4) Auch die subjektive Tatseite kann erfüllt sein. Der Täter einer Unterschlagung muß in Zueignungsabsicht handeln. An diesem Punkt ist eingewandt worden, daß der das Organ entnehmende Arzt das Organ nicht sich, sondern einem Dritten zueignen möchte[56]. Entscheidend ist jedoch nicht, ob der Arzt durch die Entnahme das Organ in sein Vermögen aufnehmen möchte und daraus so einen direkten Vermögensvorteil erlangt[57], sondern ausschlaggebend ist der Gesichtspunkt des „se ut dominum gerere". Der entnehmende Arzt maßt sich unter Verletzung der Eigentumsrechte des Totensorgeberechtigten Eigentümerbefugnisse an und verfügt über das Organ zugunsten Dritter, so daß dadurch der Tatbestand der Unterschlagung verwirklicht wäre[58].

b) Voraussetzungen des rechtfertigenden Notstandes gemäß § 34 StGB

Eine Entnahme von Organen eines Verstorbenen ohne dessen oder seiner Angehörigen Zustimmung erfüllt nach der hier vertretenen Ansicht die Tatbestände der Störung der Totenruhe und der Unterschlagung. Als Rechtfertigungsgrund kommt lediglich der rechtfertigende Notstand gemäß § 34 StGB in Betracht. Dabei ist zu vergegenwärtigen, daß in den vorliegenden Fällen die Notstandshandlung in Form der Nothilfe vorgenommen wird[59].

aa) Probleme bei der Annahme der Gegenwärtigkeit der Gefahr

Erste Zweifel an einer Rechtfertigung einer Organentnahme unter Notstandsgesichtspunkten kommen auf, wenn man die Frage nach einer

---

[56] *Ulsenheimer*, Strafrechtliche Aspekte der Organtransplantation, in: Laufs/Uhlenbruck, Hrsg., Handbuch des Arztrechts, München 1992, § 142, Rdnr. 6.

[57] Woran bei einer entgeltlichen Verpflanzung zumindest unter Substanzgesichtspunkten zu denken wäre, da der Arzt nur in der Lage ist, seine Leistung zu erbringen und ein Honorar zu fordern, wenn er über ein Transplantat verfügt.

[58] *Kramer*, Rechtsfragen der Organtransplantation, München, 1987, S. 94 f.

[59] Für *Jescheck /Weigend*, Lehrbuch des Strafrechts, Allgemeiner Teil, 5. Aufl., Berlin, 1996, § 31 IV 2 muß daher der Notstandshelfer mit Rettungswillen handeln, während *Schönke/Schröder /Lenckner*, StGB, 25. Aufl., München, 1997, § 34 Rdnr. 48 die schlichte Kenntnis von der Notstandssituation hinreichen lassen.

gegenwärtigen Gefahr für die geschützten Rechtsgüter des Organempfängers stellt. Zuzugeben ist, daß bei den potentiellen Empfängern des entnommenen Organs aufgrund ihrer schweren Erkrankung Lebens- oder zumindest Gesundheitsgefahr vorliegt. Gegenwärtigkeit einer Gefahr wird dann zu bejahen sein, wenn der Schadenseintritt bei natürlicher Weiterentwicklung der Dinge sicher oder doch zumindest höchstwahrscheinlich erscheint. Nach medizinischen Erkenntnissen ist dies in den meisten denkbaren Fällen der Fall. Der gesundheitliche Zustand des potentiellen Empfängers verschlechtert sich, solange der Eingriff nicht vorgenommen werden kann. Die Folgen sind dann entweder sich verstärkende Gesundheitsbeeinträchtigungen wie z.B. bei Indikationsstellung für Hornhaut- und Nierenverpflanzungen oder auch baldiger Tod bei den Patienten, bei denen eine Herz- oder Lebertransplantation indiziert ist. Die hier betroffenen Rechtsgüter fallen ausdrücklich in den Schutzbereich des rechtfertigenden Notstandes.

In dieser Allgemeinheit ist dies jedoch nicht unbestritten. Eine Ansicht vertritt den einschränkenden Standpunkt, daß die Gegenwärtigkeit der Gefahr nur dann bejaht werden könne, wenn dem entnehmenden Arzt der Empfänger des Organs bekannt sei, da nur so der Charakter des rechtfertigenden Notstandes als Ausnahmeregelung gewahrt werden könne[60]. Ob jedoch auf die Kenntnis des Handelnden hinsichtlich der Details der Gefahrenlage abgestellt werden kann, muß bezweifelt werden. So wie der Brandhelfer, der fremdes Wasser wegnimmt, um damit ein brennendes Wohngebäude zu löschen, sicherlich nicht genau wissen muß, wie viele Menschen in dem Haus zu verbrennen drohen und wer diese im einzelnen sind, um unter Notstandsgesichtpunkten gerechtfertigt zu sein[61], so wird auch vom entnehmenden Arzt nicht zu verlangen sein, er müsse den Empfänger des Organs identifizieren können. Die Länge der Wartelisten zeigt, daß praktisch für jedes gesunde menschliche Organ mehrere potentielle Empfänger bereitstehen[62]. Die in der Praxis übliche Verteilung der Organe über regionale Transplantationszentren

---

[60] *v. Bubnoff*, Rechtsfragen der homologen Organtransplantation aus der Sicht des Strafrechts, in: GA 1968, S. 65 ff, 74; *Kloth*, Rechtsprobleme der Todesbestimmung und der Organentnahme von Verstorbenen, Diss jur FU Berlin, 1994, S. 145; *Laufs*, Rechtsfragen der Organtransplantation, in: Hiersche/Hirsch/Graf-Baumann, Hrsg., Rechtliche Fragen der Organtransplantation, 3. Einbecker Workshop der Deutschen Gesellschaft für Medizinrecht, Berlin, u.a., 1990, S. 57 ff., 69.

[61] Hier nach § 904 BGB.

[62] So warteten in Deutschland im Juni 1994 8.700 Patienten auf eine Niere, 696 Patienten auf ein Herz und 198 Patienten auf eine Leber. Da nicht ausreichend Transplantate entnommen werden können, sterben beispielsweise pro Jahr 30% der Patienten, die auf eine Lebertransplantation warten, vgl. *Erhard/Daul/Eigler*, Organspende und Organkonservierung, in: Deutsches Ärzteblatt, 1995, Band 92, S. B-31 ff., B-32.

und die Stiftung Eurotransplant[63] in Leiden stellt eine ausreichende Verbindung zwischen Arzt und Empfänger her[64]. Im übrigen ist die Diskussion dieses Punktes rein akademischen Charakters. Im Normalfall werden die Daten des potentiellen Spenders erst mit denen eines möglichen Empfängers abgeglichen, bevor die Explantation durchgeführt wird, da andernfalls wertvolle Zeit verloren ginge[65].

Die Annahme einer gegenwärtigen Gefahrenlage wird hingegen dann abzulehnen sein, wenn dem Verstorbenen Organe oder Geweben entnommen werden, um diese nicht unmittelbar einem wartenenden Empfänger zu implantieren, sondern diese Materialien in einer Organ- bzw. Gewebebank einzulagern[66]. In diesem Fällen fehlt es bei der Entnahme an einer konkreten Gefahr für die Gesundheit bzw. das Leben eines auf eine Transplantation wartenden Patienten[67].

bb) Ausschluß der alternativen Abwendbarkeit der Gefahr

Diese gegenwärtige Gefahr muß weiterhin nicht anders als durch die Tat abwendbar sein. In den Fällen, in denen Organe implantiert werden sollen, deren Funktion bereits heute mit medizintechnischen Mitteln wie der Hämodialyse ersetzt werden kann, meinen einige Autoren, diese Voraussetzung als nicht erfüllt ansehen zu können[68]. Dem muß jedoch mit allem

---

[63] Die Patientendaten werden anonymisiert, um einen direkten Kontakt des Empfängers mit den Angehörigen des Spenders zu vermeiden, vgl. hierzu Bundeszentrale für gesundheitliche Aufklärung, Hrsg., Eine Entscheidungshilfe zum Thema Organspende, Köln, 1996, S. 19.

[64] Strittig. So *Schönke/Schröder/Lenckner*, StGB, 25. Aufl., München, 1997, § 168 Rdnr. 8, a. A. *Tröndle*, StGB, 48. Aufl., München, 1997, § 168 Rdnr. 4.

[65] Da für eine akzeptable Kompatibilitätstestung vom potentiellen Spender Lymphknoten, Milz und peripheres Blut (Heparinblut) benötigt werden, wird die Testung möglichst schnell nach Feststellung des Hirntodes durchgeführt, vgl. *Albert*, Histokompatibilitätstestung und ihre klinische Relevanz, in: Pichlmayr, Hrsg., Transplantationschirurgie, Berlin, Heidelberg, 1981, S. 171 ff., 196 ff.

[66] Ein solcher Fall führte in Österreich zu einer Verurteilung eines Primarius eines Krankenhauses und gab in der Folge letzten Anstoß zur Schaffung der gesetzlichen Regelung der Organtransplantation in Österreich, siehe oben Kapitel 3 II. 2.

[67] *Samson*, Legislatorische Erwägungen zur Rechtfertigung der Explantation von Leichenteilen, in: NJW 1974, S. 2030 ff., 2032; *Schönke/Schröder/Lenckner*, StGB, 25. Aufl., München, 1997, § 168 Rdnr. 8.

[68] *Brenner*, Organtransplantation, in: Mergen, Hrsg., Die juristische Problematik in der Medizin, Bd. I, Der Arzt und seine Beziehung zum Recht, München, 1971, S. 126 ff., 132 f.; *Kloth*, Rechtsprobleme der Todesbestimmung und der Organentnahme von Verstorbenen, Diss jur FU Berlin, 1994, S. 145; *Kramer*, Rechtsfragen der Organtransplantation, München, 1987, S. 142, *Schreiber, Hans-Ludwig/Wolfslast*,

Nachdruck widersprochen werden. Selbst im Falle der oft angesprochenen Dialyse ist diese nicht nur mit einer stärkeren Beschränkung der Lebensqualität verbunden, sondern es kommt zu einer Verschlechterung des Zustandes des Patienten mit zunehmender Dauer der Behandlung[69]. Die Lebens- oder Gesundheitsgefahr kann damit nur durch eine Transplantation vollständig beseitigt werden[70].

cc) Gesamtabwägung

Neben dem Vorliegen einer gegenwärtigen, nicht anders abwendbaren Gefahr für bedeutende Rechtsgüter verlangt § 34 StGB, daß auf der Basis einer Abwägung die betroffenen Interessen gegenüberzustellen sind. Nur wenn das geschützte Interesse das beeinträchtigte wesentlich überwiegt, kann die Tat gerechtfertigt werden.

Welche Rechtsgüter und Interessen sind es nun, die nach geltendem Recht im Rahmen der Abwägung dem Recht des Empfängers auf Leben und körperliche Unversehrtheit entgegenzustellen sind? Da erst in allerjüngster Zeit Zweifel an der normativen Bedeutung des Hirntodes auch aus dem Bereich der Strafrechtslehre geäußert werden, erscheint es zweckmäßig, diesbezüglich zu differenzieren.

(1) Rechtfertigung einer Organentnahme unter der Prämisse der Anerkennung der normativen Bedeutung des Hirntodes

Die bis in jüngste Zeit herrschende Meinung erkannte die normative Bedeutung des Hirntodes an. Menschen, deren Gehirn vollständig und unwiederbringlich abgestorben ist, sind danach Tote im Rechtssinne. Demzufolge kann auf Seiten des Organspenders dessen Lebensrecht nicht in die Gesamtabwägung im Rahmen des § 34 StGB mit eingestellt werden. Dem Recht auf Leben und Gesundheit des Organempfängers kann demnach ausschließlich das Selbstbestimmungsrecht des Organspenders entgegengehalten werden.

Rechtsfragen der Transplantation, in: Dietrich, Hrsg., Organspende - Organtransplantation, 1985, S. 33 ff., 52; *Tröndle*, StGB, 48. Aufl., München, 1997, § 168 Rdnr. 4.

[69] Als anschauliches Beispiel möge dienen, daß allein die häufige und wiederkehrende Perforation der Venen zum Zwecke der Blutwäsche zur Gefäßvernarbung und damit zu bleibenen weiteren Gesundheitsbeschädigungen beim Dialysepatienten führt.

[70] Abzulehnen wäre die alternative Abwendbarkeit der Gefahr in Fällen, in denen technische Hilfsmittel ohne beeinträchtigende Langzeitfolgen die Gesundheitsbeeinträchtigung beim Empfänger ebenso zu beseitigen in der Lage wären, wie z. B. Brillen und Hörgeräte in Bezug auf Hornhaut- und Gehörknöchelchenentnahmen.

Zur Verdeutlichung sei der Schutzbereich des Selbstbestimmungsrechts des Menschen im Zusammenhang mit der Organentnahme kurz umrissen. Die Garantie der Selbstbestimmung gewährt jedem das Recht, seinen persönlichen Lebensbereich ohne Zwang zur Rechtfertigung oder Kontrolle frei zu gestalten[71]. Nach wohl herrschender Auffassung findet jedoch das allgemeine Persönlichkeitsrecht mit dem Tode des Rechtsträgers sein Ende[72]. Über den Tod hinausgehender Schutz wird nach der Rechtsprechung des BVerfG allein aus dem Schutz der Menschenwürde abgeleitet[73]. Dieser postmortale Persönlichkeitsschutz umfaßt auch das Recht, verbindliche Anordnungen für die Zeit nach dem Tode zu treffen, sei es - erbrechtlich - in Bezug auf den Nachlaß, sei es in Bezug auf den Umgang mit der eigenen sterblichen Hülle. Schutz verdient dieses Interesse vor allem deswegen, weil vielen Menschen gerade letzteres zu Lebzeiten von großer Bedeutung ist und ihnen die Gewißheit gegeben werden muß, daß etwa getroffene Anordnungen auch befolgt werden[74]. Doch sind in diesem Zusammenhang nicht nur ausdrückliche Entscheidungen des Verstorbenen schützenswert. Aus dem Recht, seine privaten Belange frei gestalten zu können oder auch nur in diesem Bereich „in Ruhe gelassen"[75] zu werden, folgt gleichermaßen, daß dem einzelnen das Recht zukommt, sich nicht mit diesbezüglichen Fragen befassen zu müssen, ohne dadurch negative Konsequenzen fürchten zu müssen[76].

In die Abwägung der widerstreitenden Interessen gemäß § 34 Satz 1 StGB sind folglich das Recht auf Leben und Gesundheit auf der Empfängerseite und das Selbstbestimmungsrecht auf der Spenderseite einzustellen.

Die Feststellung, welche Interessen bei einer derartigen Kollision wesentlich überwiegen, gestaltet sich schwierig. Die abstrakten Abwägungskriterien, die im Rahmen des § 34 StGB üblicherweise angewandt werden, wie beispielsweise ein Strafrahmenvergleich oder der Grad der drohenden Gefahren, sind bei dieser speziellen Konstellation nur bedingt zielführend. Zum einen lassen sich aus medizinischer Sicht nicht in allen Fällen zweifelsfreie Aussagen über eine Krankheitsentwicklung beim potentiellen Spender treffen. Zum anderen wird das post mortale Persönlichkeitsrecht nur unvollständig mittels strafrechtlicher Normen geschützt, so daß ein Strafrah-

---

[71] BVerfGE 27, 1 ff., 6.

[72] *Murswiek*, in: Sachs, Hrsg., Grundgesetz, Kommentar, München, 1996, Art. 2 Rdnr. 78.

[73] BVerfGE 30, 173 ff., 194 ff. (Mephistoentscheidung).

[74] *Albrecht*, Die rechtliche Zulässigkeit postmortaler Transplantatentnahmen, Marburg, 1986, S. 35 ff. m.w.Nachw.

[75] *Wintrich*, Zur Problematik der Grundrechte, Köln u.a., 1957, S. 15; BVerfGE 6, S. 32 ff., 41; 27, S. 1 ff., 6 f.; 44, S. 197 ff., 203.

[76] BVerfGE 27, 1 ff, 6 f.; 44, 197 ff., 203, siehe auch S. 126 ff.

menvergleich wenig ergiebig ist. Heranzuziehen wären dabei auf seiten des Spenders lediglich die §§ 167a, 168 StGB, deren Strafandrohung jeweils bis maximal drei Jahre Freiheitsstrafe reicht[77]. Dem stehen die hohen Strafrahmen gegenüber, mit denen der strafrechtliche Lebensschutz gewährleistet wird. Verschiedentlich wird daher die Ansicht vertreten, daß das Lebensrecht ein entscheidendes Übergewicht besitze, so daß in der Konsequenz Organentnahmen beim hirntoten Spender gerechtfertigt sind[78]. Begründet wird dies mit dem Rang der dem Lebensschutz nach dem Grundgesetz zukommt[79]. Da das Selbstbestimmungsrecht als solches nicht mit der gleichen Dignität wie dem Lebensrecht ausgestattet ist, sondern vielmehr die Verfassung das Leben des Menschen als höchsten Wert achte und respektiere, überwiege letzteres bei der Abwägung wesentlich[80].

Aber selbst wenn man bei der Abwägung der widerstreitenden Interessen gemäß § 34 S. 1 StGB zum Ergebnis gelangte, daß die Interessen des wartenden Organempfängers diejenigen des Organspenders wesentlich überwögen, muß in einem weiteren Schritt geprüft werden, inwieweit das erzielte Ergebnis mit der Angemessenheitsklausel gemäß § 34 S. 2 StGB zu vereinbaren ist. Über die dogmatische Einordnung dieser Bestimmung besteht bislang keine Einigkeit. Während eine Meinung vertritt, daß für eine eigenständige Bedeutung der Angemessenheitsklausel kein Raum bleibe, da bereits alle relevanten Interessen im Rahmen der Interessensabwägung gemäß § 34 S. 1 StGB zwingend zu berücksichtigen seien[81], erkennt die Gegenmeinung eine eigenständige Bedeutung als Kontrollklausel an[82]. Letztere Ansicht kann sich dabei auf den Bericht des Rechtsausschußes des Deutschen Bundestages zum 2. Gesetz zur Reform des Strafrechts berufen[83]. Der

---

[77] Nötigung i.S.v. § 240 StGB, die als zentrale Vorschrift die Willensentschließungs- und -betätigungsfreiheit und damit auch das Selbstbestimmungsrecht schützt, kann nicht herangezogen werden, da ein Toter nicht genötigt werden kann.

[78] *Carstens*, Das Recht der Organtransplantation, Frankfurt a. M., 1978, S. 131; *Roxin*, Strafrecht, Allgemeiner Teil, Band 1, 3. Aufl., München, 1997, § 16 Rdnr. 20; *Uhlenbruck*, Zivilrechtliche Problematik der Organtransplantation, in: Laufs/Uhlenbruck, Hrsg., Handbuch des Arztrechts, München, 1992, § 131, Rdnr. 17.

[79] *Kunig*, in: von Münch/Kunig, Grundgesetzkommentar, Band 1, 4. Aufl., München, 1992, Art. 2 Rdnr. 44.

[80] *Dürig*, in: Maunz/Dürig, Grundgesetz, Kommentar, München, Loseblatt, Stand Oktober 1996, Art. 1 Rdnr. 27.

[81] *Schönke/Schröder/Lenckner*, StGB, 25. Aufl., München, 1997, § 34 Rdnr. 46 m.w.Nachw.

[82] Herrschende Meinung, so beispielsweise *Bottke*, Probleme der Suizidbeteiligung, in: GA 1983, S. 24 ff., 33; *Jescheck/Weigend*, Lehrbuch des Strafrechts, 5. Aufl., Berlin, 1996, S. 363 f.; *Tröndle*, StGB, 48. Aufl., München, 1997, § 34 Rdnr. 12.

[83] BT-Drucks. V/4095, S. 1 ff.

Ausschuß gelangte damals zu der Überzeugung, daß auf eine ausdrückliche Aufnahme der Angemessenheitsklausel nicht verzichtet werden könne, da eine rein abstrakte Wertung der widerstreitenden Interessen zu „unbefriedigenden Ergebnissen" führen könne[84]. Dennoch ist in diesem Bereich noch viel umstritten, insbesondere die Frage, welche Maßstäbe im Rahmen der Angemessenheitsklausel zur Wertung heranzuziehen seien. Bedenkt man, daß bereits im Rahmen der Interessenabwägung alle relevanten Gesichtpunkte in die Wertung einzustellen sind, kann der Bestimmung des § 34 S. 2 StGB nur die Bedeutung zukommen, die so gefundene Entscheidung an grundlegenden Wertentscheidungen des Grundgesetzes zu messen. Zu nennen wären in diesem Zusammenhang die Menschenwürde[85] und die Wesensgehaltsgarantie[86] von Freiheitsrechten[87].

Folgt man dem, so müssen nun, auch wenn die Abwägung der objektiven Interessen zum Ergebnis kommt, daß die vitalen Interessen des Organempfängers die Spenderinteressen in ausreichendem Maße überwiegen, einige Punkte angeführt werden, die ein derartiges Ergebnis unter dem Gesichtspunkt der Angemessenheit fraglich erscheinen lassen. Zunächst wäre zu bedenken gegeben, daß gerade das Selbstbestimmungsrecht *mit aus der Menschenwürde abgeleitet wird.* Die Menschenwürde ist im Grundgesetz nicht nur als ein wichtiges Grundrecht unter vielen verankert, sondern ist das zentrale Grundrecht des Grundgesetzes. Alle staatliche Gewalt ist an sie gebunden und ihrer Wahrung verpflichtet, Art. 1 Abs. 1 Satz 2 GG. Nur die Menschenwürde, nicht jedoch das Recht auf Leben und körperliche Unversehrtheit, hat Aufnahme in die Ewigkeitsklausel des Art. 79 Abs. 3 GG gefunden. Ein weiterer Punkt sei genannt, welcher ein wesentliches Überwiegen der Empfängerinteressen unangemessen erscheinen läßt: Führt man sich klar die Konsequenzen einer solchen Auslegung vor Augen, gelangt man nach dem oben ausgeführten zum Ergebnis, daß praktisch in jedem Fall eine Organentnahme, auch gegen den erklärten Willen des „Spenders" als von der Rechtsordnung gedeckt anzusehen wäre. Der Mensch verlöre damit völlig das Recht, über den Umgang mit seinem eigenen Leichnam selbst zu entscheiden. Der Leichnam würde eine Sache, auf die die Gesellschaft bei Bedarf jederzeit zugreifen könnte, eine Möglichkeit, die der öffentlichen Gewalt nur bei

---

84 BT-Drucks. V/4095, S. 15 unter Bezugnahme auf das Beispiel einer erzwungenen Blutspende.

85 BT-Drucks. V/4095, S. 15; *Roxin*, Strafrecht, Allgemeiner Teil, Band 1, 3. Aufl., München, 1997, § 16 Rdnr. 84.

86 Zur Frage, inwieweit der Wesensgehaltsgarantie gemäß Art. 19 Abs. 2 GG eine eigenständige, über die Menschenwürde hinausgehende Bedeutung zukommt, vgl. *Krüger*, in: Sachs, Hrsg., Grundgesetz, Kommentar, München, 1996, Art. 19 Rdnr. 27 ff.

87 *Bottke*, Probleme der Suizidbeteiligung, in: GA 1983, S. 24 ff., 34.

Vermögenswerten zukommt, und dies auch nur gegen Entschädigung, wie Art. 14 Abs. 3 Satz 2 GG zeigt. Das Selbstbestimmungsrecht des einzelnen würde so in diesem Punkt völlig negiert. Ein derartiges Ergebnis steht offenkundig im Widerspruch zu den grundlegenden Wertentscheidungen des Grundgesetzes und ist deshalb abzulehnen. Aus diesen Gründen kann eine Organentnahme beim hirntoten Spender kein angemessenes Mittel zur Wahrung der Lebens- und Gesundheitsinteressen des Organempfängers darstellen[88].

(2) Rechtfertigung einer Organentnahme unter Anerkennung der jüngst geäußerten Zweifel an der Aussagekraft des Hirntodes

Das Gesetzgebungsverfahren zur Schaffung eines Transplantationsgesetzes während der 13. Legislaturperiode hat die beendet geglaubte Debatte um die normative Bedeutung des Hirntodes wieder entfacht. Eine stetig an Bedeutung gewinnende Stimme in der Literatur äußert begründetet Zweifel daran, Hirntote als Tote im Rechtssinne mit allen daran anschließenden zivil- und strafrechtlichen Folgen anzuerkennen. Der Grund hierfür liegt darin, daß der Stand der Naturwissenschaften, insbesondere der der Medizin, keine wirklich gesichterten Aussagen zu der Frage erlaubt, ob ein Mensch mit abgestorbenen Gehirn ein Toter ist, oder ob es sich nicht vielmehr um einen Sterbenden handelt, dem aus medizinischer Sicht nicht mehr zu helfen ist[89]. Die sich hieraus ergebenden Zweifel an der Aussagekraft des Hirntodkonzeptes erscheinen als so überzeugend, daß immer mehr Autoren zu der Überzeugung gelangen, Hirntote, unter Anwendung des Prinzips des „in dubio pro vitae" den Sterbenden und damit den noch Lebenden zuzuordnen[90]. Folgt man dieser Argumentation, führt dies dazu, daß auf Seiten des Organspenders neben dessen Recht auf Selbstbestimmung auch dessen Recht auf Leben i.S.v. Art. 2 Abs. 2 GG in die Gesamtabwägung mit einzustellen ist. Damit gewinnen die Interessen des Spenders ein noch stärkeres Gewicht. In diesem Fall steht einer Rechtfertigung der Grundsatz des Verbotes einer Abwägung von Leben gegen Leben entgegen[91]. Den Organspender trifft keine Dul-

---

[88] *Jescheck/Weigend*, Lehrbuch des Strafrechts, 5. Aufl., Berlin, 1996, S. 364.

[89] So *Laufs*, Fortpflanzungsmedizin und Arztrecht, Berlin, 1992, S. 45.

[90] *Schmidt-Jortzig*, Leichen bekommen kein Fieber, Die Fragwürdigkeit des Hirntod-Kriteriums, in: FAZ v. 13.5.1997, S. 15; *Tröndle*, StGB, 48. Aufl., München, 1997, vor § 211, Rdnr. 3a; *ders.*, Der Organspender muß einwilligen, in: FAZ v. 16.5.1997, S. 16.

[91] Herrschende Meinung, vgl. *Jescheck/Weigend,* Lehrbuch des Strafrechts, 5. Aufl., Berlin, 1996, S. 361; *Roxin*, Strafrecht, Allgemeiner Teil, Band 1, 3. Aufl., München, 1997, § 16 Rdnr. 29 ff. m.w.Nachw.

dungspflicht, sein Leben für das Leben oder gar nur die Gesundheit eines wartenden Organempfängers zu geben.

Dennoch sei die Frage erlaubt, ob nicht Fallkonstellationen denkbar sind, bei denen eine Durchbrechung dieses absoluten Grundsatzes vertretbar wären. In der Literatur wird in diesem Zusammenhang vor allem der Bereich sogenannter Gefahrengemeinschaften diskutiert, insbesondere dann, wenn die Rettung eines Menschenlebens auf Kosten eines anderen erfolgt, der selbst keine Überlebenschancen mehr hat[92]. Auch wenn man den Hirntoten noch der Sphäre der Lebenden zuzuordnen bereit ist, muß doch erkannt werden, daß es sich bei diesem Menschen um Totgeweihte handelt, die keine Chancen auf Wiedererlangung von Bewußtsein und erfülltem menschlichen Leben mehr haben. So hält beispielsweise Otto eine Rechtfertigung dann für nicht möglich, wenn sich jemand die Lebenschancen eines anderen anmaßt und eigenmächtig dessen Leben vernichtet[93]. Dieses Verbot der Rechtfertigung soll aber dann keine Gültigkeit mehr haben, wenn der Getötete ohnehin keine Rettungschancen mehr hätte. Bezogen auf einen hirntoten Organspender trifft diese Prämisse zu. Sein Leben ist in diesem Sinne chancenlos, da einzig auf den alsbaldigen Tod ausgerichtet. Dennoch kann diesem Ansatz nicht gefolgt werden. Zum einen liegt bei dem Verhältnis des Organspenders zum Organempfängers keine Gefahrengemeinschaft vor. Diese wird nur dann gegeben sein, wenn sich Menschen gemeinschaftlich in Situationen begeben, in denen sie auf Gedeih und Verderb aufeinander angewiesen sind. Verallgemeinerte man das Prinzip der Chancenanmaßung, käme man dazu, dem Leben eines Totgeweihten grundsätzlich den Schutz der Rechtsgemeinschaft zu entziehen[94]. Dagegen steht der Wert, den die Werteordnung des Grundgesetzes gerade dem menschlichen Leben zumißt. Für den hier diskutierten Fall der Organentnahme beim hirntoten Organspender bedeutet dies: Folgt man der neuesten Lehre und erkennt man die Zweifel an der normativen Bedeutung des Hirntodes an, muß eine Rechtfertigung gemäß § 34 StGB schon deshalb ausscheiden, weil sie dem Verbot der Abwägung von Leben gegen Leben widerspricht.

---

[92] *Zippelius*, Forum: An den Grenzen des Rechts auf Leben, in: JuS 1983, S. 659 ff. wirft in diesem Zusammenhang Schillers Satz „Das Leben ist der Güter höchstes nicht" in die Diskussion.

[93] *Otto*, Pflichtenkollision und Rechtswidrigkeitsurteil, 3. Aufl., Marburg, 1978.

[94] *Roxin*, Strafrecht, Allgemeiner Teil, Band 1, 3. Aufl., München, 1997, § 16 Rdnr. 34.

dd) Grundlegende systematische Bedenken

Ein weiterer Punkt, der zu grundsätzlichen Bedenken gegen die Anwendung von § 34 StGB auf derartige Sachverhalte Anlaß gibt, ist ein systematischer. § 34 StGB als gesetzliche Regelung des rechtfertigenden Notstandes ist eine Ausnahmeregel, die nur dann zur Anwendung kommen soll, wenn dem Gesetzgeber aufgrund der Eigenheiten der Situation keine Regelungsmöglichkeit offen stand[95]. Der Gedanke der Rechtfertigung einer tatbestandsmäßigen Tat unter Notstandsgesichtspunkten hat, obwohl bereits lange in der Literatur gefordert und in der Rechtsprechung anerkannt, lange Zeit keinen Eingang in das Strafgesetzbuch gefunden. Dies geschah erst im Jahre 1969 durch das 2. Gesetz zur Reform des Strafrechts[96]. Bereits im Jahre 1927 hat das RG eine Rechtfertigung dann für möglich erachtet, wenn „ein Ausgleich nicht anders möglich ist, als durch die Schädigung des einen der beiden Rechtsgüter", und dabei „das geringerwertige Gut dem höherwertigen weichen muß"[97]. Zu entscheiden war zu diesem Zeitpunkt die Frage, ob ein Frauenarzt, der mit Einwilligung der Schwangeren deren Schwangerschaft unterbrochen hatte, wegen Lohnabtreibung gemäß § 219 StGB a.F. strafbar sei. Dabei ging der angeklagte Arzt davon aus, daß durch seine Handlung die schwer depressive Patientin vor einer Selbstmordgefahr zu behüten sei. Für sich genommen, ist dieser Fall sowohl ein häufig vorkommendes Verhalten als auch einer gesetzlichen Spezialregelung sehr wohl zugänglich. Der Ausgang der Wertung, wessen Interessen, die der Mutter oder die des ungeborenen Kindes, im Kollisionsfall zurückzutreten hätten, ist einer gesetzlichen Regelung zugänglich. Bereits in der Diskussion der berühmten Notstandsentscheidung hat Eberhard Schmidt gefordert, den Anwendungsbereich des rechtfertigenden Notstandes nicht zu überdehnen, sondern in den Fällen, in denen eine Regelung aufgrund gegebener Vorhersehbarkeit möglich sei, die Wertentscheidung dem Gesetzgeber zu überlassen[98]. So wie der Problembereich der Schwangerschaftsunterbrechungen vorhersehbar und damit einer gesetzlichen

---

[95] Für den Bereich hoheitlicher Eingriffe in Grundrechte hat das Kriterium der 'Regelungsfähigkeit' bereits Anerkennung gefunden, so *Bottke*, Wege der Strafrechtsdogmatik, in: JA 1980, S. 93 ff., 95; *ders.*, Anfertigung und Verwertung heimlicher Wort- und Stimmaufzeichnungen auf Tonträger außerhalb des Fernmeldeverkehrs, in: JURA 1987, S. 356 ff., 364.

[96] BGBl. 1969 I, S. 717 ff.

[97] RGSt 61, S. 242 ff., 254. Das RG hing damals noch der reinen Güterabwägungstheorie an, was zum Ausdruck kommt, wenn in den Gründen ausgeführt wird:."Bei der Güterabwägung ist von den Wertungen auszugehen, die in den zum Schutze der Rechtsgüter erlassenen Strafandrohungen des geltenden Rechts ihren allgemeinen Ausdruck gefunden haben", (S. 255).

[98] *Schmidt*, Eberhard, Das Rechtsgericht und der „übergesetzliche Notstand", in: ZStW 49 (1929), S. 350 ff., 406.

Regelung zugänglich ist, verhält es sich auch mit der Problematik der Organtransplantation.

Es ließe sich daher die These vertreten, daß Konfliktsituationen, die sowohl vorhersehbar, wie auch kodifizierbar sind, dem Anwendungsbereich des § 34 StGB entzogen seien. Die Bestimmung dient dazu, in nicht normierbaren Konfliktlagen ein Wertungsgerüst aufzustellen, anhand dessen die Wertungs-Frage zu entscheiden ist, ob ein bestimmtes Verhalten mit der Rechtsordnung vereinbar ist. Unsicherheiten bei der Entscheidung sind dabei unvermeidlich, wie der Meinungstand zur Rechtfertigung einer Organentnahme zeigt. Es ließe sich daher vertreten, daß der Gesetzgeber, um seiner Pflicht zum Schutz des Selbstbestimmungsrechts nachzukommen, verpflichtet ist, diese Wertungsfrage durch die Schaffung einer speziellen gesetzlichen Regelung „aus dem Bereiche aller Zweifel und der richterlichen Eigenverantwortlichkeit herauszuheben“[99]. Nur auf diese Weise kann sichergestellt werden, daß die Frage, welches Vorgehen im Zusammenhang mit einer Organentnahme den anerkannten Wertmaßstäben der Gesellschaft entspricht, einheitlich beantwortet wird.

3. Zwischenergebnis

Die obigen Überlegung lassen sich wie folgt zusammenfassen: Eine Lösung, basierend auf dem Gedanken des Notstandes, stellt kein taugliches Mittel zur Regelung der Organtransplantation in der Bundesrepublik Deutschland dar. Ein auf dieser Idee aufbauendes Transplantationsgesetz wäre verfassungswidrig. Auch § 34 StGB vermag keine Rechtfertigung einer Organentnahme ohne Einwilligung des Verstorbenen bzw. von dessen Angehörigen zu bewirken. Nach neuester, die normative Bedeutung des Hirntod bezweifelnder Meinung, steht dem bereits das Verbot der Abwägung von Leben gegen Leben entgegen. Nach bislang herrschender, dem Hirntod normative Bedeutung zumessender Meinung kommt gleichfalls keine Rechtfertigung aus Notstandsgesichtspunkten in Betracht, da die Entnahme kein angemessenes Mittel zur Gefahrbeseitigung darstellt.

---

[99] *Schmidt*, Eberhard, Das Rechtsgericht und der „übergesetzliche Notstand“, in: ZStW 49 (1929), S. 350 ff., 406.

III. Widerspruchslösung

1. Begriff

Neben dem Notstandsgedanken gibt es ein weiteres Konzept, welches häufig zur Regelung der Organtransplantation vorgeschlagen wird, die „Widerspruchslösung". Ihr liegt der Gedanke zugrunde, daß eine Entnahme von Leichenorganen dann zulässig sein soll, wenn der Verstorbene zu Lebzeiten nicht hat erkennen lassen, daß er eine Entnahme seiner Organe nach seinem Tode ablehnt. Der Gedanke der Widerspruchslösung ist keineswegs neu und bereits häufig in Deutschland diskutiert worden. Der Gesetzentwurf der Bundesregierung aus dem Jahre 1978 basierte hierauf[100], genauso wie das rheinland-pfälzische Transplantationsgesetz vom 23.06.1994[101]. Auch die Transplantations-VO der DDR aus dem Jahre 1975 machte die Zulässigkeit einer Entnahme vom Nichtvorliegen eines Widerspruches des Spenders abhängig[102]. Auch im europäischen Ausland sind verschiedene Varianten der Widerspruchslösung eingeführt worden, so u.a. in Österreich[103] und Belgien[104]. Gerade die Befürworter der Widerspruchslösung weisen gern darauf hin, daß das Ministerkomitee des Europarates im Jahre 1978 in der Resolution (78)29[105] den Mitgliedsstaaten empfahl, nationale Transplantationsgesetze auf der Basis der Widerspruchslösung zu schaffen[106].

---

100 Entwurf eines Gesetzes über Eingriffe an Verstorbenen zu Transplantationszwecken, BT-Drucks. 8/2681.

101 Landtag Rheinland-Pfalz, Drucks. 12/2094/5037.

102 § 4 der TransplantationsVO der DDR, Gbl. DDR 1975, Teil I, S. 597 ff.

103 Sie oben Kapitel 3 II.

104 Sie oben Kapitel 3 III.

105 Council of Europe, Resolution (78)29 on Harmonisation of Legislation of Member States Relation to Removal, Grafting and Transplantation of Human Substances. Adopted by the Committee of Ministers of the Council of Europe on 11 May 1978, in: (1978) 29 IDHL, S. 898 ff. Interessanterweise empfiehlt die Resolution in ihrem Art. 11 Abs. 1 auch die Einführung des Hirntodkonzeptes.

106 Nunmehr scheint eine gegenteilige Tendenz eingesetzt zu haben. Der „Entwurf eines Übereinkommens zum Schutz der Menschenrechte und der Menschenwürde im Hinblick auf die Anwendung der Biologie und Medizin (Bioethik-Konvention), Council of Europe, CDBI (96)26, lautet (in Rohübersetzung) in *Art. 5 Abs. 1: Medizinische Eingriffe im Bereich der Gesundheit sind nur nach der vorherigen freiwilligen und informierten Einwilligung der betroffenen Personen erlaubt. („Informed consent").* Zur Bioethik-Konvention vgl. *Vultejus*, Bioethik, in: ZRP 1995, S. 47 ff. Die Bundesrepublik Deutschland ist dem Übereinkommen nicht beigetreten, da die Bestimmungen des Übereinkommens an entscheidenden Stellen als zu wenig stringent erachtet werden, vgl. Deutschland verweigert Unterschrift, in: Süddeutsche Zeitung vom 5.4.1997, S. 4.

Nach Art. 10 Abs. 1 der betreffenden Empfehlung hatte eine Organentnahme zu unterbleiben, wenn ein erklärter oder vermuteter Widerspruch des Organspenders, insbesondere unter Berücksichtigung religiöser Überzeugungen, vorläge. Dennoch muß darauf hingewiesen werden, daß bei der Beurteilung der Frage, inwieweit dieses Modell als Regelungsgrundlage für ein Transplantationsgesetz in Deutschland umzusetzen wäre, allein dessen Vereinbarkeit mit der Rechtsordnung der Bundesrepublik Deutschland untersucht werden muß. Dabei ist ein mögliches Transplantationsgesetz allein am Maßstab des Grundgesetzes zu messen.

Sinnvollerweise würde der Gesetzgeber unter den verschiedenen möglichen Spielarten diejenige wählen, die die größte Wahrscheinlichkeit besitzt, mit dem Grundgesetz im Einklang zu stehen. Eine strikte Form der Widerspruchslösung wie sie z.B. § 62a öKAG vorsieht[107] würde bereits wegen der fehlenden Information der Bevölkerung einen Verstoß gegen die Menschenwürdegarantie des Grundgesetzes darstellen, da dort durch Einführung der Widerspruchslösung ohne gleichzeitige Aufklärung der Bevölkerung über die Möglichkeiten des Widerspruches gleichsam auf die Unkenntnis der Bürger vertraut wird. Theoretisch existiert dann zwar eine Widerspruchsmöglichkeit, praktisch jedoch wird mangels Kenntnis davon kaum Gebrauch gemacht, so daß der potentielle Spender durch das Gesetz seine Entscheidungsbefugnis hinsichtlich des Umgangs mit seinem Leichnam de facto verliert. Der Spender wird so in menschenwürdewidriger Weise zum Objekt der Gesellschaft degradiert[108].

2. Verfassungsrechtliche Bedenken unter dem Aspekt des allgemeinen Persönlichkeitsrechts

Weiterhin muß bedacht werden, ob ein Transplantationsgesetz auf der Basis der Widerspruchslösung mit dem Selbstbestimmungsrecht als Teilbereich des allgemeinen Persönlichkeitsrechts vereinbar wäre. Soweit man darunter das Recht des einzelnen versteht, über sein Leben und den Umgang mit seinem Körper eigenverantwortlich zu entscheiden, läßt sich kein Widerspruch verorten, sofern über eine ausreichende Aufklärung über die Folgen der Unterlassung eines Widerspruches stattfindet, denn dann hat jeder einzelne die Möglichkeit, entsprechend seinen Wünschen und Überzeugungen über den Umgang mit seinem Körper zu entscheiden. In dieses Recht greift das Widerspruchsmodell nicht ein.

---

[107] Siehe oben Kapitel 3 II.

[108] *Kloth*, Rechtsprobleme der Todesbestimmung und der Organentnahme von Verstorbenen, Diss jur FU Berlin, 1994, S. 156 f.

Das Selbstbestimmungsrecht endet jedoch nicht an diesem Punkt. Aus der allgemeinen Handlungsfreiheit wird in der Zusammenschau mit der Menschenwürdegarantie eine weitere Ausprägung dieses Rechtes abgeleitet. Danach existiert auch eine Kehrseite der Selbstbestimmung in der Form, daß dem einzelnen das Recht zukommt, sich mit bestimmten persönlichen, sein Selbstbestimmungsrecht betreffenden Fragen, nicht beschäftigen zu müssen, ohne gleichzeitig die Konsequenzen seiner Passivität fürchten zu müssen. Dieses „negative Selbstbestimmungsrecht“[109] fügt sich in die Systematik des Grundgesetzes ein. So wie im Zivilrecht das Schweigen nur in seltenen Ausnahmefällen als Zustimmung gewertet werden kann, so ist es zu verstehen, daß dem einzelnen Grundrechtsträger ein bestimmter privater Bereich verbleibt, den er frei von jedem obrigkeitlichem Einfluß völlig frei gestalten kann. Zur freien Gestaltung dieser Privatsphäre gehört auch die Kehrseite der Gestaltungsfreiheit, der bewußte Nichtgebrauch der Gestaltungshoheit. Da die Widerspruchslösung zwar das Recht gibt, positiv zu erklären, daß eine Organentnahme nicht gewünscht wird, aber gleichzeitig bei einem fehlenden Widerspruch eine Organentnahme für zulässig erachtet, wird damit in das negative Selbstbestimmungsrecht des einzelnen eingegriffen.

Mit dem Eingriff allein ist noch nichts über die Verfassungsmäßigkeit eines derartigen Tranplantationsgesetzes ausgesagt, da das Selbstbestimmungsrecht nicht schrankenlos gewährt wird. Das Selbstbestimmungsrecht unterliegt der Schrankentrias des Art. 2 Abs. 1 GG[110]. Eine Beschränkung dieses Rechtes ist danach nur möglich, wenn sie durch hinreichende Gründe des Gemeinwohls gerechtfertigt wäre und darüber hinaus eine Gesamtabwägung zwischen der Eingriffsintensität und der rechtfertigenden Gründe die Grenze des Zumutbaren nicht überschreitet. Wie bereits im Zusammenhang mit der Notstandslösung festgestellt, sprechen gewichtige Gründe für eine gesetzliche Regelung der Organtransplantation[111], besteht doch das gesetzgeberische Ziel darin, durch die Beschaffung von einer ausreichenden Zahl von Organen das Leben Schwerstkranker zu retten bzw. deren Gesundheit wiederherzustellen.

Daß die Widerspruchslösung als Maßnahme geeignet zur Zielerreichung wäre, steht außer Zweifel, da durch ihre Umsetzung und Anwendung menschliche Organe für die Transplantationsmedizin verfügbar gemacht werden.

---

[109] *Kloth*, Rechtsprobleme der Todesbestimmung und der Organentnahme von Verstorbenen, Diss jur FU Berlin, 1994, S. 158. Vgl. hierzu auch *Bottke*, Strafrechtliche Probleme am Lebensbeginn und am Lebensende, in: Rechtsstaat in der Bewährung, Band 30, Lebensverlängerung aus medizinischer, ethischer und rechtlicher Sicht, Heidelberg, 1995, S. 35 ff., insb. S. 92.

[110] BVerfGE 65, S. 1 ff., 44 (Volkszählungsurteil); 78, S. 77 ff., 85; 79, S. 256 ff., 269 f.

[111] Siehe oben Kapitel 5 II. 1. unter Hinweis auf Art. 74 Abs. 1 Nr. 26 GG.

Zur Frage, ob die Widerspruchslösung zur Erreichung dieses Zieles erforderlich ist, läßt sich auf zweierlei Weise Stellung nehmen. Zum einen eröffnet sich die Möglichkeit zu einer vergleichenden Statistik, da zwei Nachbarstaaten der Bundesrepublik Deutschland in den letzten 15 Jahren ihr Transplantationsrecht gemäß den Empfehlungen des Ministerkomitees des Europarates umgestaltet haben. So gelten Transplantationsgesetze auf der Basis der Widerspruchslösung in Österreich seit 1982 und in Belgien seit 1986. Mit der Einführung der jeweiligen Gesetze erhöhte sich die Zahl der verfügbaren Organe in beiden Ländern beträchtlich[112]. Im Interesse der Vergleichbarkeit arbeitet die Stiftung Eurotransplant mit einem errechneten Transplantationskoeffizienten, der die Zahl der jährlichen Organspender pro einer Million der Bevölkerung angibt. Beim direkten Vergleich der Koeffizienten für Belgien und Österreich mit dem Durchschnittswert für die übrigen Mitgliedsstaaten in der Eurotransplant Stiftung wird deutlich, welche praktischen Auswirkungen die Widerspruchslösung zu zeitigen vermag. Im Jahre 1992 lag der Durchschnittswert bei 19,61 für Staaten mit Widerspruchslösung verglichen mit einem Wert von 12,2 für die übrigen Staaten, in denen eine postmortale Organentnahme vom Vorliegen einer Zustimmung abhängt. Dieses Mißverhältnis ist kein Einzelfall. Im Jahre 1993 betrug das Verhältnis 23,5 zu 12,61, im Jahre 1994 22,16 zu 11,25[113]. Diese Zahlen belegen eindrucksvoll die Wirksamkeit der Widerspruchslösung. In Ländern mit derartigen Transplantationsgesetzen konnten zweimal mehr Organspender gewonnen werden als in Ländern mit Zustimmungslösung. Dieser „Erfolg" ließe auch den Schluß auf die Erforderlichkeit der Widerspruchslösung zur Zielerreichung in Deutschland zu.

Diese Folgerung ist hingegen nicht unumstritten. Ausgehend von den Gedanken, daß zum einen die Entwicklungen in anderen Ländern aufgrund der Verschiedenartigkeit der sozialen und kulturellen Wirklichkeiten nicht auf die Situation in der Bundesrepublik Deutschland übertragbar sind[114] und zum anderen gerade die bestmögliche Eignung zur Zielerreichung in Deutschland in Frage steht, muß, mangels praktischer Erfahrung, die Wirksamkeit der Maßnahme aus theoretischer Sicht bewertet werden. Gleichwohl würde sich durch eine Widerspruchslösung auch für unser Land eine Steigerung der

---

[112] Vergleiche die Zahlenangaben bei *Kloth*, Rechtsprobleme der Todesbestimmung und der Organentnahme von Verstorbenen, Diss jur FU Berlin, 1994, S.153 f.

[113] Die Koeffizienten wurden errechnet auf der Grundlage der Zahlen der Stiftung Eurotransplant, vgl. Eurotransplant Foundation, Annual Report 1994, Leiden/NL, S. 31, Tab. 2.1.

[114] So kommen dann auch *Land/Cohen*, Postmortem and living donation in Europe: transplant laws and activities, in: Transplantation Proceedings, 1992, S. 2165 ff., 2167 zur Schlußfolgerung, daß "no obvious correlation between high post mortem organ removal rates and the existence of presumed consent laws" existiert.

Organspenderate erwarten lassen. Abhängig ist diese in gewissem Maße von der Art der Ausgestaltung einer Widerspruchslösung. Billigte man den nahen Angehörigen des Verstorbenen ein eigenes Widerspruchsrecht zu und wäre eine Belehrung über dieses Recht verpflichtend, wäre die Steigerung wohl nur marginal. Denn letztendlich liefe dies auf eine Zustimmungsregelung hinaus, wie sie bereits heute in Deutschland gilt. Anders wäre die Situation bei Schaffung eines zentralen Widerspruchsregisters und der ausschließlichen Berücksichtigung dort eingetragener Widersprüche. Trotz notwendiger Informationen ist es mehr als nur bloße Spekulation anzunehmen, daß die allgemeine menschliche Trägheit und die natürliche Scheu vieler Bürger vor mit dem Tod in Zusammenhang stehenden Fragen dazu führte, daß nur ein kleiner Teil der Bevölkerung einen Widerspruch gegen eine Organentnahme eintragen lassen würde. In diesem Fall böte sich ein gewaltiges Potential an Spendeorganen. Eine Studie aus dem Jahre 1986 errechnete für Bayern einen theoretischen Organspenderwert von 96[115] unter Zugrundelegung ausschließlich medizinischer Kriterien. Dieser Maximalwert verringerte sich unter Berücksichtigung von Organisationsverlusten und erklärten Widersprüchen, würde aber dennoch wohl deutlich über dem derzeitigen Wert von 12,3[116] für Deutschland liegen[117]. Zugegeben, empirisch läßt sich der Beweis der höheren Effizienz der Widerspruchslösung für Deutschland ohne eine zumindest testweise Einführung aus den oben angeführten Gründen nicht führen. Dennoch kann daraus nicht auf die fehlende Erforderlichkeit der Maßnahme geschlossen werden[118]. Es muß in diesem Zusammenhang genügen, daß die Untersuchung eine sehr hohe Wahrscheinlichkeit einer größeren Effizienz zu Tage treten läßt. Der letzte empirische Nachweis der Erforderlichkeit könnte nur durch die Praxis erbracht werden.

Schwerwiegende rechtliche Bedenken gegen die Widerspruchslösung liegen hingegen bei der Frage, ob sich der Eingriff in die Rechte der Spender aufgrund der Maßnahme unter Berücksichtigung der rechtfertigenden Gründe noch im Rahmen des Zumutbaren hält. Diese Frage ist seit langem heiß umstritten und diskutiert. An dieser Stelle prallen die Argumente der Befürworter und Gegner der Widerspruchslösung aufeinander. Beide Positionen finden im Grundgesetz und seinen Wertungen ihren Rückhalt. Für die Widerspruchslösung spricht zum einen, daß das Grundgesetz von einem

---

[115] Vgl. *Angstwurm/Ketzler*, Möglichkeiten und Grenzen der Organtransplantation, Edition Deutsche Stiftung Organtransplantation, o.J., S. 19.

[116] Bezogen auf das Jahr 1994, vgl. Eurotransplant Foundation, Annual Report 1994, Leiden/NL, S. 31, Tab. 2.1.

[117] *Kloth*, Rechtsprobleme der Todesbestimmung und der Organentnahme von Verstorbenen, Diss jur FU Berlin, 1994, S.155.

[118] So aber *Kunert*, Die Organtransplantation als legislatorisches Problem, in: JURA 1979, S. 350 ff., 354.

umfassend verantwortlichen Menschen ausgeht. Dieser ist einerseits als selbstverantwortliches Wesen Herr seines Lebensbereiches. Aber der Mensch existiert nicht ausschließlich für sich. Der Mensch ist Teil einer Gesellschaft und als solcher dieser verpflichtet[119]. Unbestritten sei, daß eine hohe Transplantationsrate einen großen gesellschaftlichen Nutzen mit sich bringt. Dieser liegt zum einen darin, daß die Empfänger von Spenderorganen als Geheilte wieder ihren alten Platz im Gemeinwesen einzunehmen im Stande sind und dadurch weiterhin ihren Beitrag zum Erfolg der Gesellschaft leisten können. Kurz, die Gesellschaft spart Aufwendungen für Pflege und Behandlung eines Kranken und kommt überdies in den Genuß zukünftiger Leistungen des Geheilten[120]. Aber es seien nicht nur reine Kosten- und Effizienzerwägungen, die für die Verhältnismäßigkeit der Widerspruchslösung sprechen. Auch der Erfolg der Heilung als solcher habe einen hohen Stellenwert. Demzufolge wäre auch der Rahmen des Zumutbaren nicht überschritten[121], wenn dem einzelnen in Ausprägung der vom Grundgesetz postulierten Solidarität auferlegt werde, sich bei Ablehnung der Organspende entsprechend zu erklären[122].

Gegen die Widerspruchslösung werden im wesentlichen zwei Haupteinwände geltend gemacht: Zum einen wird vielfach im Rahmen der Abwägung das aus dem Selbstbestimmungsrecht abgeleitete Recht zur Nichtentscheidung in den Vordergrund gestellt[123]. Da nur dann ein Widerspruch erklärt werden kann, wenn sich der Betroffene mit dieser Thematik beschäftigt hat, wird durch dieses Modell dem einzelnen ein Zwang zur Beschäftigung mit seinem

[119] Zur eingeschränkten Sozialpflichtigkeit des Menschen vgl. umfassend *Häberle*, Das Menschenbild im Verfassungsstaat, Berlin, 1988; siehe auch *Alexy*, Theorie der Grundrechte, 2. Aufl., Frankfurt, 1994, S. 323 ff.; *Jonas*, Philosophische Betrachtungen über die Versuche an menschlichen Subjekten, in: Doerr/Jacob/Laufs, Recht und Ethik in der Medizin, 1982, S. 3 ff., 5.

[120] Die Mehrzahl der Transplantierten geht nach der Heilungsphase wieder einer Berufstätigkeit nach, vgl. hierzu *Nagel/Schmidt*, *Petra*, Transplantation, Berlin, Heidelberg, 1996, S. 111 f.

[121] *Hirsch/Schmidt-Didczuhn*, Transplantation und Sektion - Die rechtliche und rechtspolitische Situation nach der Wiedervereinigung, Heidelberg, 1992, S. 55; *Vogel*, Zustimmung oder Widerspruch. Bemerkungen zu einer Kernfrage der Organtransplantation, in: NJW 1980, S. 625 ff., 628; *Seewald*, Regelung der postmortalen Organspende: Die Kernprobleme, in: DÄBl 1992, Ausgabe B, S. 702 ff., 703.

[122] *Hirsch/Schmidt-Didczuhn*, Transplantation und Sektion - Die rechtliche und rechtspolitische Situation nach der Wiedervereinigung, Heidelberg, 1992, S. 55; H.-L. *Schreiber*, Hans-Ludwig, Vorüberlegungen für ein künftiges Transplantationsgesetz, in: Festschrift für Klug, Köln, 1983, S. 341 ff., 355.

[123] *Kloth*, Rechtsprobleme der Todesbestimmung und der Organentnahme von Verstorbenen, Diss jur FU Berlin, 1994, S.160.

eigenen Tod auferlegt[124]. Damit werden Grundfragen menschlicher Existenz berührt und dem einzelnen aufgebürdet, sich mit einer Materie zu befassen, die sich in jüngerer Zeit in unserem Kulturkreis zu einem Tabuthema entwickelt hat. Dies allein spräche schon gegen eine Zumutbarkeit einer Widerspruchslösung. Zum anderen wird auf die Unredlichkeit der Widerspruchslösung verwiesen[125]. Die Unredlichkeit wird darin gesehen, daß die Widerspruchslösung dazu führt, aus einem Schweigen eine Zustimmung zu fingieren[126]. Zwar sähe die Rechtsordnung in einigen Fällen vor, daß auch einem Schweigen ein Erklärungswert zukommen kann[127]. Im Falle der Organspende jedoch werde geradezu erwartet, daß nur wenige widersprechen und so den „Erfolg“ sicherstellen. Damit werde dem einzelnen die „Last der Verdrängungsangst“[128] auferlegt und damit unzumutbar in sein Recht auf Selbstbestimmung eingegriffen. Darüber hinaus wird angeführt, daß durch eine derartige Regelung vom Konzept einer „Spende“ nichts übrig bliebe. An die Stelle eines freiwilligen Gebens träte ein Nehmen. Der einzelne werde mit Blick auf die Verfügung über seine Leichenorgane vergesellschaftet und diesbezüglich zum Objekt herabgewürdigt. Eine entsprechende Regelung sei verfassungswidrig und somit nichtig.

Eine Entscheidung für einen der beiden Standpunkte fällt schwer, mögen auch die Gründe gegen eine Zumutbarkeit der Widerspruchslösung auf den ersten Blick überzeugender klingen. Wie häufig im Rahmen der Abwägung ist es schwierig, griffige und allgemeingültige Abgrenzungskriterien zu entwik-

---

[124] Vgl. hierzu *Bottke*, Strafrechtliche Probleme am Lebensbeginn und am Lebensende, in: Rechtsstaat in der Bewährung, Band 30, Lebensverlängerung aus medizinischer, ethischer und rechtlicher Sicht, Heidelberg, 1995, S. 35 ff., 92, der selbst den Zwang zur Erklärung noch innerhalb der vom Grundgesetz vorgegebenen Schranken sieht.

[125] *Uhlenbruck*, Die zivilrechtliche Problematik der Organtransplantation, in: Laufs/Uhlenbruck, Handbuch des Arztrechts, München, 1992, § 131 Rdnr. 8.

[126] *Deutsch*, Die rechtliche Seite der Transplantation, in: ZRP 1982, S. 174 ff, 175; *Carstens*, Das Recht der Organtransplantation, Frankfurt u.a., 1978, S. 123, *Albrecht*, Die rechtliche Zulässigkeit postmortaler Transplantatentnahme, Marburg, 1986, S. 51.

[127] Vgl. z.B. §§ 108 II 2, 415 II 2, 416 I 2 BGB und die gewohnheitsrechtliche Begründung einer Annahme bei Schweigen auf ein kaufmännisches Bestätigungsschreiben. Ein interessantes und aufschlußreiches Beispiel dafür, wie gering der Erklärungswert des Schweigens in der Rechtsordnung ist, beschreibt *Grewel*, Zwischen Lebensrettung und Euthanasie - das tödliche Dilemma der Transplantationsmedizin, in: ZRP 1995, S. 217 ff., 219 unter Hinweis auf BVerfG NJW 1995, S. 1537 ff. In dieser Entscheidung wurde die Praxis der Bunderegierung, Rechtsverordnungen im Umlaufverfahren zu beschließen, wobei die Rechtsverordnung dann als beschlossen gilt, wenn kein Regierungmitglied innerhalb einer bestimmten Frist widersprochen hat, für verfassungswidrig erachtet.

[128] *Kunert*, Die Organtransplantation als legislatorisches Problem, in: JURA 1979, S. 350 ff., 354.

keln, die über den Verdacht der Nähe zum ideologischen Standpunkt des Verfechters erhaben sind. Indes, unmöglich erscheint es nicht, läßt sich doch in diesem Zusammenhang die neuere Lehre der Reformulierung des Gesellschaftsvertrages nutzbar machen[129].

Dies bedarf sicherlich der Erklärung. Worum geht es? Im Rahmen der Zumutbarkeit wird geprüft, ob und inwieweit ein Gemeinschaftsinteresse mit einem Individualinteresse zu vereinbaren ist. Die Rechte eines Gemeinschaftsmitglieds werden gegen die Interessen, Erwartungen und Bedürfnisse der Gesamtheit abgewogen. Nach klassischer Lehre vom Gesellschaftsvertrag wird der einzelne als Partei dieses Vertrages gedacht, welcher die Existenzgrundlage der Gesellschaft bildet[130]. Ohne diesen Vertrag existiert keine Gesellschaft, auf ihm basiert gedacht die gesamte Rechtsordnung. Jedes Individuum ist Partei des contrat social. Als Vertragspartei hat der Einzelne mit Vertragschluß in eine Begrenzung seiner Rechte und Freiheiten eingewilligt, weil er erkennt, daß wirkliche Entfaltung und Freiheit nur im Rahmen eines organisierten Gemeinwesens entsprechend seinen Bedürfnissen möglich ist. Das Grundgesetz als Organisationsnorm unserer Gesellschaft trägt dem dadurch Rechnung, daß es die allgemeinen Freiheitsrechte von gewissen Vorbehalten abhängig macht und dem einzelnen dadurch gewisse Einschränkungen der umfassenden Freiheiten auferlegt. Einschränkungen von Freiheiten sind jedoch nur insoweit möglich, als diese Beschränkungen vom ursprünglichen Assoziationsakt umfaßt sind. Daher ist es essentiell zu untersuchen, welche Art der Beschränkung der gedachte Vertragschließende bei Vertragsabschluß zu akzeptieren bereit wäre. Dabei muß von einem unvoreingenommenen Vertragsschließenden ausgegangen werden, d.h. die Eingriffssituation darf sich für ihn selbst im Moment des Vertragsschluß nicht konkret stellen. Rawls hat hierzu den Begriff des „Schleiers der Unwissenheit eigener Betroffenheit" geprägt und damit den Vorstellungsgehalt des Vertragsschließenden genau umrissen. Rawls meint, daß *[t]he veil of ignorance prevents us from shaping our moral view to accord with our own particular attachments and interests.*[131] Bezogen auf die postmortale Organentnahme bei fehlendem Widerspruch bedeutet dies, daß der Frage nachge-

---

[129] *Rawls*, A Theory of Justice, 1971. Zur Theorie der Gerechtigkeit als Fairness bei John Rawls vgl. *Daniels*, Hrsg., Reading Rawls, Critical Studies on Rawls' A Theory of Justice, Oxford, 1975, *Geis*, Das revidierte Konzept der „Gerechtigkeit als Fairneß" bei John Rawls - materielle oder prozedurale Gerechtigkeitstheorie, in: JZ 1995, S. 324 ff.

[130] Vgl. *Rousseau*, Du Contrat Social, Edition Garnier-Flammarion, Paris, 1966, S. 50: „Avant donc que d'examiner l'acte par lequel un peuple élit un roi, il serait bon d'examiner l'acte par lequel un peuple est un peuple. Car cet acte étant nécessairement antérieur à l'autre est le vrai fondement de la société."

[131] *Rawls*, A Theory of Justice, 1971, S. 516.

gangen werden muß, ob der Vertragschließende bei Vertragsschluß in eine Gesellschaft eingewilligt hätte, die ihn, sollte er als Organspender in Frage kommen, eben jener Regelung unterwirft. Bejaht man diese Frage, wird damit gleichzeitig die Verhältnismäßigkeit im engeren Sinne der Widerspruchslösung festgestellt. Umgekehrt muß die Verhältnismäßigkeit verneint werden, wenn man zum Ergebnis gelangt, der Einzelne hätte unter dem Schleier der Unwissenheit eigenen Betroffenseins in eine solche Regelung nicht eingewilligt und den Vertragsschluß verweigert.

Unter diesem Aspekt erscheint es durchaus vertretbar zu folgern, daß dem einzelnen wegen des großen Nutzens für die Allgemeinheit die Aufgabe aufgebürdet werde, sich bezüglich der Verwendung seiner Organe nach dem Tode zu beschäftigen. Diese Pflicht sei Ausdruck der menschlichen Solidarität und entspringe als solche dem Menschenbild des Grundgesetzes. Eine weiterer Grund könne im Kostenargument gefunden werden. Jede erfolgreiche Transplantation gibt der Gesellschaft ein bis dahin unproduktives und Kosten verursachendes Glied zurück. Der Empfänger könne nun als Gesunder wieder seinen Platz einnehmen und gewissermaßen seine „Schulden" abtragen. Auch aus objektiv egoistischen Motiven heraus ist es im Interesse des Vertragsschließenden, von allen und damit auch von sich selbst eine Entscheidung zu verlangen, kann doch nur so, bei Respektierung seiner eigenen Rechte und Freiheiten, Transplantationsmedizin überhaupt möglich sein. Andererseits bestätigt dies noch nicht die Zumutbarkeit der Widerspruchslösung, verpflichtet diese doch den Einzelnen nicht zur Stellungnahme[132]. Sie gibt ihm lediglich die Möglichkeit dazu und ordnet eine Rechtsfolge für den Fall der Nichtentscheidung an. Sie nimmt den einzelnen nicht in die Pflicht, sondern hofft insgeheim darauf, daß er sich nicht entscheide. Sie fordert nicht Aktivität; sondern vertraut auf die Passivität. Sie fordert nicht zur Entscheidung auf, sondern entscheidet für den Einzelnen. Wenn man mit Rawls von der rationalen und egoistischen Person bei Vertragsabschluß ausgeht, dann wird man annehmen müssen, daß diese nur bereit ist, sich einer Gesellschaft anzuschließen, die das Letztentscheidungsrecht bei höchstpersönlichen Rechtsgütern bei der Vertragspartei beläßt und nicht auf die Gemeinschaft überträgt. Alles andere würde sich mit den Zielen und Vorstellung des Einzelnen nicht mehr decken. Folglich würde ein Vertragschließender unter dem Schleier des Nichtwissens eigener Betroffenheit die Pflicht zur Entscheidung auf sich nehmen, nicht aber die Folge, daß bei Nichtentscheidung ein Eingriff in seinen Körper nach seinem Ableben möglich wäre. Die Grenze der Zumutbarkeit wäre durch eine derartige Regelung überschritten, ein

---

[132] Eine gesetzliche Regelung der Organspende, die den Einzelnen zu einer Stellungnahme zwingen will, erwägt die American Medical Association, vgl. JAMA 1994, Bd. 272, Heft 10, S. 809 ff.

entsprechendes Gesetz wegen Verstoßes gegen das Selbstbestimmungsrecht verfassungswidrig und nichtig[133].

IV. Zustimmungslösung

Wie die bisherigen Ausführungen zeigten, kann rechtlich zulässig eine postmortale Organentnahme zu Transplantationszwecken nur bei Vorliegen einer Zustimmung vorgenommen werden. Nur so kann das Selbstbestimmungsrecht des Spenders gewahrt werden. Die rechtliche Unbedenklichkeit scheint einen hohen Preis zu haben: Die Zahl der verfügbaren Organe ist bei einer Zustimmungslösung geringer als bei anderen Modellen der Transplantationsregelung.

Dennoch liegen die Problem nicht lediglich im Bereich der Effizienz. Aus juristischer Sicht muß zunächst geklärt werden, was unter Zustimmungslösung zu verstehen ist, da verschiedene Ansichten existieren. Im zweiten Schritt hat dann die Evaluierung zu erfolgen.

Zunächst muß geklärt werden, was unter Zustimmung im Sinne der Zustimmungslösung zu verstehen ist. Wer kann überhaupt zustimmen? Denkbar ist eine strenge Ansicht, nach der es ausschließlich auf das Vorliegen einer Zustimmungserklärung des Spenders im Zeitpunkt der Spende ankommt (enge Zustimmungslösung). Die Dokumentation könnte dann beispielsweise durch Organspendeausweise oder ein zentrales Spenderregister erfolgen. Diese enge Vorstellung ließe sich aus Effizienzgründen erweitern. Im ersten Schritt ist es denkbar, die Totensorgeberechtigten des verstorbenen Spenders in das Verfahren zu integrieren und diese als Boten der Zustimmungserklärung des Verstorbenen anzusehen. Den Angehörigen wäre es danach aufgegeben, die Zustimmung des Spenders, wann und wie auch immer diese auch erklärt worden ist, dem entnehmenden Arzt mitzuteilen. Angehörige wären nach dieser Ansicht nur Überbringer einer fremden Willenserklärung. Darüber hinaus wäre es vorstellbar, den Totensorgeberechtigten ein eigenes Zustimmungsrecht für den Fall einzuräumen, daß keine Entscheidung vom Spender zu dessen Lebzeiten getroffen wurde. Die Angehörigen gäben dann eine eigene Willenserklärung in Bezug auf die Organspende ab.

---

[133] So auch i. E. *Voll*, Die Einwilligung im Arztrecht, Frankfurt a. M., 1996, S. 292.

1. Zustimmungslösung unter Einbeziehung der Angehörigen

Ob es überhaupt rechtlich zulässig ist, den Angehörigen eines verstorbenen potentiellen Organspenders in den Entscheidungsprozeß über eine Organentnahme einzubeziehen, ist nicht unumstritten. Die herrschende Auffassung räumt den nahen Angehörigen ein subsidiäres Entscheidungsrecht in Bezug auf den Umgang mit dem Leichnam ein[134]. Nach dieser Ansicht handelt es sich dabei um ein eigenes Recht der Angehörigen, die als Totensorgeberechtigte dabei nicht ausschließlich wie Sachwalter das weiterreichende Selbstbestimmungsrecht des Verstorbenen wahrnehmen. Das gewohnheitsrechtlich begründete Totensorgerecht[135] soll danach dem Schutzbereich des Art. 2 Abs. 1 GG unterfallen. Insoweit darüber hinaus die Rechte der Angehörigen als Nachwirkungen familienrechtlicher Beziehungen zu begreifen sind, sollen diese vom Schutzbereich des Art. 6 Abs. 1 GG erfaßt sein[136]. Nach herrschender Ansicht wird dieses Recht jedoch stets von einem entgegenstehenden Willen des Verstorbenen verdrängt, so daß nur Raum für eine Zustimmung zur Organentnahme in den Fällen bleibt, in denen der Spender zu Lebzeiten keine Entscheidung getroffen hat. Hat der Verstorbene allerdings zu Lebzeiten keine Erklärung abgegeben, gehen einige Vertreter sogar soweit, den Angehörigen finanzielle Entschädigungen für die Explantation zuzubilligen[137].

Diese Ansicht stößt jedoch auf Bedenken. Einen Ansatzpunkt für die Kritik bietet sicherlich bereits der Begriff des „Selbst-Bestimmungsrechts" als solcher. Wenn Selbstbestimmung auch bedeutet, daß jede natürliche Person verbindliche Anordnungen hinsichtlich des Umgangs mit dem eigenen Leichnam treffen oder nicht treffen kann, dann wird durch Einbeziehung Dritter dieses Recht „auf den Kopf gestellt"[138], da sich Selbstbestimmung durch Dritte schon begrifflich ausschließt.

---

[134] *Schmidt-Didczuhn*, Transplantationsmedizin in Ost und West im Spiegel des Grundgesetzes, in: ZRP 1991, S. 264 ff., 266; *Maurer*, Die medizinische Organtransplantation in verfassungsrechtlicher Sicht, in: DÖV 1980, S. 7 ff., 14.

[135] Vgl. die Nachweise in Fußnote 73 oben.

[136] *Schmidt-Didczuhn*, Transplantationsmedizin in Ost und West im Spiegel des Grundgesetzes, in: ZRP 1991, S. 264 ff., 266.

[137] Vgl. hierzu *Hanack*, Rechtsprobleme bei Organtransplantationen, in: Studium generale, 1970, S. 428 ff., 435; *Kuckuk*, Der Hamburger „Entwurf zur strafrechtlichen Regelung der Organtransplantation" - Reform ohne Programm?, in: JR 1974 410 ff., 415. Weiters ist vorgeschlagen worden, freiwillige Vereinbarungen mit Krankenkassen zuzulassen, die auch eine finanzielle Entschädigung beinhalten könnten, so *Carstens*, Das Recht der Organtransplantation, Frankfurt a.M. u.a., 1978, S. 152.

[138] *Großmann*, Für eine gesetzliche Regelung der Organtransplantation, in: RuP 1992, S. 60 ff., 67, Anmerkung 17.

Dieser Gedanke läßt sich auch aus zivilrechtlicher Sicht darstellen: Angehörige, die eine Zustimmung zur Entnahme abgeben, schließen mit dem entnehmenden Arzt bzw. dem Träger des Krankenhauses einen Vertrag. Inhalt dieses Vertrages ist die Gestattung der Entnahme von Organen. Selbst wenn es regelmäßig an einer Gegenleistung fehlt, so liegt dennoch zivilrechtlich ein einseitig verpflichtender Vertrag vergleichbar einer Schenkung vor. Sie verfügen damit über ein Rechtsgut, welches als Teil des allgemeinen Persönlichkeitsrechts ausschließlich dem Verstorbenen zustand. Zwar erlischt dieses Recht mit dem Tode, dennoch liegt die Parallele zum Vertrag zu Lasten Dritter auf der Hand. Nach unserer Rechtsordnung ist es mit dem Grundsatz der Privatautonomie unvereinbar, eine Verpflichtung einem Dritten aufzuerlegen[139], da die Privatautonomie als Ausdruck der allgemeinen Handlungsfreiheit begriffen wird und damit dem Schutz des Art. 2 Abs. 1 GG unterstellt ist[140].

Hinzu kommt, daß es sich bei der Entscheidung über eine postmortale Organentnahme um die Verfügung über ein höchstpersönliches Rechtsgut handelt, welche nach der Rechtsprechung des Bundesverfassungsgericht ausschließlich der Privatsphäre zugeordnet wird. Dieser Bereich der privaten Lebensführung ist unantastbar und „der Einwirkung der öffentlichen Gewalt entzogen“[141]. Eine gesetzliche Regelung, die Angehörigen das Recht gibt, über eine postmortale Organentnahme zu entscheiden, würde in diesen unantastbaren Privatbereich eingreifen. Zwar entschiede in diesem Fall die öffentliche Gewalt nicht selbst über die Organe, eröffnete jedoch Möglichkeiten einer fremdbestimmten Entscheidung.

In der Gesamtschau erscheinen die gegen die herrschende Ansicht vorgebrachten Argumente einsichtig und überzeugend. Angehörigen von Verstorbenen muß jede Entscheidung über die Organentnahme beim Verstorbenen versagt bleiben, wenn man den Schutz des Selbstbestimmungsrechtes ernst nimmt. Allein aufgrund einer zu Lebzeiten erklärten Zustimmung kann eine postmortale Organentnahme zulässig sein.

2. Enge Zustimmungslösung

Dieses als enge Zustimmungslösung bekannte Modell trifft auf die bereits erwähnten Probleme in der Praxis, da nicht genügend potentielle Organspen-

---

[139] *Palandt-Heinrichs*, Bürgerliches Gesetzbuch, 54. Aufl., München, 1995, vor § 328 Rdnr. 10; BGHZ 54, S. 247.

[140] BVerfGE 8, S. 278 ff., 328: 65, 196 ff., 210; 70, S. 115 ff., 123; 74, 129 ff., 151.

[141] BVerfGE 27, S. 1 ff., 6.

der ihre Spendebereitschaft zu Lebzeiten erklären. In jüngerer Zeit sind jedoch im Ausland einige Vorschläge gemacht worden, die auf ihre Verfassungsmäßigkeit aus deutscher Sicht einerseits und auf ihre Effizienz zu untersuchen sind.

a) Pflichtanfrage („required request")

Nach diesem, in den USA weitgehend eingeführten System, werden die Krankenhäuser verpflichtet, bei jedem Patienten bei seiner stationären Aufnahme Erkundigungen über die Spendenbereitschaft einzuholen. Auf einer Antwort darf dabei nicht bestanden werden, so daß der Betroffene auch die Möglichkeit hat, einer ernsthaften Beschäftigung mit dieser Frage aus dem Weg zu gehen. Rechtliche Bedenken gegen eine solche Regelungen bestehen daher nicht. Diese tauchten nur dann auf, wenn sich die Pflichtanfrage nicht nur an den potentiellen Spender selbst, sondern nach dessen Versterben auch an dessen Angehörige richtet. Dies wäre aus den oben genannten Gründen abzulehnen.

Allerdings scheint auch die Auswirkung des „required-request"-Modells auf die Anzahl der für eine Transplantation zur Verfügung stehender Organe gering zu sein. Für die Vereinigten Staaten jedenfalls kommen Murray und Younger zu dem Schluß, daß "no positive impact on the number of donations"[142] durch die Einführung der „required-request-Gesetzgebung" erreicht wurde, abgesehen von anfangs meßbaren Synergieeffekten direkt nach der Einführung[143]. Eine Umsetzung dieses Modells in Deutschland wäre danach wenig sinnvoll.

b) Pflichtentscheidung („mandated choice")

Vertreter dieser Auffassung[144] möchten jeden erwachsenen Staatsangehörigen zwingen, definitiv zu entscheiden, ob eine postmortale Organentnahme erwünscht oder abgelehnt wird. Bereits die praktische Umsetzung dieses

---

[142] *Murray/Younger*, Organ Salvage Policies - A Need for Better Data and More Insightful Ethics, in: Journal of the American Medical Association, 1994, Band 272, Heft 10, S. 814 f.

[143] So kann Kloth noch aus den Zahlen für die späten 80iger Jahre auf eine deutliche Effizienzsteigerung schließen, vgl. *Kloth*, Rechtsprobleme der Todesbestimmung und der Organentnahme von Verstorbenen, Diss jur FU Berlin, 1994, S. 199 ff.

[144] Council on Ethical and Judicial Affairs, American Medical Association, Strategies for Cadaveric Organ Procurement: Mandated Choice and Presumed Consent, in: JAMA 1994, Bd. 272, Heft 10, S. 809 ff.

Vorschlags wäre schwierig, da sichergestellt werden müßte, wirklich jeden zu erreichen. Weiterhin müßten Ausnahmeregelungen für Wohnsitzausländer getroffen werden. Gelänge es, diese Hindernisse zu überwinden, wäre eine Steigerung der Entnahmeraten sicherlich zu erwarten.

Geht man an die Bewertung dieses Regelungsmodells, müssen zwei Dinge strikt getrennt werden. Auf der einen Seite steht die Frage der rechtlichen Umsetzbarkeit, hier insbesondere die Verfassungsmäßigkeit dieser Lösung. Die Problematik hier ist mit der der Widerspruchslösung teilweise deckungsgleich: Ein Eingriff in das „negative Selbstbestimmungsrecht" erfolgt, da jeder Betroffene zu einer Entscheidung in Sachen Organspende gezwungen wird. Folgt man der Ansicht, die hier zur Widerspruchslösung vertreten wird, wäre die Pflichtentscheidung als das verhältnismäßige Mittel noch gerechtfertigt. Denn: Dem einzelnen verbleibt die letztverbindliche Entscheidung über seine Organe. In der Gesamtabwägung erscheinen die Gründe, die dafür sprechen, dem Einzelnen aufgrund der Tatsache, daß er als Teil der Gesellschaft existiert, diese Entscheidungspflicht aufzuerlegen. Aus verfassungsrechtlicher Sicht steht demnach einer Pflichtentscheidung nichts entgegen.

Aus rechtspolitischer Sicht wäre eine Regelung des deutschen Transplantationsrechts in diesem Sinne jedoch wohl verfehlt,. da die für die Regelungsmaterie notwendige breite Akzeptanz des Gesetzes nicht sicherzustellen wäre. Hierfür gibt es zumindest zwei Gründe. Zunächst ist festzuhalten, daß eine Pflicht zur Entscheidung nur dann effektiv gestaltbar wäre, wenn diese Pflicht auch erzwingbar ist[145]. Dazu müßten Bußgeldbestimmung oder Zwangsgelder eingeführt werden. Daß dies bei einer so persönlichen und emotionsgeladenen Frage höchst unsensibel wäre, versteht sich von selbst. Darüber hinaus besteht die Gefahr, daß eine solche Handhabung kontraproduktiv ausfallen könnte. Wer unter dem Zwang steht, sich zu entscheiden, ob er sich solidarisch verhalten will oder nicht, und, wenn er sich dagegen entscheidet, keine persönlichen Nachteile zu vergegenwärtigen hat, ist für eine Zustimmung nicht hinlänglich motiviert. Aus diesen Gründen wäre das Modell der Pflichtentscheidung abzulehnen.

---

[145] Der jüngste Vorschlag des Bundesjustizministers geht von einer 'Bürgerpflicht' zur Entscheidung aus, die jedoch nicht mit Zwangsmaßnahmen durchzusetzen wäre, vgl. *Schmidt-Jortzig*, Organentnahme während des Sterbens möglich, in: FAZ v. 2.6.1997, S. 8.

V. Informationslösung

Letztlich läßt sich das Zustimmungsmodell mit Elementen der Widerspruchslösung kombinieren. Der Vorschlag des Bundesministeriums für Gesundheit vom April 1996[146] beschreitet diesen Weg. Auch wenn er als neue Kompromißlösung angepriesen wird, muß doch festgestellt werden, daß die Idee an sich nicht neu ist. Bereits 1975 wurde im Zuge der damaligen Versuche eine gesetzliche Transplantationsregelung zu schaffen, der Gedanke entwickelt, daß grundsätzlich die Zustimmung des Spenders ausschlaggebend sein soll, jedoch in Fällen fehlender Zustimmung die Angehörigen über die Entnahmeabsichten zu informieren seien unter Hinweis darauf, daß sie innerhalb einer bestimmten Frist der Entnahme zu widersprechen berechtigt seien. Nach Fristablauf ohne Widerspruch wäre dann eine Entnahme zulässig[147].

Diesem Vorschlag einen vermittelnden Charakter zwischen Verfechtern der Zustimmungs- und Widerspruchslösung zuzuschreiben[148], hieße die Realitäten völlig aus den Augen zu verlieren. Die Praxis zeigt, daß lediglich 5%[149] der potentiellen Organspender ihre Spendebereitschaft zu Lebzeiten erklären. Die Folge wäre, daß in der überwältigenden Mehrzahl der Fälle die Zustimmung des Verstorbenen keine Rolle spielt, sondern die trauernden Verwandten durch die Fristbestimmung zusätzlich unter Druck gesetzt werden. Wieder wird mit der Passivität der Betroffenen gerechnet und aus deren Schweigen eine Zustimmung fingiert. Konsequenterweise muß daher die Informationslösung aus den gleichen Gründen wie andere Varianten der Widerspruchslösung abgelehnt werden[150].

VI. Zwischenergebnis

Die Zusammenschau der Regelungsmöglichkeiten und deren rechtliche Würdigung stimmen nachdenklich. Folgt man der obigen Argumentation, so

---

[146] Vgl. BT-Drucks. 13/4368.

[147] Dieser Vorschlag wurde jedoch in der Bund-Länder- Arbeitsgruppe von der Mehrheit, die sich für eine reine Widerspruchslösung aussprach, abgelehnt. Vgl. hierzu Bericht der Bund-Länder-Arbeitsgruppe zur Vorbereitung einer gesetzlichen Regelung von Transplantation und Sektion, Bonn, 1976, S. 22 ff.; *Carstens*, Das Recht der Organtransplantation, Frankfurt u.a., 1978, S. 113f., 123 ff.

[148] So *Schreiber*, Hans-Ludwig/*Wolfslast*, Ein Entwurf für ein Transplantationsgesetz, in: MedR 1992, S. 189 ff., 190.

[149] Vgl. BT-Drucks. 13/4368, S. 5.

[150] So auch *Voll*, Die Einwilligung im Arztrecht, Frankfurt a. M., 1996, S. 297.

gelangt man zu der Schlußfolgerung, daß nur eine zu Lebzeiten erklärte Zustimmung des Spenders eine postmortale Organentnahme zu rechtfertigen vermag. Sowohl Widerspruchslösung, wie auch Notstandsgesichtspunkte und eine Einbeziehung der nahen Angehörigen scheiden als verfassungsmäßige Alternativen aus. Die Konsequenzen sind beachtlich. Da zur Zeit nur wenige Menschen ihre Spendebereitschaft erklärt haben, würden die Organtransplantation in Deutschland massiv zurückgehen. Das Schicksal von Tausenden von Menschen, die auf ein Spenderorgan warten, könnte, obwohl medizinisch möglich, wegen rechtlicher Bedenken nicht mehr verbessert werden. Ob auf lange Sicht neue Möglichkeiten geschaffen werden, hier Abhilfe zu schaffen, wird wissenschaftlich diskutiert, ist aber in keiner Weise spruchreif. So gibt es Forschungen, Tierorgane mittels neuer Erkenntnisse der Immunologie sowie mittels neuer Verfahren der Gentechnik so zu verändern, daß sie ohne imunologische Abstoßungsreaktion vom Empfängerorganismus angenommen werden[151]. Bis zur Praxistauglichkeit jener Verfahren wird jedoch nach dem derzeitigen Stand von Forschung und Entwicklung noch viel Zeit vergehen. Mittelfristig ist es daher von allergrößter Bedeutung, daß die Spendenbereitschaft der Bevölkerung nachhaltig gesteigert werden kann, um so Engpässe bei der Organversorgung zu beseitigen. Welche Möglichkeiten dafür zur Verfügung stehen, soll Gegenstand des nächsten Kapitels sein.

---

[151] Die bisherigen Versuche stimmen allerdings wenig hoffnungsfroh. Vgl. dazu *Hammer*, Xenotransplantation. Kann sie halten, was sie verspricht, in: Deutsches Ärzteblatt Band 92, 1995, S. B-99 ff.

Kapitel 6

Die Motivationslösung

I. Einführung

Bisher wurde in der vorliegenden Arbeit untersucht, welche medizinischen Möglichkeiten durch die Entwicklung der wissenschaftlichen Grundlagen und der Perfektion von Technik und Organisation der Organtransplantation bislang gegeben sind und welche Potentiale in näherer Zukunft noch erschlossen werden können. Aufgezeigt wurde die große Bedeutung dieses Teilbereiches der Medizin für die Gesellschaft als Ganzes wie für den Einzelnen, dessen Lebenschicksal vom Empfang eines Spenderorgans abhängt.

Weiterhin wurde der Frage nachgegangen, wie sich andere Rechtsordnungen mit dem Problem der Organtransplantation auseinandergesetzt haben und zu welchen Ergebnissen sie dabei gelangt sind. Die gefundenen Lösungsansätze sind im einzelnen grundverschieden, je nachdem welcher Gesichtspunkt in der jeweiligen Gesellschaft als der vordringliche erachtet worden ist. Gerade die Entwicklung der jeweiligen Staaten vor allem in gesellschaftspolitischer und ethischer Hinsicht erwiesen sich dabei als das ausschlaggebende und bestimmende Element.

Im Anschuß daran wurde die derzeitige Rechtslage in Deutschland untersucht. Dabei wurde deutlich, daß sich in unserem Land verschiedene einander entgegengesetzte Meinungen gebildet haben, die miteinander im Wettstreit liegen. Gerade zur Zeit, da eine bundesweite gesetzliche Regelung der Organtransplantation sich abzuzeichnen scheint, wird die Auseinandersetzung zwischen den Vertretern der Zustimmungs-, Widerspruchs-, und Informationslösung zunehmend härter. Gleichzeitig mit der Diskussion über das geplante Gesetz flammt die alte Diskussion über die Bedeutung des Hirntodkonzeptes wieder auf und stellt damit die Organentnahme vom Toten grundsätzlich in Frage. Waren beispielsweise noch vor wenigen Jahren die Kirchen der Ansicht, eine Organspende sei als Akt christlicher Nächstenliebe Ausdruck christlicher Lebensführung[1], so meinen jetzt führende Vertreter der beiden großen Konfessionen, sie seien bei der Diskussion über den gemeinsamen

Standpunkt der Kirchen zur Organtransplantation zu voreiligen Beschlüssen gedrängt worden[2]. Der Hirntod als solcher erfährt nicht mehr die breite Anerkennung in der Gesellschaft, die notwendig wäre, um eine ausreichende Zahl von Zustimmungen zu Organentnahmen zu erreichen. Damit kann auch eine neue gesetzliche Regelung nur dann zur Steigerung der Zahl der entnommenen Organe beitragen, wenn sie auf Ängste der Bevölkerung nicht die Rücksicht nimmt, die sie verdient. Ob es gelingt, allein durch intensive Aufklärungsarbeit diese Ängste zu beseitigen, erscheint nach bisheriger Erfahrung mehr als fraglich.

Unsere Gesellschaft befindet sich somit in einem ausgesprochenen Dilemma. Es stellt sich daher die Frage, wie dieses auf Dauer zu regeln sei. Der Eindruck entsteht, daß mit deutscher Gründlichkeit die Frage der Zulässigkeit von Organentnahmen vom Toten so lange kontrovers diskutiert wird, bis alle Gemeinsamkeiten bei den Beteiligten ausgeräumt sind und jedwede gesetzliche Regelung auf entschiedenen Widerspruch zumindest einer Gruppe treffen wird. Das Ausmaß der sich breitmachenden Resignation derer, die immer für eine gesetzliche Regelung der Organspende eintraten wird erkennbar, wenn Laufs meint, daß eigentlich eine Regelung durch den Gesetzgeber zum jetzigen Zeitpunkt wohl eher kontraproduktiv wäre und er die Ansicht vertritt, daß die derzeit anwendbaren Bestimmungen aus Straf-, Zivil- und Verfassungsrecht zusammen mit ärztlichen Standesregeln ausreichten[3]. Die Frage sei erlaubt, warum überhaupt so intensiv um das Transplantationsgesetz gerungen wurde, wenn es jetzt wieder wie bereits vor 20 Jahren auf Eis gelegt werden soll.

Aus meiner Sicht ist die Schaffung einer gesetzlichen Grundlage allen neueren Bedenken zum Trotz nötiger denn je. Die Notwendigkeit dazu steigt mit jeder weiteren Entwicklung der Medizin auf diesem Gebiet. Gerade Ärzte habe eine zuverlässige Regelung zu lange gefordert, um die jüngst geäußerten Bedenken bezüglich der Frage, ob generell ein Gesetz notwendig wäre, als überzeugend erscheinen zu lassen. Gerade die Mediziner, die Transplantationen im Interesse ihrer Patienten planen und durchführen, haben einen Anspruch darauf, daß die Gesellschaft sie nicht länger in einer Grauzone

---

[1] Vgl. Sekretariat der Deutschen Bischofskonferenz und Kirchenamt der Evangelischen Kirche in Deutschland, Hrsg., Organtransplantation, Erklärung der Deutschen Bischofskonferenz und des Rates der Evangelischen Kirche in Deutschland vom 2. Juli 1990, Sonderdruck des Arbeitskreises Organspende, Neu-Isenburg, 1990, S. 26.

[2] Vgl. dazu *Jörns*, Gibt es ein Recht auf Organtransplantation? Ein theologischer Diskurs, Göttingen, 1993, S. 23 ff.

[3] *Laufs*, Ein deutsches Transplantationsgesetz - jetzt?, in: NJW 1995, S. 2398 f.

'werkeln' läßt, sondern sich klare und eindeutige Handlungsmaximen vorgebend vor sie stellt. Die neue Zurückhaltung gründet sich vielmehr darauf, daß die jetzt aufgekommene Diskussion die Spendebereitschaft in der Bevölkerung noch weiter zum Sinken bringen wird, und daß jeder weitere Tag, an dem ohne Ergebnis geredet wird, der Sache, insbesondere aber den kranken potentiellen Organempfängern mehr schadet als nützt. Geschaffen werden muß folglich eine Regelung, die folgendes zu erreichen vermag: Die Ängste der Bevölkerung müssen beachtet werden, die Regelung muß verfassungsrechtlich unangreifbar sein und im Ergebnis muß langfristig eine Steigerung der Zahl der verfügbaren der Spenderorgane auf dem Gebiet der Bundesrepublik Deutschland erreicht werden.

Folgende vier Kriterien müssen daher einem künftigen Transplantationsgesetz zugrunde gelegt werden:

- Die Entnahme von Organen eines Verstorbenen kann ausschließlich erfolgen, wenn dieser zu Lebzeiten einer Organentnahme zugestimmt hat.

- Derjenige, der sich zur Organspende zu Lebzeiten bereit erklärt und eine entsprechende Erklärung abgibt, muß wissen, daß eine derartige Entscheidung für ihn selbst von Nutzen sein kann.

- Die Abgabe der Erklärungen muß einfach und rationell möglich sein. Eine jederzeit abrufbare Speicherung aller Zustimmungserklärungen muß geschaffen werden.

- Im Ergebnis muß eine Steigerung der Organspenden im Geltungsbereich des zu schaffenden Transplantationsgesetzes hinreichend erwartbar sein.

II. Eine Idee wird formuliert

Vorgenannte vier Kriterien bilden das Grundgerüst eines neuen Vorschlages zur Regelung der Transplantationsfrage, den ich „Motivationslösung" nennen möchte. Die Verwendung des Begriffes „Motivation" im Zusammenhang mit diesem Vorschlag hat zwei Gründe. Zum einen weil versucht werden soll, einen Weg zu finden, jeden einzelnen Bürger dazu zu bewegen, sich freiwillig für die Organspende auszusprechen. Zum anderen deshalb, weil man sich der Erkenntnis nur schwer zu verschließen vermag, daß reiner Altruismus in heutiger Zeit nur bei wenigen ausreicht, ein echtes Opfer für andere zu bringen. Dazu bedarf es motivierender Begleitumstände. Solche aufzuzeigen, ist das Anliegen der Motivationslösung.

Der Gedanke, auf dem der Vorschlag aufbaut, ist rasch aufgezeigt: Warum soll ein Mitglied der Gesellschaft ein Anrecht auf einen Nutzen haben, wenn es nicht bereit ist, sich an den dazugehörenden Lasten zu beteiligen? Übertragen auf Organtransplantationen bedeutet dies, daß demjenigen, der seine Bereitschaft zur Organspende ausgedrückt hat und damit selbst potentiell als Spender für kranke Mitmenschen zur Verfügung steht, im Gegenzug eine größere Wahrscheinlichkeit einzuräumen ist, selbst im Krankheitsfalle ein Spenderorgan zu erhalten. Für die Verteilung der Spenderorgane hätte dies die Konsequenz, daß alle wartenden Patienten in zwei Gruppen einzuteilen wären: Eine Gruppe mit Prioritätsanrecht und eine Gruppe der übrigen Patienten. Aufnahme in die Prioritätengruppe finden ausschließlich Patienten, die rechtzeitig ihre Bereitschaft zur Organspende erklärt und registriert haben. Alle verfügbaren Spenderorgane werden dann soweit möglich nach den bisherigen Vergaberegeln auf die Wartenden verteilt. Nur in den Fällen, in denen kein geeigneter Empfänger aus der Prioritätengruppe gefunden werden kann, wird das Spenderorgan in der zweiten Gruppe vermittelt.

Der Erfolg der Motivationslösung steht und fällt mit ihrer praktischen Umsetzung. Von essentieller Bedeutung sind dabei Öffentlichkeitsarbeit und eine zentrale computergestützte Erfassung der Spendeerklärungen. In diesem Zusammenhang wäre es wünschenswert, wenn die Bürger nicht nur einmal mit Einführung der Motivationslösung auf die neue Rechtslage hingewiesen würden, sondern daß diese bei jedem Kontakt mit Behörden wieder in Erinnerung gerufen würde. Dies kann kumulativ geschehen bei der Verlängerung von Ausweispapieren aller Art, im Rahmen des Steuerverfahrens, in Bußgeldsachen. Bei all diesen Gelegenheiten sollte der Bürger nicht nur auf die Rechtslage hingewiesen werden, sondern auch darauf, wie er seine Spendebereitschaft erklären kann und welche Konsequenzen eine positive Spendenerklärung bewirken kann. Alle Erklärungen, die ihrerseits jederzeit frei widerruflich zu gestalten sind, wären zentral zu erfassen, wobei der Schutz der persönlichen Daten vor Mißbrauch sicherzustellen ist. Sorge zu tragen wäre dafür, daß in jedem Krankenhaus Deutschlands die technischen Voraussetzungen dafür geschaffen werden, das Register abzufragen und so ohne Zeitverlust feststellen zu können, ob der betreffende potentielle Spender registrierter Organspender ist. Nur wenn dies der Fall ist, darf zur Entnahme geschritten werden. Angehörigenwünsche fänden keine Berücksichtigung.

Um der Motivationslösung auch ihre motivierende Funktion zu erhalten, muß eine Karenzzeit eingeführt werden, um sicher auszuschließen, daß sich ein Patient erst dann zur Organspende bereit findet, wenn absehbar wird, daß er selbst in nächster Zeit ein Spenderorgan benötigen wird.

III. Rechtsphilosophischer Hintergrund

Ein Lösungsvorschlag wie der der Motivationslösung in einem derart sensiblen Bereich fordert zum Widerspruch heraus. Soll der Vorschlag demgegenüber Bestand haben, sind die Kritiker zu überzeugen. Juristisch dogmatische Begründungen allein sind nicht in der Lage, auf alle aufzuwerfenden Fragen in einer befriedigenden Weise einzugehen, zumal zu bedenken steht, daß mit Einwänden ganz grundsätzlicher Art zu rechnen sein wird. Fragen und Einwände werden von Besorgten vorgebracht werden, die eine rein juristische Argumentation nicht zu überzeugen vermag.

1. Gerechtigkeitserwägungen

Ein möglicher grundsätzlicher Einwand gegen die Motivationslösung könnte wie folgt formuliert werden:

„Ist solches Vorgehen gerecht, zumal in der Konsequenz die Möglichkeit besteht, daß bevorzugte Patienten zum optimalen Zeitpunkt Spenderorgane erhalten, während andere sterben werden?“

a) Die Sicht der Rechtsphilosophie

Was ist gerecht, welchen Bedeutungsgehalt hat Gerechtigkeit? Seit vielen Generationen versuchen Juristen und Philosophen sich an dieser Frage[4]. Einer Definition ist der Begriff nicht zugänglich[5], dennoch ist es gelungen, gewisse Grundkriterien aufzustellen, die den Umgang mit dem Begriff der Gerechtigkeit möglich machen. Diese gilt es im ersten Schritt aufzuzeigen, um anschließend der Frage nachzugehen, inwieweit ihnen ein materieller Gehalt abzugewinnen sein kann, und, gesetzt den Fall, dies sei möglich, inwieweit die Motivationslösung den Gerechtigkeitsmaximen zu entsprechen vermag.

Das Prinzip der Gerechtigkeit findet seine Ausprägung in zwei Maximen: Zunächst ist der Grundsatz des „suum cuique tribuere“ zu erwähnen. Ergänzt wird dieser durch den Gleichheitssatz in der Ausprägung, daß „wesentlich Gleiches gleich, wesentlich Ungleiches im Verhältnis der Ungleichheit ungleich zu behandeln ist".

---

[4] Bereits auf *Aristoteles*, Nikomachische Ethik, Phil. Bibl. Bd. 5, 5. Buch, Kap. 2 bis 8, geht die Unterscheidung in austeilende und ausgleichende Gerechtigkeit zurück, vgl. hierzu *Radbruch*, Rechtsphilosophie, 7. Aufl., 1970, § 4, S. 125 ff.

[5] *Henkel*, Einführung in die Rechtsphilosophie, 2. Aufl., München, 1977, S. 395.

Wenden wir uns zunächst der Maxime zu, daß jedem das Seine zu gewähren sei. Auch wenn Coing versucht, unmittelbar mit Hilfe dieses Prinzips Lösungen für konkrete Rechtsprobleme zu finden[6], so stellt sich doch rasch die Frage, ob es sich hierbei nicht um eine bloße Leerformel handelt. Wenn jedem das Seine zuzuteilen sei, dann muß a priori feststehen, was jedem zukommt. Das "Seine" ist somit abhängig davon, was das Recht - und damit die jeweilige Gesellschaftsordnung - dem einzelnen zukommen läßt. Insoweit ist das „suum cuique" abhängig von der jeweils herrschenden Ideologie. Henkel verdeutlicht dieses sehr anschaulich am Beispiel des allgemeinen und gleichen Wahlrechts. In einem demokratischen Staatswesen ist es sicherlich so, daß jedem Bürger dieses Recht zusteht. Anders jedoch in einem Ständestaat, der, als „richtige" Staatsform von jener Gesellschaft angenommen, zu einem abgestuften Wahlrecht gelangen kann, und dementsprechend auch jedem Bürger seinen Teil an der Mitverantwortung zuteilt[7]. Die gleiche Kritik ließe sich am Gleichheitssatz üben, da auch hier argumentiert werden kann, daß die Frage, was wesentlich gleich und was wesentlich ungleich sei, von der zugrunde liegenden Gesellschaftsform bzw. Ideologie bestimmt werde. Indes, eine solche Deutung verkennt, daß beide Gerechtigkeitsprinzipien zumindest „Richtlinien nach der negativen Seite"[8] vorzugeben imstande sind und so die Beurteilung erlauben, daß bestimmte Lösungen dem Prinzip der Gerechtigkeit widersprechen. Quasi als Extrakt beider Maximen kann festgehalten werden, daß eine Lösung überhaupt nur dann mit dem Prinzip der Gerechtigkeit vereinbar sein kann, wenn sie sowohl ein Problem mit festen Regeln zu lösen versucht und dabei ein sachliches Maß der jeweiligen Entscheidung zugrunde legt.

Transferiert man obige Erwägungen auf die Frage, ob eine Transplantationsregelung auf der Basis der Motivationslösung den gestellten Anforderungen entspricht, muß man weiterhin bedenken, daß die Gerechtigkeitsprinzipien in unterschiedlichen sozialen Grundverhältnissen eine unterschiedliche Ausgestaltung erfahren. Da es bei der Motivationslösung um die Frage geht, wie eine knappe Ressource - Spenderorgane von verstorbenen Organspendern - auf die möglichen Empfänger zu verteilen ist und dieser Verteilungsvorgang

---

[6] *Coing*, Die obersten Grundsätze des Rechts, Ein Versuch zur Neugründung des Naturrechts, Heidelberg, 1947. Das totale Versagen des positiven Rechts in der Zeit des Nationalsozialismus machte eine Rückbesinnung auf naturrechtliche Modelle äußerst attraktiv, vgl. S. 7 ff.

[7] Beispiele hierfür wären das Dreiklassenwahlrecht im Königreich Preußen bis zum Jahre 1918 und in jüngerer Zeit das (nunmehr nicht mehr nur) auf Männer beschränkte Wahlrecht auf Kantonsebene im schweizerischen Kanton Appenzell-Innerrhoden.

[8] *Henkel*, Einführung in die Rechtsphilosophie, 2. Aufl., München, 1977, S. 401.

in jedem Fall durch eine übergeordnete Autorität zu erfolgen hat[9], ist die Sphäre der zuteilenden Gerechtigkeit tangiert. In diesem Bereich hat die Zuteilung von Rechten und Pflichten nach dem Maßstab der Würdigkeit zu erfolgen[10]. Das, was dem einzelnen zusteht, bestimmt sich danach nach dem Maß der Würdigkeit bzw. nach dem Maß des Verdienstes (für die Gesellschaft) des Einzelnen. Die Gleichheit im Sinne des Gleichheitssatzes ist gewahrt, wenn die Verteilung proportional zum Maß der Würdigkeit erfolgt, so daß durchaus arithmetisch Ungleiches den Anforderungen der Gleichheit zu entsprechen vermag.

Würdigkeit besagt in diesem Sinne zumindest, daß der Verteilung ein sachliches Maß zugrunde gelegt werden muß. Dies zeigt, daß nun geklärt werden muß, wie die Würdigkeit des einzelnen potentiellen Spenders festzustellen ist, wobei vor allem der Frage nach dem sachlichen Maßstab nachzugehen ist. Sachlich ist ein Maßstab, wenn er die Natur der Sache bzw. die Natur der Entscheidung berücksichtigt. Körpergröße, Schönheit oder Intelligenz wären sachfremde Erwägungen. Alter, Gesundheitszustand, und genetische Kompatibilität hingegen ließen sich als sachliche Maßstäbe der Verteilung gerecht heranziehen[11]. Aber auch die Bereitschaft selbst Organspender zu sein ist ein sachlicher Maßstab, da ohne Organspender überhaupt keine Organe zu Verteilung zur Verfügung stünden. Dieses Kriterium ist in soweit vorrangig zu betrachten, so daß eine zweistufige Verteilung sachlich gerechtfertigt wäre, wenn im zweiten Schritt die medizinischen Faktoren den Verteilungsmaßstab bestimmten[12]. Wird diese Verteilung regelhaft vorgenommen, ist im weiteren auch kein Verstoß gegen das Gleichheitsgebot gegeben, da dann eine willkürliche Verteilung ausgeschlossen wäre.

Die vorstehenden allgemeinen Überlegungen zeigen, daß eine vorrangige Verteilung der Spenderorgane auf Empfänger, die sich selbst zur Organspende bereit erklärt haben, zumindest nicht fundamental im Widerspruch zum Prinzip der Gerechtigkeit steht. Sie sagen noch nichts darüber aus, inwieweit

---

9 Gleich ob die Verteilung aufgrund staatlicher Anordnung oder im Rahmen eines Versicherungsmodells erfolgt. In jedem Fall geschieht der Austausch nicht unter gleichen. Die zuteilende Einheit tritt dem potentiellen Empfänger als Übergeordneter gegenüber.

10 *Henkel*, Einführung in die Rechtsphilosophie, 2. Aufl., München, 1977, S. 403.

11 Das Statusdiskriminationsverbot, wie es in Art. 26 IPbürgR seinen Ausdruck gefunden hat, wird dadurch nicht verletzt. Zwar sind Alter, Gesundheitszustand und genetische Kompatibilität schicksalhaft dem Einzelnen zugefallen, jedoch führte eine Nichteinbeziehung dieser Kriterien zu unsinnigen Ergebnissen, wie etwa die Zuteilung an Menschen, die keinen Bedarf für das Zugeteile hätten.

12 Vgl. hierzu das neue Verteilungsverfahren von Eurotransplant, welches im März 1996 eingeführt wurde, vgl. hierzu *Conrads*, Eurotransplant und UNOS - Modelle der Organallokation, in: MedR 1996, S. 300 ff., 305 m.w.Nachw.

ein solches Modell in konkreter Ausgestaltung auch den Anforderungen des deutschen Verfassungsrechts entspricht. Hierauf wird an gegebener Stelle eingegangen[13].

b) Der Gedanke der Reziprozität

Die Knappheit von Ressourcen und die daraus resultierenden Verteilungsprobleme stellen im Bereich des Gesundheitswesens eine große Aufgabe dar. Die Allokationsprobleme basieren jedoch auf unterschiedlichen Arten von Knappheit, die ich als relative und absolute Knappheit der Ressourcen bezeichnen möchte. Relativ knapp seien Ressourcen, deren Umfang steuerbar ist. Das Gesamtbudget des Gesundheitswesens sind danach relativ knapp, da, den gesellschaftlichen Konsens in dieser Frage vorausgesetzt, durch die Änderung von Pflichtbeiträgen zu den gesetzlichen Krankenkassen, die zu verteilenden Ressourcen beeinflußt werden können. Die derzeitige Diskussion um die Kosten des Gesundheitswesens in Deutschland betrifft dieses Problemfeld.

Absolute Knappheit ist hiervon zu unterscheiden. Absolut knapp seien Güter, deren Verfügbarkeit keiner direkten Steuerung zugänglich ist. Absolut knapp seien daher Spenderorgane für Transplantationszwecke, da auf das Ausmaß ihrer Verfügbarkeit nicht direkt Einfluß genommen werden kann. Allenfalls mittelbare Auswirkungen von Steuerungsakten sind erwirkbar. Verteilt werden kann nur soviel, wie auch tatsächlich vorhanden ist. Sieht man von unsinnigen oder offensichtlich menschenrechtswidrigen Überlegungen ab[14], bleibt es zufällig und schicksalhaft, ob Organe der Transplantationsmedizin zur Verfügung stehen.

Diese Verteilung gerecht zu gestalten, diese Aufgabe nehmen in jüngerer Zeit auch Philosophen an. Dabei wird der Weg von der konkreten Problemstellung hin zu allgemeinen Gerechtigkeitserwägungen gegangen. Kliemt spricht in diesem Zusammenhang davon, daß der Tunnel von beiden Seiten in den Berg getrieben werden müsse[15].

---

[13] Vgl. unten Kapitel 6 III.

[14] Beispiele hierfür ein planmäßiges Aufkaufen von Spenderorganen in der Dritten Welt, wie dies bereits heute in Einzelfällen geschieht, auch wenn Krankenkassen in Deutschland nicht zur Kostenübernahme gezwungen werden können. Vgl. hierzu BSG Urt. v. 16.7.1996, Az.: 1 RK 15/95; BSG Urteil vom 15.4.1997, Az.; 1 RK 25/95, hierzu „Kauf vom lebenden Spender sittenwidrig", in: FAZ vom 16.4.1997, S. 11, sowie „Richter verurteilen Nierenkauf", in: Süddeutsche Zeitung vom 16.4.1997, S. 5.

[15] *Kliemt*, „Gerechtigkeitskriterien" in der Transplantationsmedizin - Eine ordoliberale Perspektive, in: Fuchs/Nagel, Soziale Gerechtigkeit im Gesundheitswesen, Berlin, u.a., 1993, S. 262 ff.

Kliemt untersucht den status quo für den Bereich der Nierentransplantation und versucht eine Antwort auf die Frage zu finden, warum die verfügbaren Transplantate quasi als Eigentum der Gemeinschaft angesehen werden. Da alle als Gesellschaftsmitglieder gleichen Anteil an dieser common pool ressource[16] hätten, ergebe sich die Notwendigkeit, den Pool ausschließlich anhand von Kriterien zu verteilen, die jedem eine gleiche Chance auf Teilhabe bieten. Bisher habe man auf diese Weise eine Verteilung nach medizinischen Kriterien gerechtfertigt, in letzter Konsequenz wäre aber auch eine Verteilung im Lotterieverfahren denkbar. Mithin, Spenderorgane werden heute als Gemeinschaftseigentum angesehen, um ein medizinisch ausgerichtetes Vergabeverfahren aufrechterhalten zu können. Hiergegen führt Kliemt an, daß die Idee, Spenderorgane als Gemeinschaftsgut zu betrachten gegen die Interessen der Spender verstoße. So wie ein Erblasser seinen Nachlaß verbindlich regeln kann, so müsse auch ein Organspender verbindliche Anordnungen für den Umgang mit seinen Organen festlegen dürfen[17]. Hinzu komme die Motivationslage beim Spender im Moment der Spendenerklärung, welche vom Gedanken der Reziprozität geprägt sei. Der Spender willige in die Spende ein, um selbst eine Chance für ein Transplantationsorgan zu erhalten.

Konsequenterweise müsse man dann aus Gerechtigkeitsgesichtspunkten dafür sorgen, daß „Trittbrettfahrern" der Zugang zu Spenderorganen unmöglich gemacht bzw. erschwert werde. Nur so kann ein „fairer"[18] Verteilungsmodus erreicht werden. Im Ergebnis zielt diese Überlegung darauf ab, Spenderorgane nicht mehr als Gemeinschaftsgut zu begreifen, sondern einen „Clubgedanken" zu formulieren. Nach dieser Vorstellung soll es dem einzelnen überlassen bleiben, wie er sich den Zugang zu einem Spenderorgan sichert. Eine Möglichkeit sieht Kliemt darin, daß Krankenversicherungen unterschiedliche Verträge anzubieten hätten, je nachdem, ob ein Versicherter Spender ist oder nicht. Diese Verträge wären sehr variabel zu gestalten, so daß die Aufnahme in einen „Club" einerseits eine Versorgung im Bedarfsfalle sichert und anderseits zu Beitragsermäßigungen führt. Die konkrete Ausgestaltung wie auch die dogmatische Untermauerung seiner Ansichten deutet Kliemt jedoch nur an. Im Ergebnis müsse es wohl so sein, daß der Clubgedanke - zumal wenn der Einzelne die Möglichkeit hat, zwischen mehreren „Clubs" zu wählen und so eine seinen Bedürfnissen optimal

---

16 Zur Verwaltung und Verteilung aus derartigen Gemeinschaftsgütern vgl. *Ostrom*, Governing the Commons. The Evolution of institutions for collective action, Cambridge, 1990.

17 *Kliemt*, „Gerechtigkeitskriterien" in der Transplantationsmedizin - Eine ordoliberale Perspektive, in: Fuchs/Nagel, Soziale Gerechtigkeit im Gesundheitswesen, Berlin, u.a., 1993, S. 262 ff., 269.

18 Fairneß wird verstanden als Gerechtigkeit. Insoweit ist die Nähe zu John Rawls unverkennbar.

angepaßte Versorgung zu finden - scheitern muß[19]. Denn: Von entscheidender Bedeutung für den Erfolg einer solchen Organisation ist ihre Größe[20]. Bei der vergleichsweise geringen Zahl von Organspendern im Verhältnis zur Bevölkerung muß die Vereinigung eine bestimmte Größe erreichen, um überhaupt eine Chance auf die Erzielung von Spenderorganen zu haben. Eine grundlegende Kritik am Gedanken der Reziprozität kann hierin nicht gesehen werden. Lediglich praktische Probleme bei der Umsetzung werden erkannt und benannt. Kliemt selbst geht davon aus, daß der Reziprozitätsgedanke ohne weiteres überzeugt, wenn er schreibt: *„Käme den Bürgern dieser Aspekt* [gemeint ist, daß auch Nichtspender Organempfänger werden können] *voll zu Bewußtsein, so würden sie die bestehende Praxis als unfair verwerfen"*[21].

Ein Konflikt mit Gerechtigkeitserwägungen wird folglich im erschwerten Zugang zu Organen für Nichtspender aus diesem Blickwinkel nicht gesehen.

c) Ende der Achtung altruistischen Handelns?

Ein anderer Einwand gegen die Motivationslösung ließe sich darauf gründen, daß dieses Modell dem Spender eine Gegenleistung für seine Spende anbietet. Damit werde der altruistische Akt des Schenkens ethisch entwertet und damit dem allgemeinen Werteverfall weiter in die Hände gearbeitet.

In der bisherigen Diskussion um die rechtliche Regelung der Organtransplantation wurde mit der Entwertung des Schenkungsgedankens gegen die Widerspruchslösung argumentiert, da dort auch derjenige, der sich nicht für eine Spende entschieden hat, zum „Spender" und damit zum Schenker wird[22]. In diesem Zusammenhang ist die Überzeugungskraft der Überlegung nicht anzuzweifeln.

Wie aber steht es in Bezug auf die Motivationslösung? Richtig ist, daß derjenige, der sich zur Organspende bereit erklärt, diese Entscheidung auch mit Blick auf die vorteilhaften Folgen trifft. Ist derartiges Handeln vom Standpunkt der Ethik zu verurteilen?

---

[19] *Kliemt/Breyer*, Solidargemeinschaften der Organspender: Private oder öffentliche Organisation, in: Oberender, Hrsg., Transplantationsmedizin, Ökonomische, ethische, rechtliche und medizinische Aspekte, Baden-Baden, 1995, S. 135 ff., 149 ff.

[20] *Takemoto*, Survival of Nationally Shared, HLA-Matched Kidney Transplants from Cadaveric Donors, in: New England Journal of Medicine, Band 327, 1992, S. 834 ff.

[21] *Kliemt*, „Gerechtigkeitskriterien" in der Transplantationsmedizin - Eine ordoliberale Perspektive, in: Fuchs/Nagel, Soziale Gerechtigkeit im Gesundheitswesen, Berlin, u.a., 1993, S. 262 ff., 269.

[22] Vgl. *Kloth*, Rechtsprobleme der Todesbestimmung und der Organentnahme Verstorbener, Diss. Jur. FU Berlin, 1994, S. 162 f.

Zur Antwort auf diese Frage, muß man sich zunächst Klarheit darüber verschaffen, inwieweit der Akt des Schenkens einen ethischen Wert darstellt. Im zweiten Schritt wäre zu erörtern, ob, im konkreten Bezug auf die Organspende, das Schenken in der Erwartung eigenen Vorteils den Anforderungen der Ethik noch zu entsprechen vermag.

Allein ersteres festzustellen, erscheint als ein Akt der Unmöglichkeit. So wie es keine einheitliche Definition und kein einheitliches Verständnis von Gerechtigkeit gibt, so gibt es auch keine einheitliche Definition von sittlich richtigem Verhalten. Es gibt keine Regel, anhand derer klar und nachvollziehbar zu entscheiden wäre, ob ein gewisses Verhalten den Anforderungen der Ethik entspricht. Komplizierend kommt hinzu, daß es nicht eine „Ethik", also ein allzeit und universell gültiges Wertegesamt geben kann, sondern daß Gewissensethik, Hochethik verschiedener religiöser und weltanschaulicher Systeme, Sozialmoral und Humanmoral zu unterscheiden sind.

Für die Beantwortung der Frage, inwieweit das selbstlose Spenden als ethischer Wert etabliert ist, führt ein Eingehen auf gewissensethische Überlegungen zu keinem Ergebnis. Denn hierbei handelt es sich um die autonomen sittlichen Werte eines Einzelnen, das was einer bestimmten Person als gut und wertvoll erscheint und was daher zu erstreben ist. Nur wenn sich nachweisen ließe, daß es gewisse Werte gibt, die von allen Menschen gleich als Werte empfunden und verstanden werden, ließen sich aus dieser Betrachtung nähere Ergebnisse gewinnen. Das Bestehen einer absolut gültigen Werteordnung ist jedoch bisher wissenschaftlich nicht beweisbar und daher heftig umstritten[23].

Fest gefügte und als gültig akzeptierte Wertegesamte existieren jedoch, allerdings nicht absolut, auch wenn sie jeweils für sich Absolutheit beanspruchen. Zu denken ist dabei an die Moralvorstellungen und -vorgaben, wie sie von den verschiedenen Religionen für ihre Gläubigen angeboten werden. Aus der Sicht des Christentums lassen sich Aussagen darüber treffen, inwieweit das selbstlose Schenken und Geben einen Wert darstellt. Matthäus 6,3 spricht davon, daß derjenige, der Almosen gibt, gut daran tut, sich nicht wegen der Almosen zu brüsten. Gott allein wird den Mildtätigen belohnen. Gottes Lohn fällt demnach demjenigen zu, der gibt, weil er geben möchte und nicht, weil er eine Gegenleistung in Form von Anerkennung und damit im weitesten Sinne eigenem Vorteil erhält. Das aufopfernde Schenken, welches auch im Satz „Geben ist seliger als nehmen"[24] seinen Ausdruck findet, wäre folglich aus christlicher Sicht ein moralisch hochstehendes Handeln[25].

---

[23] *Henkel*, Einführung in die Rechtsphilosophie, 2. Aufl., München, 1977, S. 68.

[24] Apostelgeschichte Kapitel 20, Vers 35. Vollständig lautet der Vers in der Einheitsübersetzung: „In allem habe ich euch gezeigt, daß man sich auf diese Weise

Verfehlt wäre nun der Schluß von der christlichen Ethik auf die Sozialmoral, denn hierunter wären all diejenigen Verhaltensvorgaben zu verstehen, die das jeweilige Gemeinwesen für seine Mitglieder bereit hält. Zwar bekennen sich beispielsweise in Deutschland ein sehr großer Teil der Bevölkerung zum Christentum, dennoch sind die Bereiche der christlichen Ethik und der Sozialmoral nicht deckungsgleich. Zum einen ist dies darauf zurückzuführen, daß ein bedeutender Teil der deutschen Bevölkerung heute kein Bekenntnis zum Christentum mehr abgelegt. Der andere, und entscheidende Grund, ist darin zu sehen, daß es bei der Sozialmoral um gesellschaftliche Werte geht, die quasi als „kleinster gemeinsamer Nenner" in einer bestimmten Gesellschaft existieren[26]. Sozialmoral ist nicht vorgegeben, wie etwa ein religiös vorgegebenes Wertegerüst, sondern entwickelt sich dynamisch in der Gesellschaft und mit Blick auf den Erfolg dieser Gesellschaft. Die Sozialmoral liegt so häufig dem jeweiligen Recht zugrunde[27]. Sozialmoral prägt das Verhältnis des Einzelnen zur Gesellschaft und der Einzelnen untereinander. Stellt man sich nun an diesem Punkt die Frage, ob es aus der Sicht der Sozialmoral „gut" ist, bedingungslos und erwartungsfrei zu schenken, fällt die sofortige Bejahung dieser Frage bedeutend schwerer als aus christlicher Sicht. Ist solches Verhalten wichtig für das Bestehen und Funktionieren der Gesellschaft? Einen Ansatzpunkt könnte der Gedanke bieten, daß auch eine entwickelte Gesellschaft nicht alle Aufgaben auf den Staat und seine Institutionen delegieren kann. Täte sie es, schaffte sie einen Staat, der mit der Totalversorgung gleichzeitig auch jegliche Form von Eigeninitiative und damit von Freiheitsgebrauch seiner Bürger einschränkte. Eine Gesellschaft wie die unsere, für die Freiheit, Gleichheit und Brüderlichkeit weiterhin elementare Grundwerte darstellen, muß Möglichkeiten offenlassen, Brüderlichkeit zu üben. Brüderlichkeit, d.h. Solidarität, kann nicht umfassend vom Staat und seinen Institutionen geübt werden. Solidarität hat ihre Wurzel im sozialen Kontakt der Menschen untereinander. Geht man diesem Gedanken nach, gelangt man zur überraschenden Einsicht, daß auch unsere Gesellschaft

---

abmühen und sich der Schwachen annehmen soll, in Erinnerung an die Worte Jesu, des Herrn, der selbst gesagt hat: Geben ist seliger als nehmen."

[25] Aus der Sicht anderer religiöser oder weltanschaulicher Ansichten wäre ein anderes Ergebnis denkbar, wenngleich viele der Weltreligionen ähnliche Wertevorstellungen entwickelt haben. Denkt man beispielsweise an die „Scientology Bewegung", deren Gründer Hubbard der Satz zugeschrieben wird: „Make money, make more money, get other people to make more money", ist offensichtlich, daß altruistisches Handeln nicht zu den hervorstechendsten Werten dieser „Hochethik" gehört.

[26] *Zippelius*, Das Wesen des Rechts, 4. Aufl., München, 1978, S. 36.

[27] Allgemeine Ansicht, vgl. *Henkel*, Einführung in die Rechtsphilosophie, 2. Aufl., München, 1977, S. 71 ff.; *Engisch*, Auf der Suche nach der Gerechtigkeit, München, 1971, S. 96 f.

solidarisches Verhalten als Wert anerkennt und zum Teil auch in Recht umgesetzt hat. Ein Beispiel hierfür findet sich im Steuerrecht. Gemäß § 10b Abs. 1 EStG i.V.m. § 52 AO sind *„Ausgaben zur Förderung mildtätiger, kirchlicher, religiöser, wissenschaftlicher und der als besonders förderungswürdig anerkannten gemeinnützigen Zwecke ... als Sonderausgaben abzugsfähig"*[28], wobei es dabei entscheidend darauf ankommt, daß die Förderung der Allgemeinheit zugute kommt, d.h. daß der Kreis der zu Fördernden nicht „fest abgeschlossen"[29] ist. Spenden, die in diesem Sinne selbstlos für die Allgemeinheit dargebracht werden, haben folglich auch in den Augen des Steuerrechts eine besondere Dignität. Den umgekehrten Fall bestraft das Recht: Wer einer bestimmten Person eine Zuwendung zukommen läßt, kann diese freiwillige Zuwendung nicht steuermindernd geltend machen. Soweit die Zuwendung an unterhaltsberechtigte Personen erfolgt, ergibt sich dies bereits aus § 12 Nr. 2 EStG. Mehr noch, eine Schenkung oberhalb der Freibeträge läßt die Schenkungssteuer entstehen, wobei nicht nur der Beschenkte, sondern auch der Schenker als Steuerschuldner herangezogen werden, § 20 Abs. 1 ErbStG. Stellt man beide Schenkungsituationen gegenüber, ergibt sich folgendes: Wer für die Allgemeinheit ein Opfer zu bringen bereit ist, wird belohnt, weil er keine Gegenleistung für sein Opfer zu erwarten hat. Selbstloses bzw. solidarisches Handeln wird honoriert. Wer dagegen einem bestimmten Menschen eine Zuwendung zukommen läßt, muß unter Umständen mit darüber hinausgehender Kostentragung rechnen. Solchen Schenkungen wird kein vergleichbarer ethischer Wert zugebilligt, da diese häufig mit Blick auf eine Gegenleistung - und sei es auch immaterieller Art - erfolgen. Realisiert man an dieser Stelle wieder das Verhältnis von Sozialmoral und Recht als zwei zwar nicht deckungsgleiche, wohl aber konzentrische Kreise, so steht dem Schluß von der rechtlichen Anerkennung der selbstlosen Schenkung auf die Annahme als sozialethischem Wert nichts mehr im Wege. Nicht nur aus christlicher Sicht, sondern auch aus der Sicht der Sozialmoral, ist folglich Schenken ohne Erwartung einer Gegenleistung ein ethischer Wert.

Das Modell der Motivationslösung trägt diesem Gedanken nicht Rechnung, da hier davon ausgegangen wird, daß der Spender sein Opfer in der Erwartung bringt, selbst Nutznießer einer Organspende werden zu können. Dennoch wäre an diesem Punkt ein endgültiges Urteil über den ethischen Gehalt dieser Lösung verfrüht.

Zum einen muß gesehen werden, daß auch derjenige, der spendet, weil er sich eine Gegenleistung erhofft, dennoch spendet. Er erbringt sein Opfer. Derjenige, der sich bereit erklärt, im Falle seines Todes seine Organe zu

---

[28] § 10b Abs. 1 Satz 1 EStG. Der Abzug ist in der Höhe auf 2 bzw. 5% des Gesamtbetrages der Einkünfte begrenzt.

[29] § 52 Abs. 1 Satz 2 AO.

spenden, erfüllt gewissermaßen im Moment der Erklärung sein Schenkungsversprechen. Die Gegenleistung besteht in der Erlangung einer Antwartschaft auf Aufnahme in die Prioritätengruppe der Organempfänger für den höchst unwahrscheinlichen Fall[30], daß er selbst ein Spenderorgan benötigen sollte. Der ethische Wert der Bereitschaft für andere Menschen ein Opfer zu bringen, wird dadurch nicht wesentlich geschmälert.

Zum anderen wäre zu bedenken, daß sich der ethische Wert der Motivationslösung auch aus anderen Gesichtspunkten herleiten läßt. In diesem Zusammenhang ist zu sehen, daß die Motivationslösung die Freiheit und Selbstbestimmung des einzelnen respektiert und honoriert. Niemand wird durch dieses Modell gezwungen, sich mit dem Gedanken der Organspende entscheidungserheblich auseinanderzusetzen. Wer dennoch eine Entscheidung zugunsten der Organspende abgibt, kann sich auf der Seite der im Bedarfsfalle bevorzugten Patienten rechnen.

Auch unter humanmoralischen Gesichtspunkten findet die Motivationslösung ethische Anerkennung. Unter Humanmoral seien diejenigen moralischen Grundsätze verstanden, die sich aus der eigentlichen Natur des Menschen als Wesen mit Gemeinschaftsbezug ergeben[31] und die für jede Form menschlicher Sozietät gelten. Der Inhalt dieser Grundsätze erschließt sich jedem Menschen durch eigene Vernunfteinsicht, d.h. sie ergeben sich aus den sachlichen Notwendigkeiten, die das Zusammenleben von Menschen in einer Gemeinschaft mit sich bringt. Die Tatsache, daß der Mensch einerseits als Individuum permanent nach Selbstverwirklichung und Selbstentfaltung strebt, dabei aber andererseits in diesem Verlangen von Mitmenschen abhängig ist, läßt die Einsicht reifen, daß menschlich erfülltes Leben nur in der Gemeinschaft denkbar ist. Diese Gemeinschaft muß dann jedoch auch ein Mindestmaß an Ordnungsregeln verkörpern, um das moralische Ziel eines menschenwürdigen Zusammenlebens aller zu gewährleisten. Dies bedeutet, daß die Gemeinschaft von jedem Mitglied gewisse Pflichten und Rücksichtnahmen erwarten muß, die unter Umständen geeignet sind, das Streben nach Selbstentfaltung des einzelnen Mitgliedes zu beschränken. Es handelt sich gewissermaßen um einen moralischen Pflichtenkatalog, wobei der einzelne im Gegenzug ein gewisses Maß an Sicherheit bei der Verfolgung seiner Ziele erwarten kann. In concreto fallen so grundsätzliche Normen in den Bereich der Humanmoral wie der Rechtssatz „pacta sunt servanda“ oder das Gerechtigkeitsprinzip. Daß die

---

30 Geht man von einer Wohnbevölkerung der Bundesrepublik Deutschland von 80.000.000 Bürgern und einer Transplantationsrate von 3000 Organen im Jahr und einer durchschnittlichen Lebenserwartung von 80 Jahren aus, so liegt die Wahrscheinlichkeit einmal im Leben ein Spenderorgan transplantiert zu bekommen bei z.Z. ca. 0,3 ‰. Die Berechnung erfolgte auf der Basis von Zahlenmaterial der Stiftung Eurotransplant, vgl. Eurotransplant Report 1994, Leiden, 1994.

31 *Henkel*, Einführung in die Rechtsphilosophie, 2. Aufl., München, 1977, S. 73.

der Motivationslösung zugrundeliegende Idee unter Gerechtigkeitsgesichtspunkten keinen durchgreifenden Bedenken ausgesetzt ist, wurde oben aufgezeigt[32].

Hinzu kommt, daß sich die ethische Anerkennung auch aus dem Gedanken des „do ut des“ ableiten läßt. Wenn ein menschenwürdiges Zusammenleben in einer Gemeinschaft möglich sein soll, dann muß die Gemeinschaft die Möglichkeit haben, den einzelnen in gewissen Umfange in die Pflicht zu nehmen. Daß dies nicht soweit gehen kann, daß der einzelne der Sozialisierung anheimfällt, wurde bereits oben aufgezeigt[33]. Es ist hingegen für ein Gemeinwesen zwingend notwendig, dafür zu sorgen, daß eine gewisse Gegenseitigkeit der Pflichten gewahrt wird. Wer gibt, dem soll auch gegeben werden. Ob man diesen Gedanken nun im Bereich der Gerechtigkeit verortet oder ihm einen eigenständigen humanmoralischen Wert zuerkennt, mag dahinstehen. Fest steht hingegen, daß es sich hierbei um ein elementares Prinzip handelt, ohne welches ein Zusammenleben in einer Gemeinschaft wesentlich erschwert wäre. Nur so kann sichergestellt werden, daß es auf Dauer nicht dazu kommt, daß einzelne Mitglieder der Gemeinschaft Ressourcen entnehmen, ohne ihrerseits im Rahmen ihrer Möglichkeiten zur Ressourcenmehrung beizutragen. Eine Gemeinschaft, bei der ein Teil der Mitglieder permanent einzahlt und der andere nur permanent entnimmt, wird den Zusammenhalt als Gemeinschaft verlieren, da sich der Unmut der Einzahler gegen die Entnehmer richten wird.

Festzuhalten bleibt, daß durchdringende ethische Einwendungen gegen die Motivationslösung unter keinem Aspekt vorgebracht werden können. Die Verwirklichung des Gegenseitigkeitsprinzips auch in diesem Bereich widerspricht nicht den Anforderungen der Sittlichkeit.

2. Gesellschaftsvertraglicher Deutungsversuch

Ein weiterer Fragenkreis bedarf im Zusammenhang mit der Motivationslösung vom rechtsphilosophischen Standpunkt aus der Untersuchung: Nachdem John Rawls die praktische Relevanz der gesellschaftsvertraglichen Diskussion aufgezeigt hat, soll im folgenden untersucht werden, ob das hier vertretene Modell unter gesellschaftsvertraglichen Aspekten zu rechtfertigen wäre. Zuzugeben ist, daß es sich hierbei um eine konkrete Fragestellung handelt und die grundlegenden Fragen der Organisation menschlichen Zusammenlebens nicht betroffen sind. Dennoch erscheint es aus mehreren Gründen sinnvoll, den Lösungsvorschlag mit dieser Latte zu vermessen. Zum einen ist die

---

[32] Vgl. oben S. 144ff.

[33] Vgl. oben S. 132 ff.

Tatsache zu sehen, daß die Rechtsphilosophie als Wissenschaft sich nicht in der abstrakten Suche nach Gerechtigkeit erschöpft, sondern nach Gerechtigkeit im praktischen Sinne strebt[34]. Ein weiterer Grund liegt darin, daß durch die Motivationslösung elementare Funktionsbedingungen einer Gesellschaft wie Freiheit und Gleichheit der Mitglieder betroffen sind. Wege zu suchen, sich von der abstrakten Diskussion zu lösen und Antworten auf konkrete Fragen zu finden, erst gibt der Gesellschaftsvertragstheorie die ihr zukommende Bedeutung. Lediglich die Auseinandersetzung um die Fundamente zu führen und anschließend zu argumentieren, daß ein so für gerecht erachtetes Gesellschaftsmodell auch in der Ausgestaltung des Gesetzesrechts zu gerechten Lösungen führt, müßte sich den Vorwurf der l'art pour l'art gefallen lassen. Dies um so mehr als auch den neuen Gesellschaftsvertragskonzepten die Kritik entgegengebracht wird, daß sie lediglich dazu dienen, die bereits bestehende Gesellschaftsordnung post-aufklärerischer, westlicher Denkart zu rechtfertigen[35].

In allgemeiner Formulierung sähe die Fragestellung aus wie folgt: Würde ein Vertragsschließender eines Gesellschaftsvertrages in diesen Vertrag auch noch dann einwilligen, wenn aufgrund des Vertragsinhaltes eine Regelung des Rechtes der Organtransplantation auf der Basis der Motivationslösung möglich wäre? In concreto wären beide elementaren Bestandteile dieses Lösungsmodell zu untersuchen, einerseits die Bedingung, daß Organentnahmen nur bei vorheriger Einwilligung des Spenders zulässig sind und zum anderen der Vergabemodus, der erklärten Organspendern eine bevorzugte Versorgung mit Spenderorganen sichert.

Jedes Gesellschaftsvertragsmodell geht von der Überlegung aus, daß es für Menschen vorteilhafter ist, sich zusammenzuschließen und Grundbedingungen für das Zusammenleben zu entwickeln. Nur so kann gewährleistet sein, daß jedes Gesellschaftsmitglied ein Optimum an Überlebenschancen[36] und Freiheitsgebrauch sicherstellen kann.

---

[34] *Geis*, Das revidierte Konzept der „Gerechtigkeit als Fairneß" bei John Rawls - materielle oder prozedurale Gerechtigkeit, in: JZ 1995, S. 324 ff., 324.

[35] Dieser Einwand läßt sich besonders gegen die Modelle von John Rawls vorbringen, die letztlich auf einer „initial position" beruhen, die dem Menschenbild der amerikanischen Verfassung sehr angenähert erscheint, vgl. *Geis*, Das revidierte Konzept der „Gerechtigkeit als Fairneß" bei John Rawls - materielle oder prozedurale Gerechtigkeit, in: JZ 1995, S. 324 ff., 327; *Kaufmann*, Prozedurale Theorien der Gerechtigkeit, in Krawietz/Wróblewski, Hrsg., Sprache, Performance und Ontologie des Rechts, Festgabe für Kasimieriz Opalek zum 75. Geburtstag, Berlin, 1993, S. 187 ff.

[36] Für Rousseau ist das Selbstbewahrungsinteresse die ausschlaggebende Motivation zum Abschluß des Gesellschaftsvertrages, wenn er schreibt: „Cette liberté [gemeint ist die Freiheit, die Einheit der Familie - für Rousseau Grundform jeder Gesellschaft - über die biologisch notwendige Zeit hinaus aufrecht zu erhalten] est une

Insoweit wäre eine Einwilligung in die erste Bedingung der Motivationslösung unproblematisch, denn denknotwendig ist ein Mehr an Freiheit und Selbstbestimmung in Bezug auf den eigenen Körper nicht möglich. Nur in einem reinen Zustimmungsmodell, bleibt alle Verantwortung für die Organentnahme beim Betroffenen. Alle anderen Regelungen verlagern die Verantwortung für die Organentnahme zumindest teilweise auf andere. Die Entscheidung des Einzelnen, etwaig erst durch die Organentnahme endgültig zu Tode gebracht zu werden[37], steht hiernach nur dem Organspender zu[38].

Wie aber steht es mit der zweiten Bedingung, der Umsetzung des Prinzips der Gegenseitigkeit im Transplantationsrechts? An dieser Stelle erscheint ein näheres Eingehen auf die verschiedenen gesellschaftsvertraglichen Denkmodelle notwendig zu sein.

---

conséquence de la nature de l'homme. Sa première loi est de veiller à sa propre conservation...", *Rousseau*, Du Contrat Social, Edition Garnier-Flammarion, Paris, 1966, S. 42.

[37] Zur Pflicht, derartige Patientenwünsche zu respektieren vgl. aus medizinischer Sicht *Hiersche*, Das Recht des Menschen auf einen würdigen Tod, in: MedR 1987, S. 83 ff. Für ein limitiert einschränkungsfähriges Recht des Einzelnen auf Selbsttötung, vgl. *Bottke*, Suizid und Strafrecht, Berlin, 1982, insb. S. 41 ff.

[38] Vgl. *Höfling*, Plädoyer für eine enge Zustimmungslösung, in: Universitas 1995, S. 357 ff.

Der Einwand, solcher Einwilligung in die Tötung stehe § 216 StGB entgegen, geht fehl. Die Funktionserhaltung Hirntoter wird vom Schutzbereich der Tötungsdelikte nicht erfaßt, vgl. *Tröndle*, StGB, 48. Aufl., 1997, vor § 211, Rdnr. 2 f.; *Schönke/Schröder/Eser*, StGB, 25. Aufl., München, 1997, Vorbem. § 211, Rdnr. 18 f., § 216, Rdnr. 3.

Zugestanden: Der Vorwurf von *Wagner/Brocker*, Hirntotkriterium und Lebensgrundrecht, in: ZRP 1996, S. 226 ff., 229, wer Hirntote zu den Lebenden zählte und diesen Lebenden dann „den Schutzbereich des Lebensgrundrechts verkürzen" wollte, verhalte sich widersprüchlich, hat im ersten Moment etwas bestechendes. Doch er verkennt bei aller formaljuristischen Folgerichtigkeit etwas wesentliches: Ein Eingriff in das Grundrecht auf Leben steht nicht zur Debatte. Der Zustand zwischen festgestelltem Hirntot und endgültigem biologischen Tod ist mit rechtlichen Mitteln nicht greifbar. Wenn man mit Laufs annimmt, daß der Hirntod den Zeitpunkt kennzeichnet, an dem dem Arzt weder das Recht noch die Pficht zukommt, den Patienten weiter zu behandeln, *Laufs*, Fortpflanzungsmedizin und Arztrecht, Berlin, 1992, S. 45, dann kommt dieses Dilemma hier deutlich zum Ausdruck. Nach *Bottke*, Euthanasie und Sterbehilfe aus der Sicht des Juristen, in: ZEE 1981, S. 109 ff., 116 ist der Behandlungsabruch als Konsequenz eines festgestellten Hirntodes „juristisch tadelsfrei". Wird die Entscheidung, welche Maßnahmen nach dem festgestellten Hirntod zulässig sein sollen, nicht auf Dritte verlagert, sondern allein vom Betroffenen zu Lebzeiten festgelegt, ist eine Optimierung und keine Reduzierung des Grundrechtsschutzes des Einzelnen die Folge.

a) Klassische Vorstellung der Gesellschaftswerdung

Jeder Versuch, das Entstehen einer Gesellschaft zu erklären, geht notwendigerweise von einem Zustand vor dem Zeitpunkt der Gesellschaftswerdung aus: Menschen existieren vor ihrem Zusammenschluß in Gesellschaften, wobei jedoch dieser Urzustand unterschiedlich beschrieben wird. So geht Hobbes noch von einer totalen Anarchie aus, wenn er feststellt, daß der Mensch des Menschen Wolf ist und sich der Urzustand durch den Kampf aller gegen alle ums Überleben auszeichnet[39]. Rousseau geht im Contrat Social von der Familie als Urform einer Gesellschaft aus, die, nachdem sie mit dem Heranwachsen der Kinder ihren zwingenden Charakter verloren hat, aufgrund eines Übereinkommens der Familienmitglieder weitergeführt wird. In vergleichbarer Weise entscheiden sich auch die Vertragschließenden des Gesellschaftsvertrages für die Schaffung der Gemeinschaft. Die dabei zugrunde liegende Motivation liegt zuvorderst in der Bewahrung und Erhaltung der Existenz und nachgeordnet in der Erkenntnis, daß durch den Zusammenschluß die Möglichkeiten zum Freiheitsgebrauch und zur Selbstentfaltung größer werden. Dazu ist es notwendig, daß jeder alle Rechte und Freiheiten ohne Ausnahme der Gemeinschaft als solcher - und nicht einer anderen Person - überträgt. Dadurch wird bewirkt, daß jeder all das, was er beim Vertragsschluß aufgab, als seinen Anteil an der Gesellschaft zurückerhält. Darüber hinaus, und hierin liegt die Attraktivität der Überlegung, hat der Einzelne jetzt die Garantie der Bewahrung seiner Rechte und Freiheiten durch die Gesellschaft[40].

Zu bedenken ist, daß jeder Vertrag nur zustande kommt, wenn die Vertragsschließenden über die wesentlichen Inhalte des Vertrages Einigkeit erzielt haben. Vernünftigerweise werden die Parteien des Gesellschaftsvertrages nur dann einwilligen, wenn sie bereit sind, die Konsequenzen zu tragen. Die zu schaffende Gesellschaft muß demnach dem Prinzip der Gerechtigkeit entsprechen. Sie selbst und die Gesetze, die sie sich gibt, müssen nach Rousseau der Volonté générale entsprechen, dem gemeinsamen Willen aller, den jeder Mensch in sich trägt und den er erkennen kann, wenn er frei von allen Leidenschaften seiner Vernunft gehorcht. Wird dieser gemeinsame Wille Gesetz, dann ist der Mensch frei und will das Gesetz, weil es seinem wahren Willen entspricht.

---

[39] Vgl. weiterführend *Koller*, Neue Theorien des Sozialkontrakts, Berlin, 1987, S. 17 f.

[40] Rousseau schreibt dazu im 1. Buch, Kapitel VI des Contrat Social: „Enfin chacun se donnant à tous ne se donne à personne, et comme il n'y a pas un associé sur lequel on n'acquière le même droit qu'on lui cède sur soi, on gagne l'équivalent de tout ce qu'on perd, et plus de force pour conserver ce qu'on a."

Unter diesen Prämissen ist es schwierig zu entscheiden, ob die Motivationslösung unter gesellschaftsvertraglichen Aspekten ihre Rechtfertigung finden kann. Verständlicherweise hat Rousseau sich hierzu nicht geäußert. Er hat aber bedacht, daß auch für den einzelnen belastende Bestimmungen von der Volonté générale umfaßt sein können: Jeder, der als verurteilter Mörder der Hinrichtung ins Auge zu sehen hat, wird für sich selbst sagen, daß er hierzu sicher nie seine Zustimmung gegeben habe. Rousseau kommt dennoch zu der Erkenntnis, daß die Vertragsschließenden auch in die eigene Hinrichtung als Mörder einwilligen, denn „um kein Opfer eines Mörders zu werden, stimmt man zu, zu sterben, sollte man selbst einer werden"[41]. Der dem zugrunde liegende Gedanke läßt sich, bei aller möglichen auf das konkrete Sujet bezogenen Kritik[42], auch auf die Schaffung der Prioritätengruppe für erklärte Organspender übertragen: Ein Vertragsschließender willigt in diese Form der Verteilung ein, weil sie zum einen seine Freiheit umfassend respektiert und er zum anderen akzeptiert, daß er nur dann bevorzugt werden kann, wenn er im Gegenzug der Gesellschaft etwas gibt.

b) Die Reformulierung des Gesellschaftsvertrages durch John Rawls

Letztendlich überzeugen vermag diese Argumentation, basierend auf Rousseau, nicht völlig. Grund dafür ist die Tatsache, daß in der klassischen Vertragslehre die Situation der Menschen im Urzustand nicht hinreichend konkret beschrieben worden ist, um daraus konkrete Lösungsansätze ableiten zu können. Es ist in jüngerer Zeit das große Verdienst von John Rawls, den Urzustand genauer zu definieren und darauf ein basierendes System der Gerechtigkeit zu entwickeln[43]. In seinem Werk „A Theory of Justice"[44] beschreibt er die Vertragsschließenden im Urzustand als grundsätzlich mit

---

[41] *Rousseau*, Du Contrat Social, Edition Garnier-Flammarion, Paris, 1966, S. 72. Übersetzung vom Verfasser.

[42] So wirft Gustav Radbruch an diesem Punkt Rousseau vor, er widerspreche sich, wenn er bei der Einwilligung in die Todesstrafe auf einen in der Vergangenheit - vor der Hinrichtung - liegenden Zeitpunkt abstellt, an prominenterer Stelle jedoch bekräftigt, daß der Gesellschaftsvertrag als in jeder Sekunde neu geschlossen gedacht sein müsse, vgl. *Radbruch*, Rechtsphilosophie, 7. Aufl., Stuttgart, 1970, S. 271 f. Nach *Beccaria*, Dei Delitti e delle pene, 1764, § 16, hier zitiert nach Bergk, Übers., Des Marchese Beccaria's Abhandlung über Verbrechen und Strafen, Leipzig, 1798, S. 168 ff., ist eine Einwilligung in die Todesstrafe nicht möglich, da der Gesellschaftsvertrag wegen der Selbsttötung insoweit wegen Verstoßes gegen die guten Sitten nichtig wäre.

[43] *Bossert*, Die Theorie der Gerechtigkeit bei John Rawls, in: Bottke/Rauscher, Hrsg., Gerechtigkeit als Aufgabe, St. Ottilien, 1990, S. 75 ff.; *Höffe*, Rawls' Theorie der politisch-sozialen Gerechtigkeit, in: Höffe, Hrsg., John Rawls, Gerechtigkeit als Fairneß, Freiburg/München,1977, S. 16 ff.

[44] *Rawls*, A Theory of Justice, Oxford, 1971.

Gerechtigkeitssinn ausgestattet und egoistisch in dem Sinne, daß sie jeder für sich nach Gütermehrung streben. Rawls stellt dabei fest, daß es nun entscheidend darauf ankommt, daß die Parteien des Gesellschaftsvertrages über ihre zukünftige Stellung in der Gesellschaft im Moment des Vertragsabschlusses völlig im Unklaren sind, d.h. daß sie die Entscheidung unter dem Schleier der Unwissenheit eigenen Betroffenseins zu treffen haben. Nur so werden sie nach der Lösung streben, die ihnen ein Optimum an Chancen bei gleichzeitig tragbarem Risiko verspricht.

Darüber hinaus postuliert Rawls zwei Prinzipien der Gerechtigkeit von denen er annimmt, daß diese von den Vertragsschließenden im Urzustand gewählt würden[45]. Das erste Prinzip besagt, daß jede Person das gleiche Recht zu möglichst umfassenden persönlichen Freiheiten haben sollte, solange diese Freiheiten nicht mit vergleichbaren Freiheiten anderer kollidieren. Das zweite, nachgeordnete Prinzip, besagt, daß soziale und wirtschaftliche Ungleichheiten so gestaltet sein müssen, daß sie zum einen für jeden einen Nutzen beinhalten und zum anderen an Positionen und Ämter geknüpft sein müssen, die jedem nach den Grundsätzen fairer Chancengleichheit offenstehen[46].

Läßt sich der Ansatz der Motivationslösung mit diesen Prinzipien vereinbaren? Zunächst ist zu klären, ob das Primat der optimierten persönlichen Freiheit gewahrt ist. Rawls meint in diesem Zusammenhang grundlegende politische Freiheiten wie beispielsweise das Wahlrecht und das Recht auf freie Meinungsäußerung[47]. Bedenkt man, daß Rawls annimmt, daß diese Freiheiten immer für alle Mitglieder zwingend in gleichem Umfang zu gewährleisten sind, kann es sich nur um die elementaren Grundfreiheiten handeln. Die Tatsache, daß das zweite Prinzip von Ungleichheiten ausgeht und diese in gewissen Grenzen zu legitimieren sucht, setzt voraus, daß der Anwendungsbereich des ersten Prinzips auf grundlegende Freiheiten zu beschränken ist.

Die Chancenallokation nach der Motivationslösung wird grundsätzlich von der Wahlmöglichkeit eines jeden Bürgers bestimmt. Gerecht im Sinne des ersten Prinzips wäre das Modell nur dann, wenn jedem die Wahlmöglichkeit auch tatsächlich eingeräumt wird. Wird diese Bedingung erfüllt, ist das erste Rawls'sche Prinzip erfüllt. Die Frage, ob die Ungleichheiten bei der Organvereilung letztendlich als „gerecht“ akzeptiert werden können, ist eine Frage des zweiten Prinzips. Diese Überlegung führt zu folgenden zwingenden Bedingungen: Jedem Bürger muß die Möglichkeit gegeben werden, sich für eine Organspende zu entscheiden. Jedermanns Spendeerklärung muß der gleiche Wert im Hinblick auf eine Aufnahme in die Prioritätengruppe

[45] *Rawls*, A Theory of Justice, Oxford, 1971, S. 60.

[46] *Rawls*, A Theory of Justice, Oxford, 1971, S. 60 f.

[47] *Rawls*, A Theory of Justice, Oxford, 1971, S. 61.

zuerkannt werden. Auch Bürger, die aufgrund ihrer bisherigen Krankheitsgeschichte nicht zur Organspende herangezogen werden können, weil sie beispielsweise an einer bösartigen Tumorerkrankung gelitten haben und die Gefahr der Übertragung der Tumorzellen besteht, müssen in den Genuß der Vorzüge kommen können. Kinder und Minderjährige bis zum festgesetzten Erklärungsalter müssen per se Aufnahme in die Prioritätengruppe finden. So gestaltet, erfüllte die Motivationslösung die Anforderungen des ersten Rawls'schen Gerechtigkeitsprinzips.

c) Bedeutung des Rawls'schen Differenzmodells für die Motivationslösung

Dem zweiten Prinzip ist im Zusammenhang mit der Motivationslösung größere Beachtung zu schenken. Bei oberflächlicher Betrachtung scheint der Widerspruch auf der Hand zu liegen. Zwar läßt sich noch argumentieren, daß das Kriterium der fairen Chancenverteilung gewahrt wird, wenn man berücksichtigt, daß es jeder einzelne in der Hand hat, sich für die Organspende zu entscheiden; ein Anhaltspunkt dafür, daß der größere Vorteil bei den Spendern gleichfalls zu einem Nutzen bei den Nichtspender führt, ist jedoch nicht zu erkennen. Allenfalls die Hoffnung, daß mit steigender Zahl der Spender auf Dauer auch die Zahl der für die Nichtspender verfügbaren Organe steigen wird, ließe sich anführen[48].

Eine derartig verkürzte Sichtweise würde jedoch Inhalt und Reichweite des Rawls'schen Differenzmodells verkennen. Wenden wir uns zunächst dem ersten Teil des Prinzips zu. Nach Rawls ist eine Verteilung nur dann gerecht, wenn die resultierenden Ungleichheiten zu Vorteilen auch bei denen führen, die am wenigsten begünstigt sind. Auch ihre Situation muß sich verbessern. Rawls denkt dabei vor allen Dingen an die Verteilung materieller Güter wie Nahrung, Wohnung, Energie. Nach Rawls sind dies „Grundgüter". Sieht man in der Motivationslösung eine Methode zur Verteilung von Gütern, sprich Spenderorganen, dann handelt es sich nicht um Grundgüter in diesem Sinne, da dies nur Güter sein können, die jeder möglichst für sich selbst maximieren möchte. Dem ist aber nicht so, da nur wenige Verwendung für ein Spenderorgan haben. Sinnvoller ist es daher, in der Motivationslösung einen Modus zur Verteilung von Chancen zu sehen, von Aussichten, bei Bedarf zu einer optimalen Heilung zu kommen. Chancenverteilung hat nach Rawls nach dem

---

[48] Bedenkt man, daß eine Untersuchung festgestellt hat, daß die Zahl der verfügbaren Organe in Deutschland um den Faktor 10 zu steigern wären, erscheint diese Aussicht als durchaus realistisch, vgl. *Angstwurm/Ketzler*, Möglichkeiten und Grenzen der Organtransplantation, Ergebnisse einer Untersuchung über die mögliche Zahl postmortaler Organspenden, Edition Deutsche Stiftung Organtransplantation, Neu-Isenburg, 1986.

Prinzip fairer Chancenverteilung zu funktionieren. Daß diese gewahrt wird, wenn jedem die Möglichkeit eröffnet wird, sich in die Gruppe der potentiell prioritären Patienten einzureihen, wurde bereits aufgezeigt. Letztendlich beruht der Verteilungsmodus der Motivationslösung auf dem Gedanken der Gegenseitigkeit, deren Wert Rawls anerkennt, wenn er schreibt: „A further point is that the difference principle expresses a conception of reciprocity. It is a principle of mutual benefit“[49].

d) Zwischenergebnis

Zusammenfassend ist festzustellen, daß die Motivationslösung aus gesellschaftsvertraglicher Sicht keinen grundlegenden Einwänden ausgesetzt ist. Gerade weil in ihr der Gedanke der Gegenseitigkeit seinen umfassendsten Ausdruck findet, harmonisiert dieser Vorschlag in hervorragender Weise mit der Idee des Gesellschaftsvertrages.

IV. Umsetzungsmöglichkeiten

Der voranstehende Unterabschnitt hat gezeigt, daß die Motivationslösung als abstrakte Idee den unterschiedlichen Kriterien der Gerechtigkeit zu entsprechen vermag. Entscheidend für den möglichen Erfolg der Motivationslösung ist jedoch, auf welche Weise eine praktische Umsetzung im Rahmen des rechtlich Möglichen zu erreichen ist. Die verschiedenen Möglichkeiten seien daher im Folgenden aufgezeigt.

1. Privatrechtliche Überlegungen

Unter diesem Punkt seien all diese Umsetzungsmöglichkeiten zu verstehen, bei denen der einzelne aufgrund seiner Vertragsfreiheit Verträge abschließt, die im Ergebnis dazu führen, daß er für seine Bereitschaft, selbst als Organspender zur Verfügung zu stehen, im Bedarfsfalle seine Chance auf Erhalt eines Spenderorganes optimiert. In Betracht kommen daher Vertragsformen wie Versicherungsvertrag, Gesellschaft, Idealverein bzw. spezielle gegenseitige Verträge dieses Inhalts sui generis. Ein Vorbehalt muß für die folgenden Überlegungen gemacht werden: Nach derzeitiger Rechtslage gewähren weder Rechtsprechung noch herrschende Meinung dem Einzelnen das Recht, über seine Organe vermächtnisgleich zu verfügen. Jeder Versuch,

---

49 *Rawls*, A Theory of Justice, Oxford, 1971, S. 102.

die Motivationslösung privatrechtlich umzusetzen, müßte im ersten Schritt dafür Sorge tragen, daß Verfügungen des Spenders über seine Organe nach seinem Tode grundsätzliche Anerkennung finden.

a) Versicherungsrechtlicher Lösungsansatz

Aus struktureller Sicht liegen die Gemeinsamkeiten der Motivationslösung mit einer Versicherung auf der Hand. Gegen eine gewisse Leistung eines Versicherungsnehmers, im Falle der Motivationslösung, die Bereitschaft Organe zu spenden, wird vom Versicherungsgeber im Bedarfsfalle dafür gesorgt, daß eine möglichst rasche Versorgung mit einem Spenderorgan erreicht wird. Insoweit ist die Nähe zur Schadensversicherung[50] unübersehbar. Die Unterschiedlichkeit beider Verträge liegt darin, daß es sich bei der Motivationslösung sowohl bei der Leistung als auch bei der Gegenleistung um in der Hauptsache nichtwirtschaftliche Güter handelt. Zwar existiert bisher weder eine gesetzliche Definition des Begriffs der Versicherung[51], noch war die Literatur willens oder in der Lage, eine solche zu entwickeln, die verschiedenen Versicherungstheorien wie z.B. die Schadensersatztheorie[52], die Bedarfstheorie[53] oder die Gefahrengemeinschaftstheorie[54] stellen jedoch jeweils einzelne Aspekte des breiten Feldes des Versicherungsbegriffs dar[55]. Allen Überlegungen ist dabei gemeinsam, daß sie von der Entgeltlichkeit[56] des Versicherungsvertrages ausgehen. Unentgeltliche Leistungen werden vom Begriff der Versicherung nicht erfaßt[57]. Im VVG wird die Entgeltlichkeit der Versicherung zwar nicht expressis verbis genannt, jedoch, wie die Lektüre des Gesetzes zeigt[58], durchwegs vorausgesetzt. Auch aus aufsichtsrechtlicher Sicht

---

[50] § 1 Abs. 1 Satz 1 VVG.

[51] Vgl. dazu *Prölss/Martin*, Versicherungsvertragsgesetz, 25. Aufl., München, 1992, § 1, S. 40 f.

[52] Vgl. hierzu *Eichler*, Versicherungsrecht, 2. Aufl., Karlsruhe, 1976, S. 3 ff.

[53] *Manes*, Grundzüge des Versicherungswesens, 5. Aufl., Leipzig, 1932, S. 1.

[54] *Möller*, in: Bruck/Möller, Kommentar zum Versicherungsvertragsgesetz und zu den Allgemeinen Versicherungsbedingungen unter Einschluß des Versicherungsmittlerrechts, 8. Aufl., Band 1, 1961, § 1 VVG, Anm. 3; *Richter*, Privatversicherungsrecht, Individual- oder Versicherungsvertragsrecht, Stuttgart u.a., 1980, S. 51 ff.

[55] *Deutsch*, Versicherungsvertragsrecht, 3. Aufl., Karlsruhe, 1993, S. 4; *Weber/Winter*, Grundzüge des Versicherungsvertragsrechts, Heidelberg, 1986, S. 4 f.

[56] Dies gilt für alle Arten von Versicherungen, gleichgültig ob als Versicherungsgeber eine Aktiengesellschaft oder ein Versicherungsverein auf Gegenseitigkeit auftritt, vgl. *Brenzel*, Der Versicherungsverein auf Gegenseitigkeit, Karlsruhe, 1975, S. 23.

[57] *Richter*, Privatversicherungsrecht, Individual- oder Versicherungsvertragsrecht, Stuttgart u.a., 1980, S. 53 ff.

[58] Vgl. u.a. §§ 1 Abs. 1 Satz 2, 13, 31 VVG.

ist Entgeltlichkeit Voraussetzung für das Vorliegen eines Versicherungsgeschäftes. Das BVerwG hebt dies deutlich hervor, wenn es ausführt: „Notwendiges Merkmal eines Versicherungsgeschäftes i.S. von § 1 Abs. 1 VAG ist hiernach u.a. die rechtsgeschäftlich - durch Abschluß eines Versicherungsvertrags oder durch Aufnahme einer Person in die Vereinigung zu den satzungsmäßigen Bedingungen - begründete bedingte Leistungsverpflichtung des Unternehmens, die mit dem hierfür versprochenem Entgelt in dem rechtsgeschäftlich begründeten Verhältnis von Leistung und Gegenleistung steht"[59]. Eine vertragliche Vereinbarung unter Zugrundelegung der Motivationslösung kann daher nicht als klassischer Versicherungsvertrag gestaltet werden.

b) Gesellschaftsrechtlicher Ansatz

Anders als bei einem Versicherungsvertrag bedarf es bei einer Gesellschaft bürgerlichen Rechts i.S.v. §§ 705 ff. BGB keines wirtschaftlichen Zweckes[60]. So wird beispielsweise vertreten, daß eine Seilschaft beim Klettern als Gesellschaft bürgerlichen Rechts konstruierbar sei[61]. Der gemeinschaftliche Zweck wird hierbei in der Erreichung eines Gipfels gesehen, die Beiträge der Gesellschafter werden durch deren jeweiligen Sicherungsleistungen erbracht. Ausgehend davon, daß gerade beim Klettern in einer Seilschaft der immaterielle Zweck häufig ausschließlich gemeinsam erreicht werden kann, erscheint es diskutierbar, auch die Steigerung der Chancen auf ein Spenderorgan unter diesem Blickwinkel daher als Gesellschaftszweck i.S.v. § 705 BGB zu sehen. Auch dieser Zweck kann in einer Gruppe nur dann erreicht werden, wenn sich die einzelnen bereit erklären, gegebenenfalls ihre Organe zur Verfügung zu stellen. Dabei darf jedoch nicht übersehen werden, daß das Institut der Gesellschaft bürgerlichen Rechts davon ausgeht, daß zumindest die Förderung des Zweckes durch vermögenswerte Leistungen der Gesellschafter möglich sein muß[62]. Im Falle der Motivationslösung der Organtransplantation geschähe die Förderung des Zweckes einzig und allein durch die Erklärung der Spendebereitschaft, einer Leistung, die nach absolut herrschender Auffassung einer Kommerzialisierung nicht zugänglich ist. Neben den darüber hinaus bestehenden organisationsrechtlichen Problemen einer Organspendegesell-

---

[59] BVerwG VersR 1987, S. 297 ff., 298.

[60] *Palandt-Thomas*, BGB, 53. Aufl., München, 1993, § 705 Rdnr. 14.

[61] *Schünemann*, Unfallhaftung im Bergsport, in: VersR 1982, S. 825 ff., 826. Die Rechtsprechung hingegen sieht - allerdings ohne die besonderen Bedingungen des Bergsports im Auge zu haben - in der gemeinsamen Teilnahme an einer Sportveranstaltung keine Möglichkeit für die Annahme einer Gesellschaft, vgl. BGHZ 39, 156 ff., 158.

[62] *Palandt-Thomas*, BGB, 53. Aufl., München, 1993, § 705 Rdnr. 14.

schaft liegt hierin das Hauptargument gegen die gesellschaftsrechtliche Umsetzung der Motivationslösung.

c) Vereinsrechtlicher Ansatz

Durch das Institut des Idealvereins i.S.v. § 21 BGB wären viele Probleme in diesem Zusammenhang leichter zu lösen als durch die Anwendung des Gesellschaftsrechts. Zum einen wäre ein Verein strukturell in der Lage, auch bei einer großen Anzahl von Mitgliedern einen geordneten Geschäftsbetrieb zu garantieren[63]. Zum anderen ließe sich so die Idee einer Gemeinschaft zur gegenseitigen Hilfe wirkungsvoll verwirklichen. Beitretende Mitglieder müßten sich verpflichten, ihre Organe im Todesfall Vereinsmitgliedern zur Verfügung zu stellen, wobei der Vorstand mit der Verteilung der Organe beauftragt würde. Aus meiner Sicht müßte in der Satzung des Vereinsmodells neben den allgemeinen Anforderungen des Vereinsrechts eine Klausel Aufnahme finden, die jedem den Beitritt ermöglicht, so daß sichergestellt wird, daß allein die Entscheidung für die Organspende zur angestrebten Begünstigung führt. Selbst dann wäre die Liste der weiteren Probleme lang. Um nur einige zu nennen: Wäre ein solches Konstrukt noch ein nichtwirtschaftlicher Verein? Wäre eine Anerkennung der Gemeinnützigkeit gemäß § 52 AO möglich? Wie gestaltete sich eine Zusammenarbeit zwischen zwei Vereinen mit gleicher Zielsetzung? Eine Umsetzung der Motivationslösung mittels eines Vereins erscheint im Ergebnis wohl möglich, wenn auch mit wesentlichen Schwierigkeiten behaftet, die dies zumindest nicht anrätlich erscheinen lassen.

Jeder Versuch, die Motivationsregelung mit den Mitteln des Privatrechts umzusetzen, begegnet tiefgreifenden rechtlichen und praktischen Schwierigkeiten. Man bedenke nur die enormen Mittel, die ein Verein aufwenden müßte, um sein Anliegen der breiten Öffentlichkeit bekannt zu machen. Entscheidend ist jedoch, daß in jedem Fall die Rechtslage insoweit geändert werden muß, daß de lege lata jedem einzelnen das Recht zukommen muß, über die konkrete postmortale Verwendung seiner Organe zu entscheiden. Erst im zweiten Schritt wären dann die konkreten Rechtsprobleme mit dem jeweiligen Rechtsinstitut zu lösen. Es liegt daher auf der Hand, daß im Ergebnis eine privatrechtliche Umsetzung der Motivationslösung zu langwierig und umständlich ist, als daß ernsthaft ein solche Versuch gewagt werden sollte.

---

[63] Man denke an Massenvereine wie den ADAC mit mehreren Millionen Mitgliedern.

2. Schaffung eines Transplantationsgesetzes

a) Gründe für die Schaffung einer gesetzlichen Regelung

Für die gesetzliche Regelung der Organspende sprechen viele Gründe. Ich nenne deren vier:

- Rechtssicherheit

- Informations- und Effektuierungspotentiale

- Art. 74 Nr. 26 GG

- Internationale Kooperationsfähigkeit.

aa) Rechtssicherheit

Unter den genannten Gründen kommt dem Argument der Rechtssicherheit eine exponierte Bedeutung zu. Betrachtet man die derzeitige Situation in Deutschland unvoreingenommen, stellt man fest, daß viele Defizite bei der Versorgung der Bevölkerung direkt oder indirekt mit mangelnder Rechtssicherheit zu tun haben. Der Problemkreis der Transplantation ist wegen seiner mythischen Verknüpfung zu allererst ein psychologisches Problem[64]; jedem einzelnen ist der Gedanke an eine postmortale Organspende latent lästig und wird daher gern beiseite geschoben. Folge davon ist die unglaublich geringe Zahl derer, die sich ausdrücklich zu einer Organspende bereit erklären. Nach derzeitiger Rechtslage wäre dieser Mangel durch gesteigerte Aktivitäten auf ärztlicher Seite wohl zu kompensieren[65]. Ärzte müßten jede sich bietende Gelegenheit nutzen, die Angehörigen eines Verstorbenen über die Möglichkeit der Organspende aufzuklären und zu einer Zustimmung zu bewegen[66]. Angesprochen sind alle Ärzte, wohl vornehmlich in solchen Einrichtungen des Gesundheitswesens, die selbst nie Transplantationen durchführen. Die derzeitige Rechtslage hingegen stellt in dieser Hinsicht eher ein Hemmnis, denn eine Motivation des ärztlichen Personals dar. Existierte ein Bundesgesetz, welches genau die Entnahmekriterien festlegte und darüber hinaus die

---

[64] *Pichlmayr*, Ethische und juristische Fragen aus transplantationschirurgischer Sicht, in: Toellner, Hrsg., Organtransplantation - Beiträge zu ethischen und juristischen Fragen, Stuttgart, New York, 1991, S. 21 ff.

[65] Vgl. *Angstwurm/Ketzler*, Möglichkeiten und Grenzen der Organtransplantation, Ergebnisse einer Untersuchung über die mögliche Zahl postmortaler Organspenden, Edition Deutsche Stiftung Organtransplantation, Neu-Isenburg, 1986.

[66] Nach der derzeitigen Rechtslage! Nach der in dieser Arbeit vertretenen Ansicht besteht kein Raum für ein eigenes Zustimmungsrecht der Angehörigen, vgl. oben S. 134 ff.

belastende Gesprächssituation post mortem überflüssig machte, wäre eine Steigerung der Transplantationsrate sicherlich erzielbar.

Zugegeben, jedes Transplantationsgesetz ist unter Gerechtigkeitsgesichtspunkten angreifbar. Das einzig gerechte Modell ist nicht denkbar. Gerade in solcher Situation schaffte ein Gesetz Klarheit und eine sichere Basis für ärztliches und jurisprudentielles Handeln. Um mit Radbruch zu sprechen: *„Vermag niemand festzustellen, was gerecht ist, so muß jemand festsetzen, was rechtens sein soll."*[67] Dem ist diesbezüglich nichts hinzuzufügen.

bb) Informations- und Effektuierungspotentiale

Nur eine umfassend kompetente Entität wie die nationale Regierung hätte die Mittel zur Verfügung, eine möglichst effiziente Umsetzung der Tranplantationsregelung zu schaffen. Dies beinhaltet die vorzuschaltende Aufklärungs- und Informationsarbeit. Zunächst muß die Bevölkerung von der neuen Regelung in Kenntnis gesetzt werden. Dies kann auf mannigfaltige Art und Weise geschehen. Sicherzustellen ist jedoch, daß tatsächlich jedem Bürger der Inhalt und die Auswirkungen der Regelung bekanntgemacht werden[68]. Im zweiten Schritt ist für die zentrale Erfassung aller transplantationsrelevanten Erklärungen zu sorgen. Auch hier versteht es sich von selbst, daß die Arbeit am effektivsten und, nicht zuletzt unter datenschutzrechtlichen Gesichtspunkten, am sichersten von einer zentralen Bundesbehörde erledigt werden könnte. Private Organisationen wären wohl bereits logistisch überfordert, sicherlich aber schwerer mit Blick auf den Schutz dieser persönlichen Daten zu kontrollieren.

Ein weiterer Punkt verdient in diesem Zusammenhang Erwähnung: Bereits die Versuche zur Schaffung eines Transplantationsgesetzes in den siebziger Jahren kalkulierten mit der Tatsache, daß jeder Bürger in mehr oder minder regelmäßigen Abständen Kontakt zu staatlichen Stellen aufnehmen muß, sei es zur Erfüllung seiner Melde- oder Steuerpflicht, sei es um Ausweispapiere zu erhalten oder zu verlängern[69]. Eine gesetzliche Regelung böte die

---

[67] *Radbruch*, Rechtsphilosophie, 7. Aufl., Stuttgart, 1970, S. 179.

[68] Am effektivsten wäre ein der niederländischen Regelung nachgestaltetes Vorgehen, dergestalt, daß jeder entscheidungsmündige Bürger bei Inkrafttreten des Transplantationsgesetzes durch das Bundesministerium für Gesundheit angeschrieben und informiert würde. Nach Inkrafttreten wären alle Jugendlichen mit Erreichen der Entscheidungsmündigkeit anzuschreiben, vgl. Art. 10 WOB (NL). Siehe dazu oben Kapitel 3 VI.

[69] Vgl. § 5 des Gesetzentwurfes der Bundesregierung für ein Transplantationsgesetz aus dem Jahre 1978, BR-Drucks. 395/78, S. 4 = BT-Drucks. 8/2681, S. 2. Danach wäre dem Gesetz über Personalausweise ein neuer § 2a eingefügt worden des Inhalts, daß bei jeder Neubeantragung bzw. Verlängerung eines Bundespersonalaus-

Möglichkeit, bei all diesen Gelegenheiten den Bürger wiederum auf das Transplantationsgesetz hinzuweisen, ihn zu fragen, ob er eine Spendeerklärung abgeben möchte und diese gegebenenfalls entgegenzunehmen. So ließe sich sicherstellen, daß durch wiederholten Kontakt der Bürger von seinen Möglichkeiten Kenntnis erhält und diese nutzen kann.

cc) Internationale Zusammenarbeit

Von tragender Bedeutung ist weiterhin, daß nur durch eine gesetzliche Regelung in der Bundesrepublik Deutschland die bisher gut funktionierende internationale Zusammenarbeit im Bereich der Organverteilung erhalten werden kann. Die gesetzliche Regelung stellt sicher, daß Deutschland weiterhin am internationalen Organvergabeverfahren teilnehmen kann. Die verschiedenen privatrechtlichen Varianten könnten diese Kooperationsfähigkeit nur unter ungleich größeren Anstrengungen erhalten, da dann unter Umständen eine Vielzahl von Vereinigungen und Unternehmen jeweils mit der Stiftung Eurotransplant zusammenarbeiten müßten.

Auch im internationalen Verkehr wäre die Motivationslösung konsequent durchzuhalten. Werden Organe aus dem Ausland über Eurotransplant in Deutschland angeboten, wären diese Organe vorrangig an Patienten der Prioritätengruppe zu vermitteln. Nur wenn sich unter den dort registrierten Patienten kein geeigneter Empfänger ermitteln läßt, kann das Organ an nicht spendebereite Patienten weitervermittelt werden. Reziprog muß verfahren werden, wenn ein Organ unter Umständen im Ausland einen Empfänger haben könnte. Hier muß zunächst festgestellt werden, daß in der Prioritätengruppe kein Empfänger zur Verfügung steht. Erst dann kann das Organ nach den Kriterien der Stiftung Eurotransplant zur Weitervermittlung freigegeben werden.

dd) Verfassungsauftrag

Im Übrigen spricht auch die Tatsache, daß durch Gesetz vom 27.10.1994[70] Art. 74 Nr. 26 GG Aufnahme in die Verfassung fand, für die Schaffung eines Gesetzes. Zu lange wurde über die Frage gestritten, wem die Regelungskompetenz zukomme[71]. De lege lata ist diese Frage entschieden, so daß nun von der

---

weises der Antragsteller darauf hinzuweisen gewesen wäre, daß er die Möglichkeit hat, einer postmortalen Organentnahme zu widersprechen.

[70] BGBl. I, S. 3146.

[71] Man denke an die Versuche des Landes Rheinland-Pfalz, ein eigenes Landestransplantationsgesetz zu schaffen.

Kompetenz auch Gebrauch gemacht werden sollte. Legt man die Rechtsprechung des BVerfG zu Art. 20 Abs. 3 GG zugrunde[72], ist sogar eine Pflicht des Gesetzgebers zum Handeln begründbar[73].

b) Gesetzesvorschlag auf der Basis der erlangten Ergebnisse: „Transplantationsgesetz (TG)"

Das zu schaffende Transplantationsgesetz könnte demnach in den entscheidenden Bestimmungen folgenden Wortlaut haben:

Art. 1 Gesetz zur Regelung der Organtransplantation

§ 1: Anwendungsbereich

(1) Dieses Gesetz regelt die Entnahme von Organen, Organteilen oder Geweben Lebender und Verstorbener (Spender), die zum Zwecke der Heilbehandlung auf andere Menschen (Empfänger) übertragen werden sollen.

(2) Die Übertragung von Embyonen und embyonalen Geweben, die Entnahme und Übertragung von Hoden und Eierstöcken, die Verwendung von Samen und Eizellen, die Blutspende sowie forensische Obduktionen und klinische Sektionen werden von diesem Gesetz nicht erfaßt.

§ 2 Die Entnahme von Verstorbenen

(1) Die Entnahme von Organen, Organteilen und Geweben von Personen nach Erreichen des Erklärungsalters (§ 6 Abs. 2) ist nur zulässig, wenn vom Verstorbenen eine gültige Spendeerklärung bei der Zentralstelle zur Registrierung von Spendeerklärungen vorliegt. Angehörige oder Erben des Verstorbenen können weder in die Entnahme wirksam einwilligen noch ihr widersprechen.

(2) Die Entnahme von Organen, Organteilen und Geweben von Verstorbenen ist ausschließlich nach dem in § 4 genannten Zeitpunkt zulässig.

(3) Zieht der betreuende Arzt eine Organentnahme zum Zwecke der Transplantation in Betracht, hat er eine entsprechende Anfrage an die Zentralstelle zu richten.

---

[72] Vgl. BVerfGE 33, S. 1 ff., 10; 33, S. 303 ff., 346; 45, S. 400 ff., 417; 47, S. 46 ff., 78; 58, S. 257 ff., 268 ff.

[73] *Höfling/Rixen*, Verfassungsfragen der Transplantationsmedizin, Tübingen, 1996, S. 112.

§ 3 Die Entnahme bei Personen vor Erreichen des Erklärungsalters und geistig behinderten Personen

(1) Die Entnahme von Organen, Organteilen und Geweben bei verstorbenen Personen vor Erreichen des 16. Lebensjahres sowie bei geistig behinderten Personen darf nur erfolgen, wenn die Erziehungsberechtigten bzw. der Betreuer nach der Todesfeststellung ihre Einwilligung erklären. Die Einwilligung bedarf der Genehmigung des Vormundschaftsgerichts.

(2) Zuständig ist das Vormundschaftsgericht am Ort der Todesfeststellung.

§ 4 Entnahmezeitpunkt

(1) Organe, Organteile oder Gewebe dürfen einem Verstorbenen frühestens entweder nach dem vollständigen und irreversiblen Ausfall von Herz und Kreislauf (Herztod) oder nach dem vollständigen und irreversiblen Ausfall aller Funktionen des gesamten Gehirns bei künstlicher Aufrechterhaltung der Kreislauffunktionen im übrigen Körper (Hirntod) entnommen werden.

(2) Der Hirntod kann nur von 2 Ärzten getrennt entsprechend den Regeln der medizinischen Wissenschaft festgestellt werden. Die feststellenden Ärzte dürfen weder der Organtransplantation beteiligt sein, noch der Weisung eines Arztes unterstehen, der seinerseits an der Transplantation beteiligt ist oder darauf bezogene Leitungsfunktionen wahrnimmt. Die Feststellung des Hirntodes ist in den Krankenunterlagen des Spenders zu dokumentieren.

§ 5 Die Entnahme bei lebenden Personen

(in weiterer Beratung auszufüllen)

§ 6 Abgabe der Spendeerklärung

(1) Über die Möglichkeiten der Abgabe einer Spendeerklärung nach den Vorschriften der Abgabenordnung, des Paßgesetzes und des Gesetzes über die Bundespersonalausweise hinaus, hat jederman das Recht seine Spendeerklärung direkt an die Zentralstelle zur Registrierung von Spendeerklärungen zur Registrierung zu leiten. Spendeerklärungen bedürfen der Schriftform.

(2) Vor der Vollendung des 16. Lebensjahres (Erklärungalter) kann eine Spendeerklärung nicht abgegeben werden.

(2) Die Erklärung ist jederzeit frei widerruflich.

§ 7 Vergabeverfahren

(1) Patienten, die aufgrund ihrer Erkrankung auf eine Organspende zur Wiederherstellung oder wesentlichen Verbesserung ihrer Gesundheit angewiesen sind und aufgrund dessen auf einer Warteliste einer regionalen Transplantationzentrale registriert sind, sind in eine Prioritätengruppe aufzunehmen, wenn sie

- wirksam und unwiderrufen selbst ihre Bereitschaft zur Organspende erklärt haben (Spendeerklärung), und

- die Spendeerklärung spätestens zwei Jahre vor der ersten Registrierung auf einer Warteliste erfolgt ist.

(2) Bei der Verteilung der entnommenen Spenderorgane auf regionaler und bundesweiter Ebene sind zuvorderst Patienten aus der Prioritätsgruppe zu berücksichtigen. Die Verteilung der Organe erfolgt nach den anerkannten Vergabekriterien.

(3) Bis zum Erreichen des Erklärungsalters sind alle Patienten in die Prioritätengruppe aufzunehmen.

(4) Kann ein entnommenes Organ auf keinen Patienten aus der Prioritätengruppe übertragen werden, wird es an die übrigen Patienten auf einer Warteliste nach den anerkannten Vergabekriterien vergeben.

§ 8 Zentralstelle für Organtransplantation

(Sicherstellung der korrekten Verteilung)

§ 9 Internationale Kooperation

(i.E. darf es keine neg. Auswirkungen geben)

§ 9 Strafvorschrift

§ 10 Übergangsvorschrift und Inkrafttreten

Art. II (Bestimmungen zur Änderung des Paßgesetzes, des Gesetzes über die Bundespersonalausweise und der Abgabenordnung mit dem Ziel, auf den gebräuchlichsten Formularen die Möglichkeit zur Abgabe einer Organspendeerklärung zu schaffen)

Kapitel 7

Die Verfassungsmäßigkeit des vorgeschlagenen Transplantationsgesetzes (TG)

I. Vorbemerkung

Im letzten Schritt der Arbeit gilt es nun zu untersuchen, ob das vorgeschlagene Transplantationsgesetz mit dem Grundgesetz zu vereinbaren wäre. Hierbei sind vor allen Dingen die §§ 2 und 7 TG einer näheren Prüfung zu unterziehen, da beide Bestimmungen die spezifische Eigenheit der Motivationslösung bedingen und somit die Frage nach einer möglichen Grundrechtsverletzung aufgeworfen ist. Bei beiden Bestimmungen sind Konflikte mit dem Grundgesetz diskutierbar. In ihrer jeweiligen Zielrichtung unterscheiden sich beide Rechtssätze grundlegend. Während § 2 TG lediglich eine Variante der bereits heute in Deutschland praktizierten Zustimmungslösung einer Normierung zuführt, wird mit § 7 TG der Versuch unternommen Neuland, zu begehen. Entsprechend vielfältig sind daher in diesem Zusammenhang die verfassungsrechtlichen Bedenken.

II. Verfassungsmäßigkeit des § 2 TG

Mit § 2 TG wird versucht, das Modell einer engen Zustimmungslösung zu normieren. Organentnahmen sind nach dieser Vorschrift ausschließlich dann zulässig, wenn der potentielle Spender einer Explantation selbst zugestimmt hat. Die Entscheidungen und Wünsche der Angehörigen finden in keinem Fall Berücksichtigung, auch dann nicht, wenn vom Organspender selbst keine Erklärung hinsichtlich seiner Einstellung zur Organspende vorliegt. Bereits bei der Darstellung, welche rechtlichen Möglichkeiten zur Regelung der Organtransplantation überhaupt in Frage kommen, wurde aufgezeigt, daß die Zustimmungslösung aus der Sicht des Spenders dasjenige Modell darstellt, welches den geringsten verfassungsrechtlichen Bedenken ausgesetzt ist. Denn nach § 2 TG wird der Wille des Patienten am weitestgehenden geschützt, so daß sein Selbstbestimmungsrecht konsequent gewahrt bleibt. § 2 TG stellt sicher, daß der sterbende bzw. verstorbene Mensch als Körper nicht zur Verfügungsmasse anderer degradiert wird[1].

Aus welchem Blickwinkel man die Grundrechtsfrage auch stellt, sei es unter dem Gesichtspunkt des Art. 2 Abs. 1 GG, sei es aus der Sicht der Religionsfreiheit, Art. 4 Abs. 1 GG bzw. Art. 3 Abs. 3 GG, in keinem Fall ist durch § 2 TG der Schutzbereich der betroffenen Grundrechte eröffnet.

Weniger offensichtlich ist dies, wenn man die Bestimmung aus der Sicht der Angehörigen und deren Freiheit zur Ausübung des Totensorgerechtes betrachtet. Doch auch hier gilt das oben in Kapitel 5 ausgeführte: Das Totensorgerecht gibt den Angehörigen nicht das Recht zu eigenmächtiger und gegebenenfalls eigennütziger Verfügung über den Körper des Verstorbenen. Ein Recht zur Totensorge besteht nur insoweit, als dieses Recht im Interesse des Verstorbenen gebraucht wird. Anderweitiger Gebrauch schränkte das Selbstbestimmungsrecht des Organspenders in unzulässiger Weise ein, ein Gesetz, welches hierzu die Befugnis böte, infrigierte auf unzulässige Weise gerade jenen Bereich persönlicher Lebensführung, der einer Regelung staatlicherseits versagt bleibt[2]. Mithin: Auch aus der Sicht der Angehörigen läßt sich nicht valid über eine Verletzung des Totensorgerechts die Verfassungswidrigkeit von § 2 TG behaupten.

Ein letzter Gesichtspunkt sei erwähnt: Eine so enge Ausgestaltung der Zustimmungsregeln zur Organtransplantation führt für sich genommen zu einer Verringerung der Explantationshäufigkeit, was dazu führen könnte, daß nach der neuen gesetzlichen Regelung die Lebens- und Heilungschancen wartender Organempfänger wesentlich vermindert würden. Selbst wenn man sich herrschende Meinung[3] und Verfassungsrechtsprechung[4] negierend auf den Standpunkt stellte, aus dem Sozialstaatsprinzip ein subjektives Grundrecht auf Gesundheit anzunehmen[5] und daraus Leistungspflichten für den Staat herzuleiten, so wäre doch § 2 TG nicht isoliert zu würdigen, sondern in Verbindung mit dem ganzen Regelungswerk zu sehen. Dieses versucht, die

---

[1] Vgl. oben, Kap. 5 III., S. 134 ff.

[2] Vgl. BVerfGE 27, S. 1 ff., 6.

[3] *Sachs*, in: Sachs, Hrsg., Grundgesetz Kommentar, München, 1996, Art. 20 Rdnr. 30; *Stern*, Das Staatsrecht der Bundesrepublik Deutschland, Band I, 2. Aufl., München, 1984, S. 916; *Zacher*, in: Isensee/Kirchhof, Hrsg., Handbuch des Staatsrechts der Bundesrepublik Deutschland, Band I., Heidelberg, 1987, § 25 Rdnr. 107.

[4] BVerfGE 27, S. 253 ff., 283; 41, S. 126 ff., 153 f.; 82, S. 60 ff., 80.

[5] Vgl. *Suhr*, Überlegungen zur Kodifikation eines Grundrechts auf Gesundheit, in: Böckenförde/Jekewitz/Ramm, Hrsg., Soziale Grundrechte, Von der bürgerlichen zur sozialen Rechtsordnung, Heidelberg, 1981, S. 111 ff.

Folgen einer solchen Beschränkung durch eine gesteigerte Motivation hin zu einer rechtzeitigen Erklärung der Spendebereitschaft zu kompensieren[6]. Inwieweit die minimierenden Effekte voll bzw. überkompensiert werden, mag dahinstehen. Generell hat der Gesetzgeber bei der Wahl seiner Mittel einen gewissen Spielraum und ist nicht gezwungen, jeweils die effektivste Regelung auch tatsächlich umzusetzen[7].

III. Verfassungsmäßigkeit des § 7 TG

Die Novität der Motivationslösung und damit auch ihre verfassungsrechtliche Umstreitbarkeit findet ihre Normierung in § 7 TG. Eine eingehende Überprüfung der Verfassungsmäßigkeit ist daher unumgänglich. Allein die Berufung darauf, daß die vorstehende Untersuchung der Motivationslösung unter ethischen, rechtsphilosophischen und insbesondere gesellschaftsvertraglichen Aspekten keine augenfälligen Widersprüche zutage gefördert hat, kann nicht genügen. Die Bestimmung ist unter vielen Aspekten zu beleuchten, wobei der Schwerpunkt auf Gesichtspunkten des Gleichheitssatzes und der Religionsfreiheit zu liegen hat.

1. Gleichheitsgesichtspunkte (Art. 3 GG)

Die wesentliche Bedeutung des § 7 TG liegt darin, daß mit einem Prinzip gebrochen wird, welches das Gesundheitswesen in Deutschland seit langer Zeit beherrscht hat. Zum ersten Mal wird gefordert, daß nicht alle Patienten ein gleiches Recht auf Zugang zu einer für sie optimalen medizinischen Behandlung bekommen sollen. Bisher war dies, zumindest im Grundsatz, gewährleistet. Für die Entscheidung, ob eine lebenswichtige Operation durchgeführt werden soll oder nicht, spielt es keine Rolle, welche spezifischen Voraussetzungen beim Patienten vorliegen. Allein die medizinischen Kriterien sind ausschlaggebend. Unbedeutend ist es, inwieweit der Patient selbst die Ursachen für die nun anstehende Behandlung gesetzt hat. Gleichfalls ohne Belang ist die Frage nach dem Alter, dem Geschlecht oder der sozialen Stellung. Die Frage, welche Versicherungsart beim Patienten vorliegt, hat

[6] Auf diese Frage gibt der neue gemeinsame Gesetzentwurf zum Transplantationsrecht aus den Reihen der Grünen/Bündnis 90 und Teilen der SPD-Fraktion, der wie der hier vertretene Vorschlag, Entnahmen auch nur nach vorheriger Zustimmung des Spenders für zulässig erklären will, keine befriedigende Antwort, vgl. Süddeutsche Zeitung vom 14.1.1997, Seite 5, Spalte 1.

[7] Vgl. BVerfGE 55, S. 72 ff., 90.

lediglich Auswirkungen auf Sekundärleistungen wie Zimmergröße, Verpflegung und gegebenenfalls die Ausführung des Eingriffs durch einen speziellen Arzt. § 7 Abs. 2 Satz 1 TG bringt in dieser Hinsicht eine Neuerung. Dort wird angeordnet, daß bei der Vergabe der Spenderorgane zuvorderst diejenigen Patienten berücksichtigt werden, die durch Abgabe einer Organspendeerklärung (§ 7 Abs. 1 1. Spiegelstrich TG) und Ablauf der Karenzzeit (§ 7 Abs. 1 2. Spiegelstrich TG) Aufnahme in die Prioritätengruppe gefunden haben. Der Grundsatz des gleichen Zugangs aller zur notwendigen medizinischen Behandlung wird damit verlassen, so daß sich die Frage nach der Beachtung von Gleichheitsgesichtspunkten drängend stellt.

Bei der folgenden Prüfung wird zunächst mit der Vereinbarkeit von § 7 TG mit dem allgemeinen Gleichheitssatz begonnen[8]. In diesem Zusammenhang wird davon ausgegangen, daß alle potentiellen Organempfänger ohne Berücksichtigung von besonderen persönlichen Merkmalen oder Status wie Alter, Behinderung oder besondere Religionszugehörigkeit Mitglieder einer Gruppe von Patienten sind. Insoweit wird § 7 Abs. 1 i.V.m. Abs. 2 TG auf seine Vereinbarkeit mit dem allgemeinen Gleichheitssatz geprüft. Im Anschluß daran wird die Frage der Verfassungsmäßigkeit der Schaffung einer Karenzzeit, wie sie § 7 Abs. 1 2. Spiegelstrich TG vorsieht, erörtert[9]. Auf spezielle Fragestellungen bei Patienten mit besonderen persönlichen Merkmalen, die in den Anwendungsbereich der speziellen Ausprägungen des Gleichheitssatzes fallen, wird im Anschluß eingegangen[10], da in diesen Fällen spezielle Differenzierungskriterien vorliegen[11].

a) Die Vereinbarkeit der Bevorzugung von registierten Organspendern bei der Organverteilung mit dem allgemeinen Gleichheitssatz

Der Wortlaut des allgemeinen Gleichheitssatzes in Art. 3 Abs. 1 GG wirft zunächst die Frage nach dem Anwendungsbereich der Bestimmung auf. Wenn dort gesagt wird: *„Alle Menschen sind vor dem Gesetz gleich"*, ließe sich argumentieren, daß es sich bei der Bestimmung lediglich um das Gebot der Rechtsanwendungsgleichheit handelt. Gesetze sollten demnach immer ohne Ansehen der Person vollzogen werden, so daß die rechtsanwendenden Staatsorgane dem allgemeinen Gleichheitssatz verpflichtet sind, nicht jedoch der Gesetzgeber. Ist das Gesetz in Kraft, muß es für alle gleich gelten, die

---

[8] Siehe unten Kapitel 7 II 1.a.

[9] Siehe unten Kapitel 7 II 1.b.

[10] Siehe unten Kapitel 7 II 1.c.

[11] Zur bisher ungelösten Frage der Spezialität im Bereich der Gleichheitsrechte vgl. *Osterloh*, in: *Sachs*, Michael, Hrsg., Grundgesetz Kommentar, München, 1996, Art. 3 Rdnr. 77 ff.

Frage jedoch, wie das Gesetz beschaffen sein muß, wäre in diesem Verständnis nicht berührt. Diese Sichtweise verkennt jedoch, daß es sich bei der Rechtsanwendung gemäß dem Gleichheitssatz um eine Selbstverständlichkeit handelt[12]. Legt ein Gesetz für das Vorliegen eines bestimmten Tatbestandes eine bestimmte Rechtsfolge fest, so muß entsprechend dem Gesetz die Rechtsfolge auch angeordnet oder durchgesetzt werden. Andernfalls beanspruchte das Gesetz keine allgemeine Geltung, es wäre kein Gesetz[13]. Auch der Gesetzgeber ist an den Gleichheitssatz gebunden. Dies ergibt sich bereits aus Art. 1 Abs. 3 GG. Rechtsprechung und Lehre sind diesem Verständnis gefolgt[14]. Die gleiche Folgerung läßt sich auch aus der Idee der Grundrechte als Abwehrrechte gegen staatliches Handeln in welcher Form auch immer gewinnen[15]. Der Gleichheitssatz findet daher sowohl bei der Rechtsanwendung wie bei der Rechtssetzung seine Beachtung.

Weitaus schwieriger ist die Frage zu klären, ob § 7 Abs. 1 i.V.m. Abs. 2 TG diesen Anforderungen an den Gesetzgeber noch entspricht.

aa) Zunächst sei die Frage nach dem persönlichen und sachlichen Anwendungsbereich des Art. 3 Abs. 1 GG aufgeworfen. Grundrechtsberechtigt im Sinne des allgemeinen Gleichheitssatzes sind alle natürlichen Personen ohne Ansehung der Staatsangehörigkeit, so daß sich, da auch § 7 TG keine Ausnahmen für Ausländer vorsieht, keine Schwierigkeiten ergeben. Grundrechtsverpflichteter wäre in diesem Zusammenhang der Bund, da durch die Formulierung des § 7 TG unmittelbar der Verteilungsmodus für die zur Verfügung stehenden Organe bestimmt wird. Es handelt sich folglich nicht um eine lediglich mittelbare Auswirkung, sondern § 7 TG entfaltet unmittelbare gleichheitsrelevante Rechtswirkungen.

bb) Auch der sachliche Anwendungsbereich des Art. 3 Abs. 1 GG ist eröffnet. Die Vorschrift des § 7 TG fällt in den Bereich der konkurrierenden Gesetzgebung. Dem Bund steht gemäß Art. 74 Abs. 1 Nr. 26 i.V.m. Art. 72 Abs. 1 GG die Befugnis zu, mit der Organtransplantion in Zusammenhang stehende Fragen einer rechtlichen Regelung zuzuführen. § 7 TG fällt somit in den Zuständigkeitsbereich der Bundesgesetzgebung. Ein formal rechtmäßiges

---

12 *Alexy*, Theorie der Grundrechte, 2. Aufl., Frankfurt, 1994, S. 358.

13 *Alexy*, Theorie der Grundrechte, 2. Aufl., Frankfurt, 1994, S. 358; *Perelman*, Eine Studie über die Gerechtigkeit, in: *ders.*, Über die Gerechtigkeit, München, 1967, S. 9 ff., 55.

14 Ständige Rechtsprechung des BVerfG seit BVerfGE 1, 14 ff., 52. Vgl. auch *Schoch*, Der Gleichheitssatz, Zur Tagung der Deutschen Strafrechtslehrer in Tübingen 1988, in: DVBl. 1988, S. 863 ff., 873; *Kloepfer*, Gleichheit als Verfassungsfrage, Berlin, 1980, S. 25 ff., 29 ff.

15 *Osterloh*, in: Sachs, Hrsg., Grundgesetz Kommentar, München, 1996, Art. 3 Rdnr. 38.

Gesetzgebungsverfahren vorausgesetzt, ließe sich die formelle Verfassungsmäßigkeit der Bestimmung nicht anzweifeln.

cc) Die Probleme finden sich auf der materiellen Prüfungsebene. Welche Anforderungen werden an eine gleichheitsgerechte Gesetzgebung gestellt? Vermag die Organverteilung unter Bevorzugung der erklärten Organspender dem noch zu entsprechen?

Die Wertungsvorgabe des Art. 3 Abs. 1 GG ist einer einfachen, plakativen und aussagekräftigen Beschreibung nicht zugänglich. Ursprünglich beschied sich das BVerfG damit, eine unter Gleichheitsgesichtspunkten zu prüfende Bestimmung am Willkürverbot zu messen[16]. Willkür wurde angenommen, wenn es unmöglich war, für eine gesetzliche Differenzierung einen vernünftigen, aus der Natur der Sache sich ergebenden Grund zu finden[17]. Dies führte im Ergebnis zu einer sehr eingeschränkten Geltung des allgemeinen Gleichheitssatzes[18]. Denn: Damit die Ungleichbehandlung nicht vernünftig oder als in der Natur der Sache liegend angesehen werden konnte, mußte sie eine evidente Ungerechtigkeit darstellen.

Derartige Beschränkung auf die reine Prüfung der Willkür wurde in der Literatur weitgehend als zu eng gewertet, um der Bedeutung des allgemeinen Gleichheitssatzes gerecht zu werden[19]. Ratsamer schien es daher, die für den Bereich der Freiheitsgrundrechte entwickelte Dogmatik zum Prinzip der Verhältnismäßigkeit und dem Übermaßverbot auch im Bereich des allgemeinen Gleichheitssatzes zur Anwendung zu bringen.

Die Rechtsprechung des BVerfG reflektiert diese Entwicklung seit 1980 in der neuen Formel des ersten Senats zur Ergänzung des Willkürverbots. Danach ist der allgemeine Gleichheitssatz dann verletzt, wenn „eine Gruppe von Normadressaten im Vergleich zu anderen Normadressaten anders behandelt wird, obwohl zwischen beiden Gruppen keine Unterschiede von solcher Art und solchem Gewicht bestehen, daß sie die ungleiche Behandlung rechtfertigen könnten“[20].

Dogmatisch ist derartiges Vorgehen nicht unproblematisch. Das Verhältnismäßigkeitsprinzip wurde im Zusammenhang mit den Freiheitsgrundrechten entwickelt, um erkennen zu können, welche Arten von Eingriffen in den Schutzbereich der Freiheitsrechte durch Maßnahmen, die anerkennenswerten

---

16 *Osterloh*, in: Sachs, Hrsg., Grundgesetz Kommentar, München, 1996, Art. 3 Rdnr 8.

17 BVerfGE 1, 14 ff., 52.

18 Vgl. *Herzog*, in: Maunz/Dürig, Art. 3 Anh. Rdnr. 6.

19 *Gubelt*, in: von Münch/Kunig, Hrsg., Grundgesetzkommentar, 4. Aufl., München, 1992, Art. 3 Rdnr. 13 f.

20 BVerfGE 55, 72 ff., 88.

Zielen dienen, für den einzelnen Betroffenen noch als hinnehmbar anzusehen sind. Die Prüfung vollzieht sich dann in den bekannten drei Schritten, wonach zunächst der Schutzbereich des Grundrechts zu ermitteln, danach der Eingriff zu bestimmen und schlußendlich die Abwägung der entgegenstehen Interessen vorzunehmen ist. Ausgangspunkt ist dabei die Bestimmung des Schutzbereichs der Norm. Diesen für die verschiedenen Freiheitsrechte zu ermitteln, ist verhältnismäßig einfach. Will man nun dieses Prüfungsschema auch im Bereich der Gleichheitsrechte anwenden, steht man rasch vor der schwierigen Frage, ob und gegebenenfalls wie ein Schutzbereich von Gleichheitsrechten zu ermitteln wäre.

Eine schematische Übertragung der Verhältnismäßigkeitsdogmatik auf den Gleichheitssatz scheidet aus. Es darf nicht übersehen werden, daß sich das Verhältnismäßigkeitsprinzip nur in den Fallgruppen sinnvoll anwenden läßt, in denen es wahrhaftig um eine echte Rechtsgüterabwägung zwischen Ziel und Mittel einer gesetzlichen Regelung geht und nicht lediglich ein abstraktes Kriterium als Maßstab für die Beurteilung der Ungleichbehandlung dient[21]. Denn: In letztgenannten Fällen liegt kein Rechtsgüterkonflikt vor, der einer echten Abwägung zugänglich wäre. Die Gleichheitsprüfung muß sich daher konsequenterweise dann auf die Frage beschränken, inwieweit das Abgrenzungskriterium der Willkürprüfung standzuhalten vermag.

Für die hier zur Prüfung stehende Frage, ob die Bevorzugung der erklärten Organspender mit dem allgemeinen Gleichheitssatz vereinbar ist, bedeutet dies, daß im ersten Schritt Klarheit zu gewinnen ist, welcher der beiden Fallgruppen diese Regelung zuzuordnen wäre. Das vorgeschlagene Transplantationsgesetz ordnet an, daß verschiedene Gruppen von Patienten ungleich zu behandeln sind. Zweck der Regelung ist die gerechte Verteilung der vorhandenen Spenderorgane, das Mittel dazu ist die Bevorzugung derjenigen, die sich selbst zur Organspende bereit erklärt haben. Die Ungleichbehandlung ist direkte Folge der Entscheidung, selbst Organspender zu werden. Sachfremde, etwa verwaltungstechnische oder wirtschaftspolitische Erwägungen werden nicht zur Begründung der Ungleichbehandlung herangezogen.

Damit steht fest, daß sich die Prüfung auf eine Willkürkontrolle zu beschränken hat. Mit der neueren Verfassungsrechtsprechung ist somit zu fragen, ob sich zwischen der Gruppe der Spender und der Nichtspender Unterschiede von solchem Gewicht ausmachen lassen, daß die Ungleichbehandlung gerechtfertigt wäre. Wie bereits die ethische Betrachtung zutage förderte, stellt die Unterscheidung nach Spendebereitschaft einen Grund dar, der in der Natur der Sache begründet ist[22]. Jeder, der bei gleichzeitiger

---

[21] Vgl. *Huster*, Gleichheit und Verhältnismäßigkeit, in: JZ 1994, S. 541 ff., 543.

[22] Vgl. oben Kap 6 II., S. 146 f.

Geltung einer engen Zustimmungslösung seine Bereitschaft bekundet, Organspender zu werden, trägt dazu bei, daß sich die Wahrscheinlichkeit erhöht, daß für kranke Patienten Transplantate in ausreichender Zahl zur Verfügung stehen. Angemerkt werden kann weiterhin, daß, stellt man wie das BVerfG zur Feststellung der Evidenz auf die fundierten allgemeinen Gerechtigkeitsvorstellungen der Gemeinschaft ab[23], gerade diese Gemeinschaft, wie Kliemt überzeugend darlegt[24], eher die Gleichbehandlung von Spendern und Nichtspendern als ungerecht verwerfen würde.

b) Die Vereinbarkeit der Schaffung einer Karenzzeit gemäß § 7 Abs. 1 2. Spiegelstrich TG mit dem allgemeinen Gleichheitssatz

Das vorgeschlagene Transplantationsgesetz will Vorkehrung dagegen treffen, daß die gesetzlich gewollte Bevorzugung spendebereiter Mitbürger bei der Verteilung der Transplantate dadurch unterlaufen werden kann, daß ein Patient, der bislang keine Spendeerklärung abgegeben hatte und nun mit der Notwendigkeit einer Organübertragung für sich selbst konfrontiert wird, durch nunmehrige Abgabe einer Spendeerklärung Aufnahme in die Prioritätengruppe erreichen kann. Erreicht wird dies dadurch, daß zwischen der Abgabe der Spendererklärung und dem Zeitpunkt der erstmaligen Registrierung auf einer Warteliste für Organempfänger mindestens ein Zeitraum von 2 Jahren liegen muß. Erfolgt die Registrierung weniger als zwei Jahre nach der Abgabe der Spendeerklärung, kann der Patient unter keinen Umständen mehr Aufnahme in die Prioritätengruppe finden, da dann vermutet werden kann, daß die Spendeerklärung nur erfolgte, um sich, ohne wirkliche Spendebereitschaft zu demonstrieren, eine Bevorzugung vor anderen Patienten zu verschaffen.

Eng verbunden mit der Frage nach der gleichheitssatzverträglichen Einführung einer Karenzzeit ist der Gedanke der Systemgerechtigkeit. Dahinter steht der Gedanke, daß vom Gesetzgeber erwartet werden muß, daß seine durch Gesetz umgesetzten Vorstellungen zumindest ein gewisses Maß an Folgerichtigkeit aufweisen und nicht in sich widersprüchlich sind[25]. Entscheidend ist, die Karenzzeit im Zusammenhang der Gesamtlösung zu betrachten. Die Motivationslösung kann nur dann ihre motivierende und damit spendeerhöhende Funktion erfüllen, wenn jeder einzelne unter dem Schleier der Unwissenheit, ob er jemals in seinem Leben ein Organ benötigen wird oder nicht, seine Entscheidung zur Organspende trifft. Nur dann findet eine echte Abwägung beim einzelnen statt, nur dann steht bei der Abwägung der Last der

[23] BVerfGE 42, 64 ff., 72.

[24] Vgl. oben Kap 6 II, S. 147 ff.

[25] *Kirchhof*, in: Isensee/Kirchhof, Hrsg., Handbuch des Staatsrechts der Bundesrepublik Deutschland, Band V, Heidelberg, 1992, § 124, Rdnr. 222 ff.

Spendebereitschaft ein abstrakter Nutzen entgegen. So steht dann zu erwarten, daß ein großer Teil der Bevölkerung sich für die Organspende entscheidet, und ein möglichst großer Anteil von registrierten Organspender an der Bevölkerung ist Bedingung für die Zielerreichung des Transplantationsgesetzes. Wüßte jeder Mitbürger, daß die Entscheidung über die Organspende auch auf den Tag X eigenen Betroffenseins zu vertagen ist, wäre die Zahl der zur Verfügung stehenden Spenderorgane naturgemäß relativ klein, weil dann nur überzeugte Organspender ihre Bereitschaft erklärten. Absicht der Motivationslösung ist es aber, auch die Unentschlossenen zur Organspende zu motivieren und so im Unglücksfall deren Organe an wartende Patienten verteilen zu können. Die Karenzzeit entspricht somit den Anforderungen der Systemgerechtigkeit. Wenn nun die Rechtsprechung einen Verstoß gegen das Gebot der Systemgerechtigkeit lediglich als Indiz für einen Gleichheitsverstoß betrachtet[26], muß man im Umkehrschluß annehmen, daß eine systemgerechte Maßnahme mit dem allgemeinen Gleichheitssatz im Einklang steht.

Ein weiterer Gedanke verdient der Beachtung. § 7 TG legt die Karenzzeit auf 2 Jahre fest und ist insoweit mit einer Stichtagsregelung zu vergleichen. Derartige Regelungen führen naturgemäß zu Härten, beispielsweise wenn im Bereich der Transplantationsgesetzgebung zwischen Erklärungsabgabe im Zustand völliger Gesundheit und Registrierung auf der Warteliste eine nur unwesentlich kürzere Zeit als zwei Jahre verstrichen sind. Gemäß § 7 Abs. 1 TG wird ein vergleichbarer Patient, bei dem die zweijährige Wartezeit gerade abgelaufen ist, im Vergleich dazu ungleich behandelt, da dieser Aufnahme in der Prioritätengrupppe findet. Grundsätzlich sind die sich aus derartig starren Regelungen ergebenen Härten hinzunehmen[27]. Dennoch sind Stichtagsregelungen gewisse Grenzen gesetzt. So müssen sie mit dem zu regelnden Sachverhalt in Zusammenhang stehen[28], dürfen also nicht willkürlich gewählt sein. Die zweijährige Karenzzeit des § 7 TG vermag diesen Anforderungen zu entsprechen, da sie sich aus der Natur der zu regelnden Sache ergibt. In der überwiegenden Zahl der für Transplantationen in Frage kommenden Fälle liegt zwischen erster Diagnose einer Erkrankung und der Entscheidung für die Transplantation als mögliche Therapie ein Zeitraum von weniger als zwei Jahren[29], so daß sichergestellt ist, daß derjenige, der seine

[26] BVerfGE 59, S. 36 ff., 49.

[27] Vgl. beispielsweise BVerfGE 87, S. 1 ff., 43, 47.

[28] BVerfGE 13, S. 31 ff., 38.

[29] Die Dauer der Karenzzeit auf zwei Jahre festzulegen, erscheint aus verschiedenen medizinischen Gründen sinnvoll. Nierenerkrankungen, die zu Dialysepflichtigkeit führen verlaufen regelmäßig schmerz- und symptomfrei, so daß der Patient erst in einem späten Stadium der Krankheit mit der Notwendigkeit einer Transplantation konfrontiert wird. Im Hinblick auf die Lebertransplantation wird die Indikation der Transplantation dann gestellt, wenn die Krankheit innerhalb von zwei Jahren zum

Spendebereitschaft mit Blick auf Aufnahme in die Prioritätengruppe wirksam erklärt, zum Zeitpunkt der Erklärung noch nichts über einen möglichen Eigenbedarf an Spendeorganen weiß.

c) Die Vereinbarkeit der Aufnahme aller Patienten bis zum Erreichen des Erklärungsalters in die Prioritätengruppe, § 7 Abs. 3 TG, mit dem Gleichheitssatz

Für die Gruppe der volljährigen, entscheidungsbefugten Menschen wurde festgestellt[30], daß dort die Bevorzugung der erklärten Organspender unter Beschränkung auf die Anwendung der Willkürgrundsätze zu rechtfertigen ist. Eine lediglich schematische Übertragung dieses Ergebnisses auf die Gruppe der Menschen, die das Erklärungsalter noch nicht erreicht haben und die gemäß § 7 Abs. 3 TG automatisch bis zum Erreichen dieser Altersgrenze der Prioritätengruppe zugeteilt werden, verbietet sich jedoch bei Beachtung der neueren Rechtsprechung des Bundesverfassungsgerichts zum Gleichheitssatz. Diese Gruppe von Menschen unterscheidet sich von allen übrigen Personen lediglich durch das Alter und die damit verbundene Unfähigkeit, wirksam eine Einwilligung in die Organspende zu erklären. Eine mit der Bevorzugung dieser Gruppe verbundene Ungleichbehandlung kann mit der Natur der Sache nicht begründet werden. Personen unterhalb des Erklärungsalters tragen, da sie nicht wirksam ihre Einwilligung erklären können, nicht unter gleichen Voraussetzungen zum Aufkommen an zur Verfügung stehenden Spenderorganen bei. Die Ungleichbehandlung ist in diesem Fall evidenter, so daß deren Rechtfertigung nur unter Heranziehung des Verhältnismäßigkeitsprinzips untersucht werden kann.

Die Bevorzugung dieser Personengruppe wäre gerechtfertigt, wenn eine Gesamtabwägung zum Ergebnis gelangte, daß die Ziele sowie die Gewichtung der Gründe für die unterschiedliche Behandlung beider Gruppen einerseits und die Wirkungen der Ungleichbehandlung für die Betroffenen andererseits in noch angemessenem Verhältnis zueinander stehen[31].

Wendet man sich zunächst dem Fragenkreis der Wirkung auf die Betroffenen zu, ist zunächst festzustellen, daß es sich bei diesen um die Gesamtheit der potentiellen Organempfänger handelt. Auf diese entfaltet die pauschalierte

---

Tode des Betroffenen führen würde, vgl. *Löw-Friedrich/Schoeppe*, Transplantation: Grundlagen, Klinik, Ethik, Darmstadt, 1996, S. 74 f., 96 f.

[30] Vgl. oben a).

[31] *Stein*, in: Wassermann, Hrsg., Kommentar zum Grundgesetz für die Bundesrepublik Deutschland, Reihe Alternativkommentare, Band I, 2. Aufl., Neuwied, 1989, Art. 3 Rdnr. 48 ff.; *Osterloh*, in: Sachs, Hrsg., Grundgesetz Kommentar, München, 1996, Art. 3 Rdnr. 22 ff.

prioritäre Einordnung aller Personen bis zum Erreichen des Erklärungsalter notierbare aversive Wirkungen insoweit, als dadurch die Chance, ein Organ zu erhalten, verringert wird, da dieser Personenkreis nicht aufgrund eigener Entscheidung zur Steigerung der Gesamtheit der zur Verfügung stehenden Organe beiträgt. Welches Ausmaß diese Chancenverringerung letztlich für die betroffenen Organempfänger haben wird, läßt sich mit Blick auf § 3 TG nicht genau vorhersagen. Nach dieser Bestimmung sind Organentnahmen bei Personen vor Erreichen des Erklärungsalters nicht per se untersagt. Ein solches Entnahmeverbot wäre völlig sinnwidrig, da verschiedene Fälle denkbar sind, in denen gerade die Organe von Kindern und Jugendlichen notwendig sind, um Angehörige dieser Gruppe heilen zu können. § 3 TG stellt daher lediglich eine hohe Hürde für die Entnahme bei dieser Personengruppe auf.

Diesen, die Allokationschancen verringernden, Wirkungen stehen verschiedene Gründe gegenüber, die gerade für eine solche Ungleichbehandlung sprechen. Hier wären zunächst die medizinischen Gründe zu nennen, die für eine Bevorzugung sprechen. Gerade bei Kindern und Jugendlichen sind die Erfolge, die mit Hilfe einer Organtransplantation erreicht werden können, besonders hoch. In vielen Fällen äußern sich Krankheiten, die, wie Nieren-, Leber- oder Herzkrankheiten, mit Hilfe der Transplantation therapiert werden können, bereits im Säuglings- und Kindesalter. In diesen Fällen kommt es darauf an, möglichst frühzeitig zu handeln, um eine ungestörte Entwicklung des Patienten zu gewährleisten. Auch aus volkswirtschaftlicher Sicht sind an dieser Stelle die Mittel optimal eingesetzt; so stellt in diesen Fällen die Transplantation sicher, daß der Patient sich zu einem produktiven Mitglied der Gesellschaft zu entwickeln vermag. Darüber hinaus muß auch der Gedanke des Minderjährigenschutzes mit in die Abwägung einbezogen werden. Den Schutz Schwacher zu gewährleisten, ist vordringliche Aufgabe des Staates. Minderjährige bedürfen aufgrund ihrer Unfähigkeit, selbstverantwortlich über ihr Schicksal zu entscheiden, der besonderen Fürsorge. Im Regelfall wird diese Aufgabe von den Eltern als Sorgeberechtigten wahrzunehmen sein. Wenn jedoch, wie hier der Staat aufgrund einer gesetzlichen Regelung Erwartungschancen verteilt, obliegt ihm die Aufgabe dafür zu sorgen, daß die Interessen dieser vorrechtlichen schwachen Gesellschaftsmitglieder angemessen berücksichtigt werden. In der Bayerischen Verfassung hat dieser Gedanke in Art. 125 Abs. 1 Satz 1 seinen Ausdruck gefunden, wenn dieser lautet: „Gesunde Kinder sind das köstlichste Gut eines Volkes“. Die dem zu Grunde liegende Wertentscheidung wird auch vom Grundgesetz mitgetragen, wenn auch eine eindeutig entsprechende Formulierung fehlt[32].

---

[32] Vgl. aber dem Wortlaut von Art 6 Abs. 2 GG: *„Pflege und Erziehung der Kinder sind das natürliche Recht der Eltern und die zuvörderst ihnen obliegende Pflicht. Über ihre Betätigung wacht die staatliche Gemeinschaft.“*

Wie häufig fehlen für die Abwägung der widerstreitendenden Interessen hinreichend deutliche Maßstäbe, die eine eindeutige Entscheidung ermöglichen. Aus meiner Sicht sprechen überzeugende Gründe für die Haltbarkeit einer preferenziellen Behandlung junger Menschen unter Gleichheitsgesichtspunkten. Dabei muß sowohl dem Gedanken der medizinischen Notwendigkeit wie dem des besonderen Schutzes rechtlich Schwacher herausragende Bedeutung zuerkannt werden. Letzteres wird unterstrichen durch das Statusdiskriminationsverbot des Art. 26 IPbürgR[33], welcher jede Benachteiligung basierend auf der statusmäßigen Einordnung einer Person untersagt. Versteht man unter dem Status einer Person jedes schicksalhaft zugefallene Merkmal einer Person, wird klar, daß auch dem Alter statusdiskriminationsrechtliche Relevanz zukommt. Eine gesetzliche Benachteiligung von Menschen bis zum Erreichen des Erklärungsalters wäre damit unvereinbar. Hinzu kommt, daß Art. 24 Abs. 1 IPbürgR jedem Kind das Recht auf diejenigen Schutzmaßnahmen zubilligt, die seine Rechtsstellung als Minderjähriger erfordert.

d) Die Vereinbarkeit der Einreihung von entscheidungsunfähigen Personen in die Prioritätengruppe gemäß § 3 Abs. 1 TG mit dem Gleichheitssatz

Ähnlich wie bei Personen, die das Erklärungsalter noch nicht erreicht haben, stellt sich die Frage nach der Vereinbarkeit der Einreihung dieser Gruppe in die Prioritätengruppe zur Organverteilung. Auch hier sind die Gründe, die für eine Ungleichbehandlung sprechen gegen die belastenden Wirkungen bei den Betroffenen abzuwägen. Ausschlaggebend erscheinen mir zwei Argumente zu sein, von denen eines bereits in Bezug auf die Bevorzugung junger Menschen dargelegt wurde: Wenn es eine Verpflichtung zu besonderem Schutz rechtlich schwacher Gesellschaftsmitglieder gibt, dann entfaltet sie auch in bezug auf diese Personengruppe, die aufgrund einer geistigen Behinderung nicht in der Lage ist, selbstbestimmt die Entscheidung über die Organentnahme zu treffen, ihre Wirkungen. Der Schutz der Menschenwürde gebietet, daß eine Benachteiligung allein aufgrund der mangelnden Kapazität nicht in Betracht gezogen werden darf. Der Verfassungsgeber hat jüngst den Schutz behinderter Mitbürger durch die Neufassung des Art. 3 Abs. 3 GG ausdrücklich gestärkt. Im neu eingefügten Art. 3 Abs. 3 Satz 2 GG[34] heißt es: *„Niemand darf wegen seiner Behinderung benachteiligt werden.“* Dieser deutlichen Sprache wird nur eine Regelung gerecht, die

---

[33] Internationaler Pakt über bürgerliche und politische Rechte vom 19.12.1966, BGBl. II 1973, S. 1534 ff.

[34] Eingefügt durch Gesetz zur Änderung des Grundgesetzes vom 27.10.1994, BGBl I. S. 3146 ff.

Menschen, die aufgrund ihrer Behinderung zur Organspendeentscheidung nicht in der Lage sind, automatisch denen bei der Organvergabe gleichstellt, die sich durch diese Entscheidung eine prioritäre Behandlung sichern können.

e) Weitere spezielle Gleichheitsfragen, insbesondere die Frage nach der Vereinbarkeit der Bevorzugung von Organspendern bei der Organverteilung unter dem Aspekt des Verbotes der Benachteiligung aufgrund einer Religionszugehörigkeit gemäß Art. 3 Abs. 3 Satz 1 GG

Diese Frage wirft das Problem des Verhältnisses von speziellen gleichheits- und freiheitsrechtlichen Schutznormen auf. Im Grundgesetz wird die Glaubens- und Gewissensfreiheit in Art. 4 GG umfassend gegen Eingriffe geschützt. Mit diesem Umstand ist es zu erklären, daß in der bisherigen Rechtsprechung des Bundesverfassungsgerichts das spezielle Diskriminierungsverbot aufgrund der Religionszugehörigkeit so gut wie keine Rolle gespielt hat[35]. Fälle, in denen eine Benachteiligung aufgrund der Religionszugehörigkeit zur Debatte steht, werden durchgängig am Maßstab des Art. 4 GG gemessen. Denn: Führt eine Regelung zu Nachteilen für den Angehörigen einer Glaubensrichtung, beeinträchtigt dies immer auch die Religionsfreiheit. Dies rechtfertigt auch für den Rahmen dieser Arbeit den Verweis auf die sich anschließenden Ausführungen zur Vereinbarkeit der Motivationslösung mit der Religionsfreiheit.

2. Verstoß gegen die Religionsfreiheit (Art. 4 GG)?

Ein weiterer großer Fragenkreis bei der Beurteilung der Verfassungsmäßigkeit des vorgeschlagenen Transplantationsgesetzes ergibt sich aus der in Art. 4 GG verbürgten Religionsfreiheit. Anders als mit Blick auf junge Menschen und geistig Behinderte sieht das Transplantationsgesetz keine Ausnahmetatbestände für bestimmte Religionen vor. Das bedeutet, daß, die Entscheidungsfähigkeit vorausgesetzt, einem Mitglied einer Religionsgemeinschaft die Aufnahme in die Prioritätengruppe zu versagen ist, wenn dieses wegen seiner religiösen Überzeugungen eine Organspendeerklärung nicht abgibt. An dieser Stelle tritt die Konfliktlage für den Betroffenen deutlich hervor. Nur wenn er

---

[35] Lediglich in 2 Entscheidungen fand Art. 3 Abs. GG Erwähnung, vgl. BVerfGE 30, S. 415 ff., 427. Diese Entscheidung erging zum Kirchensteuerrecht, in der die Bestimmung nur kurz erwähnt wird. Die zweite Entscheidung, BVerfGE 75, S. 40 ff., 69 ff., befaßt sich mit der Subventionierung von Privatschulen durch des Staat und lehnt einen Verstoß gegen Art. 3 Abs. 3 GG wegen fehlender Finalität in Bezug auf die Unterscheidungsmerkmale ab.

die Vorgaben und Gebote seiner Religionsgemeinschaft mißachtet, kann er eine präferenzielle Behandlung im Bedarfsfalle sicherstellen.

a) Praktisches Ausmaß möglicher Konflikte mit der Religionsfreiheit

Bevor der Konflikt aus verfassungsrechtlicher Sicht zu würdigen ist, soll versucht werden, das praktische Ausmaß dieses Problemfeldes zu beleuchten. Eine Konfliktlage entsteht nämlich dann nicht, wenn ein Mensch aus religiösen Motiven sich zur Organspende nicht bereit erklärt aber im Gegenzug die Möglichkeiten der Transplantation gleichfalls aus religiöser Motivation nicht in Anspruch nehmen wird. Dies ist bei Religionen bzw. Sekten der Fall, die grundsätzlich jede Art von Organübertragung ablehnen. Ein Beispiel hierzu wären die Zeugen Jehovas. Nach den Überzeugungen dieser Sekte ist bereits die Annahme von Bluttransfusionen abzulehnen. Einem so Gläubigen, der bei eigener Betroffenheit dann doch ein Organ übertragen bekommen und bei der Vergabe bevorzugt behandelt werden möchte, ließe sich unproblematisch das Verbot des venire contra factum proprium entgegenhalten. Bedeutsam sind vielmehr die Fälle, in denen die Entnahme von Organen beim Toten, etwa zur Sicherstellung einer leibhaftigen Auferstehung, nach den Vorstellungen der Religionsgemeinschaft abzulehnen wären, während gegen die Annahme eines Spenderorgans keine Bedenken aus religiöser Sicht geltend gemacht werden[36]. Diese Fälle werden in Deutschland nicht sehr zahlreich sein. Für die großen christlichen Konfession stellt sich diese Problematik nicht. Die gemeinsame Erklärung der Synode der Evangelischen Kirchen Deutschlands und der Katholischen Bischofskonferenz aus dem Jahre 1989 hält die Organspende für *„eine Tat der Nächstenliebe über den Tod hinaus"*[37]. Auch die meisten anderen in Deutschland vertretenen Religionen stehen der Organspende aufgeschlossen gegenüber. Sowohl das aufgeklärte Judentum als auch die sunnitische Richtung des Islams haben dogmatische Schwierigkeiten[38] überwunden und sprechen sich nunmehr für

---

[36] Das tatsächliche praktische Ausmaß dieser Fälle relativiert sich, wenn man bedenkt, daß sowohl die großen christlichen Kirchen in Deutschland wie auch die Vertreter des Islam und des modernen israelitschen Kultus die Transplantationsmedizin grundsätzlich befürworten. Lediglich besteht für schiitische Moslems das Problem, daß sichergestellt werden muß, daß auch der Empfänger Moslem ist, vgl. *Nagel/Schmidt*, *Petra*, Transplantation, Berlin, Heidelberg, 1996, S. 58. Dies würde wohl dazu führen, daß ein schiitischer Moslem wegen der Unsicherheit, wer letztendlich Organempfänger seiner Organe wird, zur Organspende nicht bereit sein wird, wenn er die Gebote seines Glaubens achtet.

[37] Zit. nach *Nagel/Schmidt*, *Petra*, Transplantation, Berlin, Heidelberg, 1996, S. 56.

[38] Im Judentum beispielweise wird der Tod nach traditioneller Sichtweise erst mit Atemstillstand angenommen, der mit Hilfe eines Spiegels oder einer Feder festgestellt

die Transplantationsmedizin aus[39]. Mit Blick auf die schiitische Richtung des Islam jedoch gewinnt der Konflikt an praktischer Bedeutung, da die diesen Gläubigen entnommen Organe ausschließlich anderen Moslems implantiert werden dürfen[40]. Da die Verteilung der Spenderorgane nach dem vorgeschlagenen Transplantationsgesetz dies nicht sicherzustellen vermag, ist Schiiten somit mittelbar der Weg zur Aufnahme in die Prioritätengruppe verbaut[41].

b) Möglicher Eingriff in die Religionsfreiheit

An diesem Punkt stellt sich die Frage, inwieweit die in Art. 4 Abs. 1 GG verbürgte Religionsfreiheit einer derartigen Ausgestaltung des Transplantationsgesetzes entgegensteht. Dabei ist zunächst zu klären, inwieweit die als „unverletzlich" garantierte Religionsfreiheit überhaupt durch die Vergabebestimmung des vorgeschlagenen Transplantationsgesetzes tangiert ist. Zu bedenken sei gegeben, daß eine unmittelbare die Religionsfreiheit beschränkende Wirkung nicht vorliegt. Das vorgeschlagene Gesetz knüpft nicht etwa an eine bestimmte Religionszugehörigkeit bestimmte Rechtsfolgen. Jeder von dem Gesetz Betroffene ist berufen, sich entweder für oder gegen die Organspende zu entscheiden und die damit verbundenen Folgen zu tragen. Mittelbar hingegen ist eine freiheitsbeschränkende Wirkung nicht zu negieren. Dies verdeutlicht das Beispiel der schiitischen Glaubensrichtung des Islam. Anhängern dieser Religion wäre es bei Achtung ihrer religiösen Überzeugungen verwehrt, eine Organspendeerklärung abzugeben und sich damit präferenzielle Behandlung zu sichern. Inwieweit diese mittelbaren Eingriffe in die Religionsfreiheit überhaupt vom Schutzbereich des Art. 4 GG erfaßt werden, ist nicht eindeutig geklärt.

Zunächst muß man sich klarmachen, inwieweit das zu prüfende Gesetz überhaupt den Schutzbereich des Art. 4 GG verletzt. Man wird sagen können, daß die Religionsfreiheit dann berührt ist, wenn der Staat in der Weise in das Recht zu glauben oder nicht zu glauben eingreift, daß daran gewisse Vor- bzw. Nachteile geknüpft werden[42]. Ob das Transplantationsgesetz in dieser Weise die Religionsfreiheit betrifft, ist zweifelhaft. Denn: Einen unmittelbaren

---

wird, vgl. *Unterman*, Jews, Their religious Beliefs and Practices, Boston, 1981, S. 164. Diese Überzeugung stand medizinischen Organentnahmen häufig entgegen, bis 1986 das Oberrabbinat in Jerusalem sich auf die Anerkennung des Hirntodes verständigte, vgl. *Nagel/Schmidt*, *Petra*, Transplantation, Berlin, Heidelberg, 1996, S. 58 f.

[39] *Nagel/Schmidt*, *Petra*, Transplantation, Berlin, Heidelberg, 1996, S. 58.

[40] *Nagel/Schmidt*, *Petra*, Transplantation, Berlin, Heidelberg, 1996, S. 58.

[41] Siehe oben Kapitel 7, Fußnote 36.

[42] *Kokott*, in: Sachs, Hrsg., Grundgesetz Kommentar, München, 1996, Art. 4 Rdnr. 23.

Eingriff in die Religionsfreiheit stellt das Gesetz zweifellos nicht dar, da keine der zu prüfenden Bestimmungen auf die religiöse Überzeugung eines Betroffenen abstellt. Eine mittelbare Auswirkung ist demgegenüber sehr wohl diskutierbar, wenn das Gesetz Angehörige von bestimmten Glaubensrichtung faktisch dazu zwingt, eine Spendeerklärung zu unterlassen und sich so der Möglichkeit zu begeben, präferenziell behandelt zu werden. Generell findet die Annahme faktischer Eingriffe in der Literatur sowie in der Rechtsprechung Anerkennung[43]. Inwieweit jedoch mittelbare bzw. faktische Eingriffe in Freiheitsrechte möglich sind, ist in Literatur und Rechtsprechung bisher nicht zufriedenstellend geklärt. Zu vielfältig sind die verschiedenen Kriterien, anhand derer versucht wird, die bei Anerkennung mittelbarer Eingriffen drohende Uferlosigkeit einzuschränken[44]. Selbst die Existenz eines klassischen Eingriffsbegriffs, der ein finales Handeln voraussetzt, wird nicht durchgängig anerkannt[45]. Strukturell vergleichbar hierzu sind die Fragen nach Kausalität und objektiver Zurechenbarkeit im Strafrecht. Und so nimmt es nicht wunder, daß auch zur Frage, wann eine Maßnahme einen Eingriff in ein Freiheitsrecht darstellt, einige Autoren mit diesen Begriffen arbeiten. So wird beispielsweise versucht, einen engen Kausalitätsbegriff zu verwenden, nach dem nicht schlicht jede äquivalente Ursache die Kausalität zu begründen vermag, sondern wonach die öffentliche Gewalt den entscheidenden Anstoß zum effektverursachenden Ereignis gegeben haben muß[46]. Völlig zu überzeugen vermag ein solcher Ansatz freilich nicht, da letztlich zur Definition der die Kausalität prägenden Begriffe auf Wertungen zurückgegriffen werden muß, die gemeinhin im Bereich der objektiven Zurechenbarkeit verortet werden. Diesen Weg gehen konsequenterweise die überwiegenden Ansichten in der Literatur, wobei jedoch keine Einigkeit dahingehend besteht, welches Kriterium - Finalität, Unmittelbarkeit, Normzweck, Sozialadäquanz, Vorhersehbarkeit - ausschlaggebend sein soll. Die Uneinheitlichkeit in der Literatur spiegelt sich in der Rechtsprechung wider. Die Gerichte, die ihrer Funktion gemäß, lediglich Einzelfälle zu entscheiden hatten, rekurrierten auf die verschiedensten Zurechenbarkeitskriterien, die dann auch noch teilweise widersprüchlich verwandt werden[47]. Soweit sich danach für den vorliegenden Fall keine eindeutigen Argumentationslinien ergeben, sollte, auch unter dem

---

[43] Vgl. aus der unübersehbaren Literatur hier nur *Alexy*, Theorie der Grundrechte, 2. Aufl., Frankfurt, 1994, S. 277 f.; *Herzog*, in: Maunz/Dürig, Grundgesetz, Kommentar, München, Loseblatt, Stand Oktober 1996, Art. 5 Rdnr. 75, 90 f.; *Kirchhof*, Verwalten durch „mittelbares" Einwirken, Köln, 1977, S. 189 f.

[44] Vgl. *Roth*, Faktische Eingriffe in Freiheit und Eigentum, Berlin, 1994, S. 33 ff.

[45] Vgl. *Roth*, Faktische Eingriffe in Freiheit und Eigentum, Berlin, 1994, S. 29 ff.

[46] So *Sodan*, Kollegiale Funktionsträger als Verfassungsproblem, Diss. jur. FU Berlin, 1986, S. 519.

[47] *Roth*, Faktische Eingriffe in Freiheit und Eigentum, Berlin, 1994, S. 51 ff.

Aspekt der optimalen Geltung der Grundrechte, davon ausgegangen werden, daß ein Eingriff dann vorliegt, wenn die Maßnahme die freiheitsbeschränkende Wirkung zwingend zur Folge hat. Unter diesem Aspekt wäre die Eingriffsqualität des vorgeschlagenen Transplantationsgesetzes zu bejahen, da hierdurch die betroffenen Gläubigen in echten Entscheidungsnotstand geraten.

c) Rechtfertigung des Eingriffs in die Religionsfreiheit

Dies wirft nun die Frage nach einer möglichen Rechtfertigung des Eingriffs auf.

aa) Grundsätzlich ist die Religionsfreiheit in Art. 4 GG schrankenlos gewährleistet. Lediglich verfassungsimmanente Schranken vermögen Eingriffe in die Religionsfreiheit zu rechtfertigen, und dabei kommen hier insbesondere die Grundrechte Dritter in Betracht. Diese Ansicht vertritt auch das Bundesverfassungsgericht, wenn es darlegt, daß vorbehaltslose Grundrechte weder durch die allgemeine Rechtsordnung noch durch unbestimmte Klauseln in ihrer Geltung beeinträchtigt werden dürfen[48]. Die gegenteilige Ansicht in der Literatur, die wegen der tatbestandlichen Ähnlichkeit von Art. 2 und Art. 4 GG die Schrankentrias analog auch auf die Religionsfreiheit anwenden will[49], sichert dem Schrankensystems des Grundgesetzes nicht das ihm gebührende Gewicht. Folge hiervon wäre, daß Art. 4 GG unter den weitestreichenden Schrankenvorbehalt, den das Grundgesetz zu bieten hat, gestellt würde, so daß letztendlich jedes verfassungsmäßige Gesetz die Religionsfreiheit beschränken könnte[50]. Darüber hinaus käme auch das Sittengesetz als Schranke in Betracht, ein Gedanke, der angesichts unserer christlich geprägten Kulturgeschichte in Zeiten weltweiter Migration zutiefst bedenklich stimmt.

bb) Demnach kommen als Schranken der Religionsfreiheit lediglich Rechtsgüter in Betracht, die in der Verfassung selbst ihre Verankerung gefunden haben. Diese sind dann gegen den Eingriff in die Religionsfreiheit abzuwägen. Eine mit dem Transplantationsgesetz völlig vergleichbare rechtliche Situation existiert in Deutschland nicht. Um eine Vorstellung vom Gewicht der Religionsfreiheit im Verhältnis zu anderen Verfassungsgütern zu bekommen, ließen sich jedoch zwei verwandte Beispiele anführen.

---

48 BVerfGE 12, 1 ff., 4; 24, 236, 246.

49 So beispielsweise *Herzog*, in Maunz/Dürig, Grundgesetz, Kommentar, München, Loseblatt, Stand Oktober 1996, Art. 4 Rdnr. 114.

50 *Kokott*, in: Sachs, Hrsg., Grundgesetz Kommentar, München, 1996, Art. 4 Rdnr. 86.

(1) Als erstes soll der Blick auf die Ausnahme vom grundsätzlichen Verbot des betäubungslosen Tötens von Wirbeltieren gemäß § 4a Abs. 2 Nr. 2 Tierschutzgesetz gelenkt werden. Danach ist es Angehörigen von Religionsgemeinschaften, deren zwingende Vorschriften das Schächten vorschreiben bzw. den Genuß von Fleisch nicht geschächteter Tiere verbieten, erlaubt, Tiere ohne Betäubung durch Ausblutenlassen zu töten. Aus dogmatischer Sicht ist hier bereits die Formulierung des Ausnahmetatbestandes problematisch, da auf „zwingende Vorschriften" abgestellt wird, was dem System der Religionsfreiheit, die den individuellen Glauben schützt, zuwiderläuft. Auf der Abwägungsebene hingegen ist die Ausnahme zwingend. Gegen die Schaffung eines durch die Religionsfreiheit bedingten Ausnahmetatbestandes spricht als Verfassungsgut lediglich der Tierschutz, dessen Wertigkeit als Verfassungsrechtsgut mit Blick auf seine Erwähnung lediglich im Katalog der konkurrierenden Gesetzgebung in Art. 74 Nr. 20 GG jedoch nicht zu hoch angesetzt werden darf. Diejenigen, die den Tierschutz gleichsam als Ausdruck der Menschenwürde verstehen, in dem Sinn, daß das Quälen von Tieren kein menschenwürdiges Verhalten sei, überdehnen in diesem Punkt den Bereich der Menschenwürde. Im Ergebnis muß damit die Abwägung zwischen Tierschutz und Religionsfreiheit zugunsten letzterer ausfallen.

(2) Als weiterer Wertungsmaßstab mag der strafrechtliche Umgang mit Eltern dienen, die aufgrund ihrer religiösen Überzeugungen notwendige medizinischen Behandlungen für ihre Kinder verweigern. An diesem Punkt kollidiert die Religionsfreiheit mit dem Recht auf Leben, dessen Schutz zu den obersten Verfassungsgeboten zählt. In diesen Fällen ist der Vorrang des Lebenschutzes allgemein anerkannt, was letztlich zu einer strafrechtlichen Haftung der Eltern führen kann. Im Zivilrecht schafft § 1666 Abs. 1 BGB in Ausübung des staatlichen Wächteramtes gemäß Art. 6 Abs. 2 Satz 2 GG eine Eingriffsgrundlage, um Gefahren für das Kindeswohl abzuwenden[51].

cc) Letzterer Fall ist zwar nicht deckungsgleich mit der Problematik des Transplantationsgesetzes, aber in jedem Fall vergleichbarer als der erste. Auch im Bereich der Transplantationsmedizin steht der Religionsfreiheit das Grundrecht auf Leben anderer gegenüber. Denn: Eine Ausnahme von § 7 TG zu machen, hieße letztendlich, allen, die aus religiösen Gründen die Spendeerklärung verweigern, dennoch Aufnahme in die Prioritätengruppe zu verschaffen, was zur Folge hätte, das die Erwartungschancen der erklärten Spender sich verringerten. Dies bedeutete in letzter Konsequenz, daß Eingriffe in das Leben aufgrund der Religionsfreiheit zu rechtfertigen wären. Sowohl

---

[51] Vgl. *Palandt-Diederichsen*, Bürgerliches Gesetzbuch, 56. Aufl., München, 1997, § 1666, Rdnr. 15, der den Fall anführt, daß Eltern aufgrund ihrer religiösen Überzeugungen eine medizinisch notwendige Bluttransfusion bei ihrem Kind verweigern.

der hohe Wert des Lebensschutzes wie auch die religiöse Neutralität des Staates verbieten ein solches Abwägungsergebnis. Vielmehr muß in diesen Kollisionsfällen die Religionsfreiheit zugunsten der Lebensinteressen zurücktreten, so daß eine Verfassungswidrigkeit der §§ 2, 7 TG nicht unter Berufung auf die Religionsfreiheit valid behauptet werden kann.

3. Verstoß gegen das allgemeine Persönlichkeitsrecht?

Auch unter dem Gesichtspunkt des Schutzes des allgemeinen Persönlichkeitsrechts wäre die Frage nach der Verfassungsmäßigkeit der Motivationslösung zu stellen, schafft sie doch de facto für den Einzelnen einen Druck, sich mit dem eigenen Tod zu befassen. Grundsätzlich steht jedem das Recht auf einen Intim- und Privatbereich ohne staatlichen Eingriff zu. Dennoch wahrt der vorgeschlagene Entwurf eines Transplantationsgesetzes das Selbstbestimmungsrecht des Einzelnen im größtmöglichen Umfang. Im Rahmen der Diskussion der Verfassungsmäßigkeit einer Zustimmungslösung in Verbindung mit der Pflicht zur Entscheidung für den Betroffenen wurde festgestellt, daß eine solche Pflicht unter Hinweis auf die Sicht des Menschen als Teil der Gesellschaft zu rechtfertigen sei[52]. Im Rahmen der Motivationslösung ist die Intensität des Eingriffs im Verhältnis zur Pflichtentscheidung geringer. Zwar wird durch Information der Einzelne häufig mit der Möglichkeit der Organspende konfrontiert, eine direkte Entscheidungspflicht wird jedoch nicht geschaffen. Eine Verletzung des allgemeinen Persönlichkeitsrechtes durch die Motivationslösung kann daher nicht in Betracht kommen.

4. Konflikt mit einem etwaigen Grundrecht auf Gesundheit?

Eine letzte Frage sei im Zusammenhang mit der Verfassungsmäßigkeit der Motivationslösung noch angesprochen: Gibt es möglicherweise über den Grundrechtskatalog hinausgehende soziale Grundrechte[53], die der Motivationslösung entgegenstehen könnten? Insbesondere wäre hier ein Grundrecht auf Gesundheit zu bedenken, wenn dies zum Inhalt hätte, allen Berechtigten einen Anspruch auf eine Organtransplantation zu gewähren. Dabei wäre jedoch sofort festzustellen, daß ein Grundrecht auf Gesundheit des Inhalts gleich einem Recht auf Arbeit völlig illusorisch wäre. Organe stehen nur in beschränkter Zahl zu Verfügung, allenfalls die Verteilung kann Gegenstand staatlicher Maßnahmen sein. Bislang hat ein Leistungsrecht auf Gesundheit

---

[52] Siehe oben S. 136.

[53] Vgl. hierzu *Alexy*, Theorie der Grundrechte, 2. Aufl., Frankfurt a.M., 1994, S. 454 ff.

daher auch lediglich Anerkennung im Bereich staatlicher Fürsorgeleistungen erfahren[54]. Ein subjektives Recht auf Gesundheit ist schon begrifflich nicht möglich, allenfalls ein allgemeiner verfassungsrechtlicher Schutz der Gesundheit ist konstruierbar[55]. Der Umfang des Schutzes wird dann durch die Schutzbereiche der betroffenen Grundrechte des Grundrechtskataloges allein bestimmt. Der Motivationslösung kann er somit nicht entgegenstehen.

5. Zusammenfassung der grundrechtlichen Analyse

Die Überprüfung des Entwurfes für ein Transplantationsgesetz auf dessen Vereinbarkeit mit dem Grundgesetz stimmt optimistisch. Unter keinem der geprüften Aspekte ergaben sich durchgreifende Zweifel an der Verfassungsmäßigkeit eines so gestalteten Transplantationsgesetzes. Insbesondere kann festgehalten werden, daß sowohl die Regelung der Zulässigkeitsvoraussetzungen wie auch der Vergabemodus weder gegen den Gleichheitssatz noch gegen die Religionsfreiheit verstoßen. Einer Umsetzung des Entwurfes steht demnach aus verfassungsrechtlicher Sicht nichts entgegen.

IV. Effizienzüberlegungen

Die Darstellung der Motivationslösung als alternatives Regelungsmodell für das Recht der Organtransplantation in Deutschland wäre unvollständig, wenn nicht auch die Frage nach ihrer Effizienz aufgeworfen wäre. Im Interesse der Gesellschaft als ganzer wie auch der betroffenen Patienten wäre nur ein Regelungsmodell, welches die derzeitige Mangelsituation zu verbessern vermag.

1. Analyse der Erfahrungen in der Republik Singapur

Vorab ist festzustellen, daß harte Zahlen als Beleg für den Erfolg der Motivationslösung nicht vorliegen, da auch im Ausland dieses Modell bisher nicht in die Praxis umgesetzt worden ist. Keine der in dieser Arbeit untersuchten Rechtsordnungen hat die Verbindung zwischen einer engen Zustimmungslösung und dem Gegenseitigkeitsprinzip im Transplantationsrecht verankert.

---

[54] Vgl. *Seewald*, Zum Verfassungsrecht auf Gesundheit, Köln u.a., 1981, S. 73 f.,

[55] *Suhr*, Überlegungen zur Kodifikation eines Grundrechts auf Gesundheit, in: Böckenförde/Jekewitz/Ramm, Hrsg., Soziale Grundrechte, Heidelberg, 1981, S. 111 ff.

Letzteres findet sich überhaupt nur im *Human Organ Transplant Act 1987*[56] der Republik Singapur. Dort jedoch wurde dieses Prinzip mit einer Widerspruchslösung kombiniert, so daß die dazu vorliegenden Daten nur in beschränktem Maße für oder gegen die Effizienz der Motivationslösung angeführt werden dürften. Wie jede Rechtsordnung, die eine Widerspruchslösung einführt, so spekuliert auch Singapur mit der Trägheit und der natürlichen Scheu des Menschen vor dem Tod. Es ist daher bemerkenswert, daß die Einführung des *Human Organ Transplant Act 1987* von einer massiven Informations- und Aufklärungskampagne seitens der Regierung begleitet wurde. Das zuständige Ministerium spricht diesbezüglich selbst von einem „publicity blitz"[57] mit dem Ziel eine möglichst große Zahl der Betroffenen von der Registrierung eines Widerspruches abzuhalten[58]. So ist es zu erklären, daß ein Jahr nach Inkrafttreten des Gesetzes nur 7.393 Personen aus einem Kreis von 1.500.000 Berechtigten ihren Widerspruch gegen eine postmortale Organentnahme registrieren ließen. Es kann vermutet werden, daß ein Grund für die geringe Quote von Widersprüchen darin liegt, daß dem Widersprechenden durch die gezielte Informationsarbeit staatlicher Stellen klar gemacht wurde, daß der Widerspruch die eigenen Chancen auf eine eventuelle Organzuteilung verringert.

2. Theoretische Untersuchungen zur Steigerungsmöglichkeit der verfügbaren Transplantate

Neben den Erfahrungen aus Singapur gibt es aus einer Reihe von Ländern Untersuchungen, die sich mit den Gründen für den Mangel an Spendeorganen befassen. Durchwegs wird dabei festgestellt, daß eigentlich keine rationalen Gründe hierfür gibt. So spricht Bart vom „paradox of shortage in the face of plenty"[59]. Aus rein medizinischer Sicht steht ein Vielfaches der tatsächlich transplantierten Organe für wartende Empfänger bereit. Eine Untersuchung im Auftrag der Regierung der kanadischen Provinz Ontario ergab, daß dort lediglich 11% der theoretisch nutzbaren Organe der Transplantationsmedizin zur Verfügung stehen. Eine deutsche Untersuchung von Angstwurm und Ketzler kam zu einem ähnlichen Ergebnis. Hier war das Bundesland Bayern

---

[56] Government Gazette, Republic of Singapore, Acts Supplement, 1987, Nr. 16 vom 10.7.1987, S. 411 ff.

[57] Die Verwendung des deutschen Lehnwortes „blitz" deutet die große Intensität der Aufklärungsarbeit an. Das Wort fand während der deutschen Luftangriffe auf London im 2. Weltkrieg Eingang in die englische Sprache.

[58] Ministry of Health, Singapore, Organ Donation and the Law in Singapore, (unveröffentlicht).

[59] *Bart*, Cadaveric Kidneys for Transplantation, in: Transplantation 1981, Nr. 31, S. 379 ff.

der Untersuchungsgegenstand und es ergab sich, daß theoretisch die Zahl der Organe um mehr als den Faktor 5 steigerbar wäre[60]. Die Gesamtschau von Untersuchungen aus den USA, Großbritannien, Kanada und den Niederlanden lassen folgende drei Schlußfolgerungen zu. Erstens: Ein sehr großer Teil der Bevölkerung steht einer Organspende dann positiv gegenüber, solange die Fragestellung abstrakt gehalten wird. Wird demgegenüber nach der individuellen Bereitschaft gefragt, so nimmt diese stets stark ab. Zweitens: Der einzelne zeigt eine größere Bereitschaft eine Zustimmung zur Organentnahme für andere abzugeben als für sich selbst. Drittens: Es existiert ein gewaltiger Unterschied in der Zahl derer, die sich auf Anfrage zur Organspende bereit erklärt, und denen, die tatsächlich bereits eine solche Erklärung abgeben haben[61]. Letzterer Punkt ist der entscheidende. Wenn es gelingt, diese Diskepanz zwischen theoretischer und praktischer Spendebereitschaft zu überwinden, ließe sich die Nachfrage nach Spenderorganen unter größtmöglicher Beachtung der Selbstbestimmung des einzelnen verwirklichen.

3. Die Motivationslösung als Chance

Wie dies geschehen kann, ist bereits Gegenstand einer Untersuchung gewesen. Dabei wurde gezeigt, daß die Spendebereitschaft davon abhängt, inwieweit den Befragten selbst eigene Betroffenheit vermittelt werden konnte. Solange die Aufklärung über die Organspende den gesellschaftlichen Nutzen in den Vordergrund stellte (Other-Oriented Information), erwies sich die Spendebereitschaft der Testpersonen als gering. Wurde jedoch der eigene mögliche Nutzen deutlich gemacht (Self-Oriented Information), stieg diese drastisch an[62]. Die Motivationslösung versucht, diese Erkenntnis zu nutzen. Voraussetzung dafür ist eine umfassende Information und Aufklärung der Bevölkerung im Zusammenhang mit der Einführung. Dabei wäre deutlich zu machen, welche Vor- bzw. Nachteile jeder einzelne durch die Erklärung der Spendebereitschaft hätte. In diesem Fall wäre gewährleistet, daß jeder einzelne seinen persönlichen Nutzen sehen kann, der ihm durch die Spendebereitschaft gewährt wird. So wäre, unter Zugrundelegung der Untersuchungsergebnisse, die große Diskrepanz zwischen theoretischer und praktischer Einwilligungbereitschaft zu überwinden.

---

[60] *Angstwurm/Ketzler*, Möglichkeiten und Grenzen der Organtransplantation, Ergebnisse über die mögliche Zahl postmortaler Organspenden, Edition Deutsche Stiftung Organtranplantation, o.J., S. 25.

[61] *Kokkedee*, Het tekort aan postmortale organdonaties, Arnhem, 1992, S. 74 f.

[62] *Barnett*, The Role of Self- and Other-Oriented Motivation in the Organ Donation Decision, in: Advances in Consumer Research, 1986, Nr. 14, S. 335 ff.

Die Motivationslösung ist dabei ein möglicher Weg zur Zielerreichung. Es ist ein Weg, der versucht, die Rechte des Einzelnen und die gesellschaftlichen Interessen unter Beachtung insbesondere des Rechtes auf Selbstbestimmung optimal zum Ausgleich zu bringen. Damit hebt sie sich von den Vorschlägen ab, die mit größerer Gewißheit eine Steigerung der Transplantate versprechen können, aber im Gegenzug den Erfolg mit einem geringeren Schutz der Rechte des Einzelnen erkaufen müssen. Ob das Modell tatsächlich den erhofften Erfolg zu zeitigen vermag, kann nur die praktische Umsetzung zeigen. Die begründete Aussicht hierauf hingegen liegt vor.

V. Schlußbemerkung

Neue Wege im Transplantationsrecht zu suchen und zu finden, war der Zweck dieser Arbeit, die Erarbeitung eines verfassungsrechtlich unbedenklichen Gesetzenwurfes ist ihr Ergebnis. Interessensgegensätze galt es dabei zu versöhnen. Solange die Medizin nicht in der Lage sein wird durch technische oder genmedizinische Fortschritte die Nachfrage der Patienten nach Transplantaten dauerhaft zu befriedigen, werden sich die Freiheit jedes einzelnen Gesellschaftmitglieds und das Lebensinteresse jedes erkrankten und hoffenden Patienten gegenüberstehen. Die Motivationslösung möchte einen Beitrag leisten, diesem Konflikt die Schärfe zu nehmen. Der Entwurf zwingt niemanden, ohne oder gegen seine Willen zum Organspender zu werden. Er achtet damit die Freiheitsrechte auf umfassende Weise. Aber er erkennt, daß der Mensch auch im Gesellschaftsverband ein egoistisches Wesen ist. Anstatt bangend und beschwörend auf Altruismus und Solidarität zu setzen, nimmt er die Natur des Menschen an, wie sie ist und bietet ihm eine Gegenleistung dafür, daß er ein Opfer zu bringen bereit ist. Do ut des[63], dieser uralte, biblische Gerechtigkeitsgedanke zieht sich wie ein roter Faden durch den Vorschlag. Gelingt es, den Anreiz hinlänglich attraktiv darzustellen, wird auch das Ziel erreicht werden, welches jedem Kodifikationsversuch des Transplantationsrechts zugrunde liegen sollte, nämlich der großen Zahl kranker und leidender Menschen, denen nur durch die Transplantation eines Organs eines Verstorbenen geholfen werden kann, wieder Hoffnung auf Heilung oder zumindest auf Linderung ihrer Beschwerden zu machen.

---

63 „Ich gebe, damit Du gibst". Römischer Rechtsgrundsatz, von Otto v. Bismarck am 17.9.1878 im Deutschen Reichstag zitiert.

Literaturverzeichnis

Aigner, Gerhard: Organentnahmen bei Verstorbenen zu Transplantationszwecken gemäß § 62a KAG; Widerspruchsregister, in: RdM 1994, S. 119 f.

Albert, E.: Histokompatibilitätstestung und ihre klinische Relevanz, in: Pichlmayr, Hrsg., Transplantationschirurgie, Berlin/Heidelberg, 1981, S. 171 ff.

Albrecht, Volker: Die rechtliche Zulässigkeit postmortaler Transplantatentnahmen, Marburg, 1986.

Alexandre, G.P.J./*Wonigeit*, K./*Bunzendahl*, H.: Immunsuppression, in: Pichlmayr, Hrsg., Transplantationschirurgie, Berlin/Heidelberg, 1981, S. 205 ff.

Alexy, Robert: Theorie der Grundrechte, 2. Aufl., Frankfurt a. M., 1994.

Alverdes, Kurt: Grundlagen der Anatomie, 5. Aufl., Leipzig, 1974.

American Medical Association, Council on Ethical and Judicial Affairs: Strategies for Cadaveric Organ Procurement: Mandated Choice and Presumed Consent, in: JAMA 1994, Bd. 272, Heft 10, S. 809 ff.

Angstwurm, Heinz: Der Hirntod ist der Tod des Menschen, in: FAZ, 26.2.1997, S. N2.

- Wann spricht man vom Hirntod?: in: Der Arzt im Krankenhaus, 1983, Heft 11, S. 672 ff.

Angstwurm, Heinz/*Ketzler*, Klaus: Möglichkeiten und Grenzen der Organtransplantation, Ergebnisse einer Untersuchung über die mögliche Zahl postmortaler Organspenden, Edition Deutsche Stiftung Organtransplantation, Neu-Isenburg, 1986.

Aristoteles: Nikomachische Ethik, Reihe dtv-Klassik, München, 1986.

Barnett, M.A.: The Role of Self- and Other-Oriented Motivation in the Organ Donation Decision, in: Advances in Consumer Research, 1986, Nr. 14, S. 335 ff.

Bart, K.J.: Cadaveric Kidneys for Transplantation, in: Transplantation 1981, Nr. 31, S. 379 ff.

Beccaria, Cesare: Dei Delitti e delle pene, 1764, § 16, übersetzt von Bergk, Des Marchese Beccaria's Abhandlung über Verbrechen und Strafen, Leipzig, 1798.

Beckmann, Rainer: Ist der Hirntote Mensch eine „Leiche"?, in: ZRP 1996, S. 219 ff.

Berger, Fritz: Das Recht des Arztes zur Leichenobduktion, Halle, 1932.

Birnbacher, Dieter: Hirntodkriterium: Anthropologisch-ethische Aspekte, in: MedR 1994, S. 469 ff.

Bossert, Albrecht: Die Theorie der Gerechtigkeit bei John Rawls, in: Bottke/Rauscher, Hrsg., Gerechtigkeit als Aufgabe, St. Ottilien, 1990, S. 75 ff.

Bottke, Wilfried: Wege der Strafrechtsdogmatik, in: JA 1980, S. 93 ff.

- Euthanasie und Sterbehilfe aus der Sicht des Juristen, in: ZEE 1981, S. 109 ff.

- Suizid und Strafrecht, Berlin, 1982.

- Probleme der Suizidbeteiligung, in: GA 1983, S. 24 ff.

- Anfertigung und Verwertung heimlicher Wort- und Stimmaufzeichnungen auf Tonträger außerhalb des Fernmeldeverkehrs, in: JURA 1987, S. 356 ff.

- Strafrechtliche Probleme am Lebensbeginn und am Lebensende. Bestimmungsrecht versus Lebenserhaltung?, in: Lebensverlängerung aus medizinischer, ethischer und rechtlicher Sicht, Rechtsstaat in der Bewährung, Band 30, 1995, S. 35 ff.

Brendel, W./*Hammer*, Claus/*Chaussy*, Ch.: Grundlagen und Ergebnisse xenogener Organtransplantation, in: Pichlmayr, Hrsg., Transplantationschriurgie, Berlin/Heidelberg, 1981, S. 329 ff.

Brenner, Günter: Organtransplantation, in: Mergen, Hrsg., Die juristische Problematik in der Medizin, Bd. I, Der Arzt und seine Beziehung zum Recht, München, 1971, S. 126 ff.

Brenzel, Jürgen: Der Versicherungsverein auf Gegenseitigkeit, Karlsruhe, 1975.

Brockhaus Enzyklopädie, Band 15, 19. Aufl., Mannheim, 1991.

Brugger, Claudia/*Kühn*, Hermann W.: Die Sektion der menschlichen Leiche, Stuttgart, 1979.

Bubnoff, Eckhart von: Rechtsfragen der homologen Organtransplantation aus der Sicht des Strafrechts, in: GA 1968, S. 65 ff.

Bundesärztekammer: Kriterien des Hirntodes, in: Deutsches Ärzteblatt, 1982, Heft 14, S. 45.

Campenhausen, Freiherr von: in: Isensee/Kirchof, Handbuch des Staatsrechts der Bundesrepublik Deutschland, Heidelberg, 1989, Band VI, § 136.

Carstens, Thomas: Das Recht der Organtransplantation, Frankfurt a. M., 1978.

Coing, Helmut: Die obersten Grundsätze des Rechts, Ein Versuch zur Neugründung des Naturrechts, Heidelberg, 1947.

Conference of the Medical Colleges and their Faculties in the United Kingdom: Diagnosis of Brain Death, in: Britisch Medical Journal, 1976, S. 1187 f.

Conrads, Christoph: Eurotransplant und UNOS - Modelle der Organallokation, in: MedR 1996, S. 300 ff.

Daniels, Norman: Hrsg., Reading Rawls, Critical Studies on Rawls' A Theory of Justice, Oxford, 1975.

Dannecker, Gerhard/*Görtz-Leible*, Monika: Die rechtliche und rechtspolitsche Situation im Bereich von Transplantation und Sektion, in: Oberender, Hrsg., Transplantationsmedizin, Baden-Baden, 1995, S. 161 ff.

Deutsch, Erwin: Die rechtliche Seite der Transplantation, in: ZRP 1982, S. 174 ff.

- Versicherungsvertragsrecht, 3. Aufl., Karlsruhe, 1993.

- Zum geplanten strafrechtlichen Verbot des Organhandels, in: ZRP 1994, S. 179 ff.

Devettere, Raymond: Neocortical Death and Human Death, in: Law, Medicine and Health Care, Band 18, 1990, S. 96 ff.

Dietrich, Elke: Eurotransplant in Leiden/Holland - eine zentrale Sammelstelle für Organe, in: Dietrich, Hrsg., Organspende, Organtransplantation, 1985, S. 75 ff.

Doehring, Karl: Forschungsfreiheit und Tierversuche. Verfassungsrechtliche Beurteilung, in: Hardegg/Preiser, Hrsg., Forschungsfreiheit und medizinische Ethik, Hildesheim, 1986, S. 137 ff.

Edlbacher, Oskar: Die Entnahme von Leichenteilen zu medizinischen Zwecken aus zivilrechtlicher Sicht, in: ÖJZ 1965, S. 449 ff.

Eichler, Hermann: Versicherungsrecht, 2. Aufl., Karlsruhe, 1976.

Eigler, Friedrich-Wilhelm: Organquellen, in: Albert/ Land/Zwierlein, Hrsg., Transplantationsmedizin und Ethik, Auf dem Weg zu einem gesellschaftlichen Konsens, Lengrich, 1995, S. 47 ff.

Eisen, Roland: Zur Versicherbarkeit von Transplantationsmedizinischen Leistungen - Ein Diskussionsbeitrag, in: Oberender, Hrsg., Transplantationsmedizin, Baden-Baden, 1995, S. 53 ff.

Engisch, Karl: Auf der Suche nach der Gerechtigkeit, München, 1971.

Erhard, Jochen/*Daul*, Anton/*Eigler*, Friedrich-Wilhelm: Organspende und Organkonservierung, in: Deutsches Ärzteblatt, 1995, Band 92, S. B-31 ff.

Eser, Albin: Medizin und Strafrecht: Eine schutzgutorientierte Problemübersicht, in: ZStW 97(1985), S. 1 ff.

Forkel, Hans: Verfügungen über Teile des menschlichen Körpers, in: JZ 1974, S. 593 ff.

Forster, Balduin: Hrsg., Praxis der Rechtsmedizin, Stuttgart, 1986.

Fritzsche, Paul: Grenzbereich zwischen Leben und Tod, Klinische, juristische und ethische Probleme, 2. Aufl., Stuttgart, 1979.

Fuchs, Christoph: Allokationsprobleme bei knappen Ressourcen, in: Fuchs/Nagel, Hrsg., Soziale Gerechtigkeit im Gesundheitswesen, Berlin/Heidelberg, u.a., 1993, S. 6 ff.

Fuhrmann, Heinz: Transplantate - § 190/1 StGB, in: RZ 1980, S. 259 f.

Gaedke, Jürgen: Handbuch des Friedhofs- und Bestattungsrechts, 4. Aufl., Köln u.a., 1977.

Geilen, Gerd: Medizinischer Fortschritt und juristischer Todesbegriff, in: Lüttger/Blei/Hanau, Festschrift für Heinitz, Berlin, 1972, S. 373 ff.

Geis, Max-Emanuel: Das revidierte Konzept der „Gerechtigkeit als Fairneß“ bei John Rawls - materielle oder prozedurale Gerechtigkeitstheorie, in: JZ 1995, S. 324 ff.

Giesen, Dieter: Arzthaftungsrecht, 3. Aufl., Tübingen, 1990.

Graupner, Heidrun: Wem gehört der Körper?, in: Süddeutsche Zeitung, 2.5.1997, S. 4.

Grewel, Hans: Zwischen Lebensrettung und Euthanasie - das tödliche Dilemma der Transplantationsmedizin, in: ZRP 1995, S. 217 ff.

Großmann, Ruprecht: Für eine gesetzliche Regelung der Organtransplantation, in: RuP 1992, S. 60 ff.

Gusseck, Lutz: Die Zumutbarkeit - ein Beurteilungsmaßstab?, Berlin, 1972.

Häberle, Peter: Das Menschenbild im Verfassungsstaat, Berlin, 1988.

Hammer, Claus: Xenotransplantation. Kann sie halten, was sie verspricht, in: Deutsches Ärzteblatt Band 92, 1995, S. B-99 ff.

Hanack, Ernst-Walter: Rechtsprobleme bei Organtransplantationen, in: Studium generale, 1970, S. 428 ff.

Harbich, Heribert: Das Recht zu sterben - Lebensverlängerung um jeden Preis?, in: RZ 1968, S. 115 ff.

Harrison, Michael: The Anencephalic Newborn as Organ Donor, in: Hastings Center Report, April 1986, S. 21 f.

Henkel, Heinrich: Einführung in die Rechtsphilosophie, 2. Aufl., München, 1977.

Hessing u.a.: De houding van den Nederlandse bevolking tegenover wettelijke regelingen inzake orgaandonatie, unveröffentlichter Bericht, Leiden, 1991.

Hiersche, Hans-Dieter: Das Recht des Menschen auf einen würdigen Tod, in: MedR 1987, S. 83 ff.

Hirsch, Günter/*Schmidt-Didczuhn*, Andrea: Transplantation und Sektion - Die rechtliche und rechtspolitische Situation nach der Wiedervereinigung, Heidelberg, 1992.

Höffe, Otfried: Rawls' Theorie der politisch-sozialen Gerechtigkeit, in: Höffe, Hrsg., John Rawls, Gerechtigkeit als Fairneß, Freiburg/München,1977, S. 16 ff.

Höfling, Wolfram: Hirntodkonzeption und Transplantationsgesetzgebung, in: MedR 1996, S. 6 ff.

- Plädoyer für eine enge Zustimmungslösung, in: Universitas 1995, S. 357 ff.

- Um Leben und Tod: Transplantationsgesetzgebung und Grundrecht auf Leben, in: JZ 1995, S. 26 ff.

Höfling, Wolfram/*Rixen*, Stephan: Verfassungsfragen der Transplantationsmedizin, Tübingen, 1996.

Huster, Stefan: Gleichheit und Verhältnismäßigkeit, in: JZ 1994, S. 541 ff.

Jaeger, Renate: Überlegungen zur Kodifikation eines Grundrechts auf Gesundheit, in: Böckenförde/Jekewitz/Ramm, Hrsg., Soziale Grundrechte, Heidelberg u.a., 1981, S. 91 ff.

Jähnke, Burkhard/*Laufhütte*, Heinrich Wilhelm/*Odersky*, Walter: Leipziger Kommentar zum Strafgesetzbuch, 11. Aufl., Berlin, 1994.

Jescheck, Hans-Heinrich/*Weigend*, Thomas: Lehrbuch des Strafrechts, Allgemeiner Teil, 5. Aufl., Berlin, 1996.

Jonas, Hans: Philosophische Betrachtungen über die Versuche an menschlichen Subjekten, in: Doerr/Jacob/Laufs, Recht und Ethik in der Medizin, Berlin u.a.,1982, S. 3 ff.

Jörns, Klaus-Peter: Gibt es ein Recht auf Organtransplantation? Ein theologischer Diskurs, Göttingen, 1993.

Jung, Andrea: Die französische Rechtslage auf dem Gebiet der Transplantationsmedizin, in: MedR 1996, S. 355 ff.

Kalmthout, Anton M. van/*Tak*, Peter J.P.: Sanctions-Systems in the Member-States of the Council of Europe, Part II, Deveneter/Boston, 1992.

Kaufmann, Arthur: Prozedurale Theorien der Gerechtigkeit, in: Krawietz/Wróblewski, Hrsg., Sprache, Performance und Ontologie des Rechts, Festgabe für Kasimieriz Opalek zum 75. Geburtstag, Berlin, 1993, S. 187 ff.

Kennedy, Ian: The Donation and Transplantation of Kidneys: Should the Law be Changed?, in: Journal of Medical Ethics, 1979, Heft 5, S. 13 ff.

Kern, Bernd-Rüdiger: Zum Entwurf eines Transplantationsgesetzes (der Länder?), in: MedR 1994, S. 389 ff.

Kimbrell, Andrew: Ersatzteillager Mensch, Frankfurt a. M., 1994.

Kirchhof, Paul: in: Isensee/Kirchhof, Hrsg., Handbuch des Staatsrechts der Bundesrepublik Deutschland, Band V, Heidelberg, 1992, § 124.

- Verwalten durch „mittelbares" Einwirken, Köln, 1977.

Kliemt, Hartmut: „Gerechtigkeitskriterien" in der Transplantationsmedizin - Eine ordoliberale Perspektive, in: Fuchs/Nagel, Soziale Gerechtigkeit im Gesundheitswesen, Berlin, u.a., 1993, S. 262 ff.

Kliemt, Hartmut/*Breyer*, Friedrich: Solidargemeinschaften der Organspender: Private oder öffentliche Organisation, in: Oberender, Hrsg., Transplantationsmedizin, Ökonomische, ethische, rechtliche und medizinische Aspekte, Baden-Baden, 1995, S. 135 ff.

Kloepfer, Michael: Gleichheit als Verfassungsfrage, Berlin, 1980.

Kloth, Karsten: Rechtsprobleme der Todesbestimmung und Organentnahme von Verstorbenen, Diss jur. FU Berlin, 1994.

Köbler, Gerhard: Etymologisches Rechtswörterbuch, Tübingen, 1995.

Kohlhaas, Max: Neue Rechtsprobleme der Organtransplantation, in: NJW 1971, S. 1870 ff.

- Rechtsfragen zur Transplantation von Körperorganen, in: NJW 1967, S. 1489 ff.

- Transplantationsprobleme aus versicherungsrechtlicher Sicht, in: VersR 1970, S. 385 ff.

- Zivilrechtliche Probleme der Transplantation von Leichenteilen, in: DMW 1969, S. 290 ff.

Kokkedee, W.: Het tekort aan postmortale organdonaties, Arnhem, 1992.

Kokott, Juliane: Beweislastverteilung und Prognoseentscheidung bei der Inanspruchnahme von Grund- und Menschenrechten, Berlin u.a., 1993.

Koller, Peter: Neue Theorien des Sozialkontrakts, Berlin, 1987.

Kopetzki, Christian: Organgewinnung zu Zwecken der Transplantation, Wien/New York, 1988.

Kramer, Hans-Jürgen: Rechtsfragen der Organtransplantation, München, 1987.

Kuckuk, Bernd: Der Hamburger "Entwurf zur strafrechtlichen Regelung der Organtransplantation" - Reform ohne Programm?, in: JR 1974 410 ff.

Kunert, Karl-Heinz: Die Organtransplantation als legislatorisches Problem, in: JURA 1979, S. 350 ff.

Kurthen, Martin/*Linke*, Detlef/*Moskopp*, Dag: Teilhirntod und Ethik, in: Ethik in der Medizin, 1989, S. 134 ff.

Lackner, Karl: Strafgesetzbuch, 22. Aufl., München, 1997.

Land, W./*Cohen*, B.: Postmortem and living donation in Europe: transplant laws and activities, in: Transplantation Proceedings, 1992, S. 2165 ff.

Land, Walter: Transplantationschirurgie, in: Breitner, Chirurgische Operationslehre, Band XII, München/Wien/Baltimore, 1996, 1996, S. 3 ff.

Laubenthal, K.: Anmerkung zum Beschluß des Pfälzischen OLG Zweibrücken vom 6.9.1991, in: JR 1992, S. 212 f.

Laufs, Adolf: Die Art und Weise der Aufklärung. Aufklärungsformulare, in: Laufs/Uhlenbruck, Handbuch des Arztrechts, München, 1992, § 66.

- Ein deutsches Transplantationsgesetz - jetzt?, in: NJW 1995, S. 2398 f.
- Fortpflanzungsmedizin und Arztrecht, Berlin, 1992.
- Grundregeln zur Aufklärungspflicht des Arztes, in: Laufs/Uhlenbruck, Handbuch des Arztrechts, München, 1992, § 68.
- Rechtsfragen der Organtransplantation, in: Hiersche/Hirsch/Graf-Baumann, Hrsg., Rechtliche Fragen der Organtransplantation, 3. Einbecker Workshop der Deutschen Gesellschaft für Medizinrecht, Berlin, u.a., 1990, S. 57 ff.

Lembke, Rudolf/*Rennert*, Helmut: Neurologie und Psychiatrie, 7. Aufl., Leipzig, 1979.

Lemke, Michael: Stand der Diskussion zum Entwurf eines Transplantationsgesetzes - Eine rechtspolitische Bestandsaufnahme, in: MedR 1991, S. 281 ff.

Leopold, Dieter/*Hunger*, Horst: Die ärztliche Leichenschau, Praktische Hinweise und Analysen, Leipzig, 1979.

Lieberwirth, Rolf: Latein im Recht, Berlin, 1986, S. 92

Lilie, Hans: Zur Verbindlichkeit eines Organspendeausweises nach dem Tode des Organspenders, in: MedR 1983, S. 131 ff.

Linck, Joachim: Gesetzliche Regelung von Sektionen und Transplantationen. Zu einer Initiative des Berliner Gesetzgebers, in: JZ 1973, S. 759 ff.

Losse, Heinz: Organtransplantation, Einführung, in: Toellner, Hrsg., Organtransplantation - Beiträge zu ethischen und juristischen Fragen, Stuttgart/New York, 1991, S. 3 ff.

Löw-Friedrich, Iris/*Schoeppe*, Wilhelm: Transplantation: Grundlagen, Klinik, Ethik, Darmstadt, 1996.

Lücke, Jörg: Die Grundsätze der Verhältnismäßigkeit und der Zumutbarkeit, in: DÖV 1974, S. 769 ff.

Maier, Joachim: Der Verkauf von Körperorganen, Augsburger Rechtsstudien Band 11, Heidelberg, 1991.

Mandel, Joachim: Rechtsfragen der Organtransplantation, in: NJ 1975, S. 621 ff.

Mandel, Joachim/*Lange*, Hans: Ärztliche Rechtspraxis, Berlin, 1985.

Manes, Alfred: Grundzüge des Versicherungswesens, 5. Aufl., Leipzig, 1932.

Maunz, Theodor/*Dürig*, Günter/*Herzog*, Roman: Grundgesetz, Kommentar, München, Loseblatt, Stand Oktober 1996.

Maurer, Hartmut: Die medizinische Organtransplantation in verfassungsrechtlicher Sicht, Bemerkungen zum Entwurf eines Transplantationsgesetzes, in: DÖV 1980, S. 7 ff.

Ministry of Health, Republic of Singapore: Organ Donation and the Law in Singapore, (unveröffentlicht)

Möller, Hans: in: Bruck/Möller, Kommentar zum Versicherungsvertragsgesetz und zu den Allgemeinen Versicherungsbedingungen unter Einschluß des Versicherungsmittlerrechts, 8. Aufl., Band 1, Berlin u.a., 1961, § 1 VVG.

Müller, Knut: Überlegungen zur Rechtssubjektivität Verstorbener, Frankfurt u.a., 1996.

Münch, Ingo von/*Kunig*, Philip, Hrsg.: Grundgesetzkommentar, 4. Aufl., München, 1992.

Murray, Thomas/*Younger*, Stuart: Organ Salvage Policies - A Need for Better Data and More Insightful Ethics, in: Journal of the American Medical Association, 1994, Band 272, Heft 10, S. 814 f.

Nagel, Eckhard: Möglichkeiten und Grenzen der Organtransplantation, in: Oberender, Peter, Transplantationsmedizin, Baden-Baden, 1995, S. 199 ff.

Nagel, Eckhard/*Schmidt*, Petra: Transplantation, Berlin/Heidelberg, 1996.

Nickel, Lars Christoph: Verfasungsrechtliche Probleme der Transplantationsgesetzgebung am Beispiel des Gesetzesbeschlusses des rheinland-pfälzischen Landtags, in: MedR 1995, S. 139 ff.

Opderbecke, Hans Wolfgang: Stellungnahme zum Beitrag von Bernd-Rüdiger Kern: Zum Entwurf eines Transplantationsgesetzes (der Länder?), in: MedR 1994, S. 389-392, in: MedR 1995, S. 152.

Osterwald, Gustav: Möglichkeiten und ethische Grenzen der Neurotransplantation, in: Niedersächsisches Ärzteblatt, 5/1995, S. 49 f.

Ostrom, Elinor: Governing the CommonS. The Evolution of institutions for collective action, Cambridge, 1990.

Otto, Harro: Pflichtenkollision und Rechtswidrigkeitsurteil, 3. Aufl., Marburg, 1978.

Palandt, Otto: Bürgerliches Gesetzbuch, 56. Aufl., München, 1997.

Pallis, Christopher: ABC of Brain Stem Death, London, 1983.

Perelman, Chaim: Über die Gerechtigkeit, München, 1967.

Pichlmayr, Rudolf: Aktuelle Fragen der Organtransplantation, in: Pichlmayr, Hrsg,. Transplantationschirurgie, Heidelberg, 1981, S. 22 ff.

- Ethische und juristische Fragen aus transplantationschirurgischer Sicht, in: Toellner, Hrsg., Organtransplantation - Beiträge zu ethischen und juristischen Fragen, Stuttgart/New York, 1991, S. 21 ff.

Prokop, Otto/*Göhler*, Werner: Forensische Medizin, 3. Auflage, Berlin, 1976.

Prölss, Erich/*Martin*, Anton: Versicherungsvertragsgesetz, 25. Aufl., München, 1992.

Pschyrembel, Willibald: Klinisches Wörterbuch, 257. Aufl., Berlin, 1994.

Radbruch, Gustav: Rechtsphilosophie, 7. Aufl., Stuttgart, 1970.

Radner, Alfred/*Halslinger*, A./*Reinberg*, P.: Krankenanstaltenrecht, Loseblatt, Linz.

Rawls, John: A Theory of Justice, Cambridge/Mass., 1971.

Richter, Arnt: Privatversicherungsrecht, Individual- oder Versicherungsvertragsrecht, Stuttgart u.a., 1980.

Riehm, H.: Indikation und Bedarf bei der Knochenmarkstransplantation, in: Fuchs/Nagel, Hrsg., Soziale Gerechtigkeit im Gesundheitswesen, Berlin u.a., 1993.

Rood, JJ. van: A proposal for international cooperation in organ transplantation: Eurotransplant, in: van Rood, Histocompatibility testing, Baltimore, 1967, S. 451 f.

Roth, Wolfgang: Faktische Eingriffe in Freiheit und Eigentum, Berlin, 1994.

Rousseau, Jean-Jacques: Du Contrat Social, Edition Garnier-Flammarion, Paris, 1966.

Roxin, Claus: Zur Tatbestandsmäßigkeit und Rechtswidrigkeit der Entfernung von Leichenteilen (§168), insbesondere zum rechtfertigenden strafrechtlichen Notstand (§ 34 StGB) - OLG Frankfurt, NJW 1975, 271, in: JuS 1976, S. 505 ff.

- Strafrecht, Allgemeiner Teil, Band 1, 3. Aufl., München, 1997.

Rudolphi, Hans-Joachim/*Horn*, Eckhard/*Samson*, Erich/*Günther*, Hans-Ludwig: Systematischer Kommentar zum Strafgesetzbuch, Neuwied, Loseblatt, Stand Dezember 1996.

Rüping, Hinrich: Der Schutz der Pietät, in: GA 1977, S. 299 ff.

- Individual- und Gemeinschaftsinteressen im Recht der Organtransplantation, in: GA 1978, S. 129 ff.

Sachs, Michael, Hrsg.: Grundgesetz, Kommentar, München, 1996.

Samson, Erich: Legislatorische Erwägungen zur Rechtfertigung der Explantation von Leichenteilen, in: NJW 1974, S. 2030 ff.

Savigny, F.C. von: System des Römischen Rechts, 2. Band., Berlin, 1840.

Schäfer, Paul: Rechtsfragen zur Verpflanzung von Körper- und Leichenteilen, Diss jur., Münster, 1961.

Schaffmeister, Dieter: Das niederländische Strafgesetzbuch, Berlin/New York, 1978.

- Entwicklung und Begriff des niederländischen Wirtschaftsstrafrechts, Zwolle/Frankfurt a. M., 1978.

Schlake, Hans-Peter/*Roosen*, Klaus: Der Hirntod als der Tod des Menschen, hrsgg. von der Deutschen Stiftung Organtransplantation, Neu-Isenburg, 1995.

Schmidt, Eberhard: Das Reichsgericht und der „übergesetzliche Notstand", in ZStW 49 (1929), S. 350 ff.

Schmidt, Robert/*Thews*, Gerhard: Physiologie des Menschen, 21. Aufl., Berlin u.a., 1983.

Schmidt, Volker: Politik der Organverteilung, Baden-Baden, 1996.

Schmidt-Didczuhn, Andrea: Transplantation in Ost und West im Spiegel des Grundgesetzes, in: ZRP 1991, S.264 ff.

Schmidt-Jortzig, Edzard: Leichen bekommen kein Fieber, Die Fragwürdigkeit des Hirntod-Kriteriumsin: FAZ v. 13.5.1997, S. 15.

- Organentnahme während des Sterbens möglich, in: FAZ v. 2.6.1997, S. 8.

Schoch, Friedrich: Der Gleichheitssatz, Zur Tagung der Deutschen Strafrechtslehrer in Tübingen 1988, in: DVBl. 1988, S. 863 ff.

Schönke, Adolf/*Schröder*, Horst: StGB, 25. Aufl., München, 1997.

Schreiber, Hans-Ludwig: Die rechtliche Zulässigkeit der Transplantatentnahme, in: Der Internist 1974, S. 551 ff.

- Transplantation und Recht, in: Organtransplantation heute, Veranstaltungsbroschüre, Hannover, 1985, S. 17 ff.

- Vorüberlegungen für ein künftiges Transplantationsgesetz, in: Festschrift für Klug, Köln, 1983, S. 341 ff.

Schreiber, Hans-Ludwig/*Wolfslast*, Gabriele: Ein Entwurf für ein Transplantationsgesetz, in: MedR 1992, S. 189 ff.

- Rechtsfragen der Transplantation, in: Dietrich, Hrsg., Organspende - Organtransplantation, Percha am Starnberger See u.a., 1985, S. 33 ff.

Schünemann, Wolfgang: Unfallhaftung im Bergsport, in: VersR 1982, S. 825 ff.

Schwerdtfeger, Gunther: Öffentliches Recht in der Fallbearbeitung, 7. Aufl., München, 1983.

Seewald, Otfried: Regelung der postmortalen Organspende: Die Kernprobleme, in: DÄBl 1992, Ausgabe B, S. 702 ff.

- Zum Verfassungsrecht auf Gesundheit, Köln u.a., 1981.

- Gesundheit als Grundrecht - Grundrechte als Grundlagen von Ansprüchen auf gesundheitsschützende staatliche Leistungen, Königstein, 1982.

Sekretariat der Deutschen Bischofskonferenz und Kirchenamt der Evangelischen Kirche in Deutschland, Hrsg.: Organtransplantation, Erklärung der Deutschen Bischofskonferenz und des Rates der Evangelischen Kirche in Deutschland vom 2. Juli 1990, Sonderdruck des Arbeitskreises Organspende, Neu-Isenburg, 1990.

Smit, Heiner/*Schoeppe*, Wilhelm: Organspende und Transplantation in Deutschland, Edition Deutsche Stiftung Organtransplantation, Neu-Isenburg, 1995.

Sodan, Helge: Kollegiale Funktionsträger als Verfassungsproblem, Diss. jur. FU Berlin, 1986.

Steffen, Ulrich: Zur Strafbarkeit der klinischen Sektion gemäß § 168 StGB, Sinzheim, 1996.

Stellpflug, Martin: Der strafrechtliche Schutz des menschlichen Leichnams, Frankfurt u.a., 1996

Stern, Klaus: Das Staatsrecht der Bundesrepublik Deutschland, 2. Aufl., München, 1984.

Suhr, Dieter: Überlegungen zur Kodifikation eines Grundrechts auf Gesundheit, in: Böckenförde/Jekewitz/Ramm, Hrsg., Soziale Grundrechte, Heidelberg u.a., 1981, S. 111 ff.

Takemoto, S.: Survival of Nationally Shared, HLA-Matched Kidney Transplants from Cadaveric Donors, in: New England Journal of Medicine, Band 327, 1992, S. 834 ff.

Tress, Peter: Die Organtransplantation aus zivilrechtlicher Sicht, Diss. Jur. Mainz, 1977.

Trockel, H.: Die Rechtswidrigkeit klinischer Sektionen, Eine Frage der Rechtswissenschaft und der Medizin, Berlin, 1957.

Tröndle, Herbert: StGB, 48. Aufl., München, 1997.

- Der Organspender muß einwilligen, in: FAZ v. 16.5.1997, S. 16.

Tyler/Palmer: Crossley Vaines's Personal Property, 5. Aufl., London, 1973.

Uhlenbruck, Wilhelm: Die zivilrechtliche Problematik der Organtransplantation, in: Laufs/Uhlenbruck, Handbuch des Arztrechts, München, 1992, § 131.

Ulsenheimer, Klaus: Strafrechtliche Aspekte der Organtransplantation, in: Laufs/Uhlenbruck, Hrsg., Handbuch des Arztrechts, München 1992, § 142.

Unterman, Alan: Jews, Their religious Beliefs and Practices, Boston, 1981.

Veatch, Robert: Death, Dying and the Biological Revolution, New Haven/London, 1976.

- The Impending Collapse of the Whole-Brain Definition of Death, in: Hastings Center Report, July/August 1993, S. 18 ff.

Viefhues, Herbert: Ethische Probleme der Transplantation. Die Ethische Bewertung des Körpers und seiner Teile, in: Gesellschaft Gesundheit und Forschung e.V., Hrsg., Ethik und Organtransplantation, Frankfurt a.M., 1989, S. 63 ff.

Vogel, Hans-Jochen: Zustimmung oder Widerspruch. Bemerkungen zu einer Kernfrage der Organtransplantation, in: NJW 1980, S. 625 ff.

Vogt, Sebastian/*Karbaum*, Davia: Transplantation - geschichtliche Trends und Entwicklungswege, in: Toellner, Organtransplantation - Beiträge zu ethischen und juristischen Fragen, Stuttgart/New York, 1991, S. 7 ff.

Voll, Doris: Die Einwilligung im Arztrecht, Frankfurt a. M., 1996.

Vultejus, Ulrich: Bioethik, in: ZRP 1995, S. 47 ff.

- Der Mensch ad cadaver, in: ZRP 1993, S. 435 ff..

Wagner, Edgar: Geschichtlicher Abriß der Organtransplantation, in: Pichlmayr, Hrsg., Transplantationschirurgie, Berlin/Heidelberg, 1981, S. 11 ff.

Wagner, Edgar/*Brocker*, Lars: Hirntotkriterium und Lebensgrundrecht, in: ZRP 1996, S. 226 ff

Wassermann, Rudolf, Hrsg.: Kommentar zum Grundgesetz für die Bundesrepublik Deutschland, Reihe Alternativkommentare, 2. Aufl., Neuwied, 1989.

Weber, Gunther: in: Arzt/Weber, Strafrecht, Besonderer Teil, Lehrheft 1, 2. Aufl., Bielefeld, 1981.

Weber, Manfred/*Winter*, Gerrit: Grundzüge des Versicherungsvertragsrechts, Heidelberg, 1986.

Wickert, Ulrich: Der Ehrliche ist der Dumme, Über den Verlust der Werte, 6. Aufl., Hamburg, 1994.

Wintrich, Josef: Zur Problematik der Grundrechte, Köln u.a., 1957.

Wissenschaftlicher Beirat der Bundesärztekammer: Stellungnahme, Der endgültige Ausfall der gesamten Hirnfunktion („Hirntod“) als sicheres Todeszeichen, in: Deutsches Ärzteblatt, Band 90, 1993, S. B-2177 ff.

Wolfslast, Gabriele: Transplantation ohne Gesetz?, Zur rechtlichen Situation der Organspende, in: Münchner Medizinische Wochenschrift, Band 124, 1982, S. 105 ff.

- Transplantationsgesetz in der Debatte, in: Verlagsbeilage zu „journalist/prmagazin“, April 1994, S. 31.

Wonigeit, K.: Transplantationsimmunologie, in: Pichlmayr, Hrsg., Transplantationschirurgie, Berlin/Heidelberg, 1981, S. 29 ff.

Zacher, Hans: in: Isensee/Kirchhof, Hrsg., Handbuch des Staatsrechts der Bundesrepublik Deutschland, Band I., Heidelberg, 1987, § 25.

Zenker, R.: Ethische und rechtliche Probleme der Organtransplantation, in: Pichlmayr, Hrsg., Transplantationschirurgie, Berlin/Heidelberg, 1981, S. 3 ff.

Zilles, Karl/*Rehkämper*, Gerd: Funktionelle Neuroanatomie, Berlin, 1993.

Zimmermann, Reinhard: Gesellschaft, Tod und medizinische Erkenntnis, Zur Zulässigkeit von klinischen Sektionen, in: NJW 1979, S. 569 ff.

Zippelius, Reinhold: Das Wesen des Rechts, 4. Aufl., München, 1978.

- Forum: An den Grenzen des Rechts auf Leben, in: JuS 1983, S. 659 ff.

Sachwortverzeichnis